胜在交际
赢在生意

陈立之◎著

江西美術出版社
JIANGXI FINE ARTS PUBLISHING HOUSE

图书在版编目（CIP）数据

胜在交际　赢在生意 / 陈立之著 . -- 南昌 : 江西美术出版社 , 2017.11
（畅销大全）
ISBN 978-7-5480-5532-7

Ⅰ . ①胜… Ⅱ . ①陈… Ⅲ . ①心理交往 Ⅳ . ① C912.11

中国版本图书馆 CIP 数据核字（2017）第 160874 号

出 品 人：汤　华
企　　划：江西美术出版社北京分社（北京江美长风文化传播有限公司）
策　　划：北京兴盛乐书刊发行有限责任公司
责任编辑：王国栋　刘霄汉　楚天顺　陈　东
版式设计：阎万霞
责任印制：谭　勋

胜在交际　赢在生意

作　　者：陈立之

出　　版：江西美术出版社
社　　址：南昌市子安路 66 号江美大厦
网　　址：http：//www.jxfinearts.com
电子信箱：jxms@jxfinearts.com
电　　话：010-82293750　　0791-86566124
邮　　编：330025
经　　销：全国新华书店
印　　刷：固安县保利达印务有限公司
版　　次：2017 年 11 月第 1 版
印　　次：2017 年 11 月第 1 次印刷
开　　本：710mm × 960mm　1/16
印　　张：21
I S B N：978-7-5480-5532-7
定　　价：39.80 元

前 言

做生意就是与人打交道的过程。生意场就是交际场，交际决定人脉，人脉决定钱脉，交际决定生意成败。

美国某人才机构曾经做过一次长期的跟踪调查，他们发现，在学校读书时成绩一流的学生，毕业后大多数当工程师、律师、医生，而在学校读书时成绩一般的学生，却大多数当了那些工程师、律师、医生的老板。

谜底是什么？相关专家做出解释：一般来说，成绩一流的学生在校期间都非常认真地致力于学业，没有时间或者没有心情注重人际关系。结果，在为人处世的时候过于生硬，缺乏相应的人际关系，无法办成大事。而那些学习成绩一般的学生，往往拥有许多朋友和人脉资源。这种早期的人际交往能力也为他们以后的事业积累了一些经验。

这份调查虽然有其不科学的成分，但是，人际交往能力确实能够影响一个人的事业成功与否。而对于生意人来说，交际能力的强弱、交际圈子的大小，则决定着其在生意的路上能走多远，决定着生意的最后成败。

现代社会，人们的交往日益频繁。交际作为联系沟通、开展事业合作的纽带和桥梁，显得更加重要。正如励志大师卡耐基说："一个人事业上的成功，有 15% 是由于他的专业技术，另外的 85% 主要靠人际关系、人脉资源和处世技巧。"美国斯坦福研究中心曾对美国"二战"后崛起的富有阶层和超级富豪做过大量的抽样调查和一段时间的跟踪研究，最终得出结论："一个人赚的钱，12.5% 来自知识，87.5% 来自关系。"这和卡耐基的观点不谋而合。难怪富可敌国的美国石油大王约翰·洛克菲勒宣称："我愿意付出比天底下得到其他本领更大的代价来获取与人相处的本领。"

在生意场上，善于交际、会交朋友是做生意的一种大能力，处好关系、交好朋友是生意成功的不二法门。擅长交际的人总会赢得更多的朋友，总会赢得更多人的帮助，总会赢得更多的机遇。“多个朋友多条路，朋友多了路好走”，生意场中，朋友可以给你介绍重要的关系；朋友可以支持你的生意；朋友可以给你提供情报；朋友可以帮你出谋划策；朋友可以与你一起合作；朋友甚至可以衬托你的形象，提高你的档次；朋友是帮助你将生意做大做强的忠实伙伴，是帮助你事业走向成功的幕后推手。

会交际的人能洞察不同人的心理，对不同的人说不同的话，遇什么人办什么事，只要需要，他能使任何人都成为自己的好朋友。当他做生意的时候，自然也就左右逢源，财源滚滚。会交际的人能够透视人性，俘获人情，进而更好地掌控人际关系的脉络，占据主动，出奇制胜，在生意上立于不败之地。

本书告诉你：怎样提高自己的交际能力；怎样与陌生人打交道、交朋友；怎样去结识那些对你的事业有帮助的朋友，远离那些对你的事业有危害的朋友；怎样处理与朋友间的各种关系；怎样与朋友维系长久的友谊；怎样做好生意场上的应酬交际；怎样发挥朋友的力量来帮你做生意；怎样在生意场上进行感情投资；怎样与朋友携手合伙，与朋友进行生意友好竞争等等。

做生意从交际开始，先交朋友，后做生意，交对朋友，做对生意。赢在交际，胜在生意，是生意场通行的黄金准则，是登上生意巅峰的不二法门！

目 录

Part 1
先建人脉，后做生意

第 3 章　规划构建人脉，挖掘生意金矿

Part 2
开场开得巧，生意做得好

第 4 章　一分钟把陌生人变熟人

第 5 章　结交陌生人的搭讪技巧

第 7 章　把你的朋友圈用起来

第 8 章　择友而交，交朋友要有含金量

Part 4
拓展交际圈，拓宽生意圈

Part 5
做中国式的人情生意

Part 6
酒桌上交朋友，酒桌下成生意

Part 7
交际有门道，生意有门路

第 16 章 进庙拜对神，做生意找对人

第 17 章 逢场善作秀，生意如演戏

第 18 章 用心做交际，用脑做生意

Part 8
胜在博弈，赢在生意

Part 1
先建人脉，后做生意

做生意的过程就是与人打交道的过程。芸芸众生，性格各异，如果交际方法不当，就会引发重重矛盾，这就要求生意人具有出色的交际能力。试看那些会交际的人，总是人缘好、人气高，在交际圈中左右逢源，在生意上呼风唤雨，比别人赢得更多的机遇和财富。而那些不善交际的人，在社会和生意中则处处碰壁、举步维艰。

不会交际，就不会做生意，先做交际，后做生意，做生意从交际开始。

第1章

做生意从交往开始

交际是生意人的第一课

我们行走社会，就要与各种各样的人打交道，交际是人生课堂的第一课。同样，做生意也要与各种各样的人打交道，不会交际，就不会做生意，交际是生意人的必修课。

有一个刚踏入商海准备创业的年轻人讲过他自己的一件事。

创业前一天，父亲把他拉到身边，问他："你知道在社会上立足的关键是什么吗？"

"是学历吗？"

"不对。"父亲说。

"是知识吗？"

"不对。"父亲说。

"是能力吗？"

"不对。"父亲还是这句话。

"那是——"年轻人大惑不解。

父亲说："是良好的交际能力，是人脉，是资源。"

父亲语重心长地告诉他，在社会上与人打交道，特别要花心思。人与人之间人情胜过实际。很多时候，会交际比会办事重要。一个人缘好有声誉的人，凡事都可以轻而易举地办成。反过来，那些不擅交际的人就可能怀才不遇、处处碰壁。

交际是一件很微妙的事情。有的人好像天生就有交际能力，他们总能在交际圈中左右逢源，在事业上得到成功，在生意上呼风唤雨，在经济上获取财富。不过，大多数人并不是天生就有这种受人欢迎的个人魅力，他们需要付出许多努力来培养这种受人欢迎的品质。交际有点像中国戏曲中的旦角甩水袖，外行人看来甩得很潇洒，也很随意，以为是兴致所至。内行人则清楚，要想甩得一手好水袖，需要下很多功夫，“台上一分钟，台下十年功”。

一个人不管有多聪明、多能干，先天条件有多好，如果不善于交际，不会与人相处，那么他最终的结局很可能是失败。经商做生意更是如此，会不会交际，交际能力的高低，将决定你生意的成败输赢，决定你在生意场上能走多远。

一句话，要想做好生意，做活生意，做大做强生意，就要注重培养和历练你的交际能力。

会交际是生意的推进器

美国哈佛大学教授团曾于1924年在芝加哥某厂做了“如何提高生产率”的实验。他们发现，人际关系是提高生产率的关键所在，“人际关系”一词由此而生。后来，人们进一步发现，事业成功、家庭幸福、生活快乐都与人际关系密切相关。影响人生成功的因素中，专业技能仅占15%，人际沟通能力占85%。因此，我们说“会交际就是成功事业的推进器”，绝非夸大其词。

一个人素质再高，如果他只是将本身的能量发挥出来，也只不过能比常人表现得好一点而已；如果他能集合别人的能量，就可能获得超凡的成就。而要想借人之力，这就要有良好人的际关系。

正因为如此，擅长交际者在社会上越来越受重视。许多公司在招聘高级管理者时，要考查他的人际关系，没有好的人脉，能力再强，也不能录用。如在人际关系方面有超群的能力，有非常好的人脉，其他条件都可放宽。

凡特立伯任纽约市银行总裁时，他雇用高级职员，首先考查的就是这个人是否具有令人称道的人脉。

莫洛是美国摩根银行的股东兼总经理，年薪高达100万美元。其实他以前不过是一个法院的书记，后来做了一家公司的经理，他实在是人际关系的天才，人脉极佳。他之所以能被摩根银行的董事们相中，一跃而成为全国商业巨子，登上摩根银行总经理的宝座，据说是因为摩根银行的董事们看中了他在企业界的盛名和极佳的人脉。好人脉给莫洛带来的是地位和事业的成功，给公司带来的是良好的经营业绩。

吉福特是一个小职员，后来任美国电话电报公司的总经理。他常常对人说，他认为交际是成功的主要因素，交际能力在经商、职场等一切事业里均极其重要。

交际能力为何如此重要呢？其实不难理解：一个人不擅长交际，大小事情只能靠自己去做，能力再强，能做多少事？再说，人是社会中的人，生活、办事无时无刻不与人交往，没有良好的人际关系，便不能获得别人的帮助与支持，甚至会处处遇到阻挠，让他有力无处使。反之，一个善于交往，人脉很好的人，就算他能力平平，但他能处处获得别人的帮助。所以，往往是这样的人，办起事来如顺风行船，很容易达到目的。

现代社会发展如此之快，活到老学到老也有学不到的东西。要想做成事，要想赢得生意成功，不能只靠自己个人的力量，应当借他人之力去完成。毫无疑问，交际能力是完成这项任务的基础。

没有关系网，难进生意场

成功的人们大多喜欢广泛交际，并结成自己的“交际网”。比如，你要某人推荐几个供你拜访的朋友，如果这个人是个失败的人，他好不容易才能为你提供一两个人，而且好不容易才找到这一两个人的地址和电话。成功的人就不同了，他们会推荐出一大堆朋友，而且是在长长的名单上寻找，因为名单上包括各式各样的朋友。由此显示出成功者与失败者在交友方面的差别。

成功的生意人大多是有关系网的人。这种网络由不同的朋友组成，有过去的知己、有近交的新朋，有男的、有女的，有前辈、有同辈或晚辈，有地位高的、有地位低的，有不同行业的，有不同特长的，也有不同地方的……这样的关系网，才是一个比较全面的网络。也就是说，在你的关系网中，应该有各式各样的朋友，他们能够从不同的角度为你提供不同的帮助；当然，你也要根据他们不同的需要为他们提供不同的帮助。这才是关系网应当具有的特征。

广泛与人交往是机遇的源泉。交往越广泛，遇到机遇的概率就越高。有许多机遇就是在与朋友的交往中出现的，有时甚至是在漫不经心的时候，朋友的一句话、朋友的朋友的帮助、朋友的关心等等都可能化作难得的机遇。在很多情况下，就是靠朋友的推荐、朋友提供的信息和其他多方面的帮助，人们才获得了难得的机遇。

每一个伟大的成功者背后都有另外的成功者，没有人是自己一个人达到事业的顶峰的。假如你决心成为出类拔萃的生意人，千万不能忽视人际关系，一定要建设好自己的人际关系网，因为这个关系网是能让你终身受益的一种资本。

生意场交际 7 原则

尽管人际关系纷繁复杂，每个人的交往动机、要求和期望差别巨大，但仍然有共同的心理原则可依。生意场交际，通常要遵循 7 条人际交往原则：

1. 平等原则

在交往中，彼此在人格上平等、互惠互利，因此要平等相待，不可盛气凌人。

2. 诚信原则

“诚”是人际交往的根本，自古以来一向受到人们的崇尚。以诚待人，才会赢得别人的真诚相待；世故圆滑、尔虞我诈，永远不会有真诚的朋友。

不要轻易做出许诺，一旦做出了，就应认真履行。倘若言而无信，不仅得不到真正的友谊，还可能众叛亲离。

3. 宽以待人原则

在交往中，不可严于对人、宽以对己，这样有悖公平，只会导致对方反感。只有严于律己、宽以待人，方能赢得对方敬重。

4. 距离美原则

在人际交往中，双方要保持适度距离，不要过于亲近。人际关系本质上是人际心理关系，而每个人都需要保持一定的心理自卫距离。过于亲近会引起对方的不安全感，影响双方关系。

5. 虚心原则

要虚心听取真正朋友的忠告，不要讳疾忌医。你也可以在充分尊重对方人格的前提下，提出自己的见解供其参考，不要遇事好为人师。

6. 大度原则

再好的朋友之间也难免会产生一些小误会，这种情况下要设身处地地多替对方考虑。即使错在对方，也不要不依不饶，应该大度地谅解对方，这样才能有持久的友谊。

7. 戒骄戒躁原则

人际交往要戒骄戒躁。即使你的身份地位发生了变化，高于对方，也不能摆出一副了不起的架势，对老朋友尤其忌讳。

走出生意交际的误区

交际不当，会损害人际关系，给自己带来危害，使自己的生意受损。在交际中，要避免以下三大误区：

误区 1 心胸狭隘，认为人性是自私的

“海纳百川，有容乃大；壁立千仞，无欲则刚。”应该学会容纳别人，特别是容纳那些与自己意见相左的人，不要苛求于人，要设身处地地去理解人。我们这个世界之所以丰富多彩、生机盎然，不是因为彼此一致，而恰恰是因为相互不同。宽容会显示你的气度，也会为你赢得朋友。

误区 2 妄自尊大，认为别人都不如自己

每个人都有缺点，也同样都具有优点，去寻找他们身上的闪光点就是要用积极的态度看待人生。只看别人的缺点，难免觉得讨厌，而多关注一下他们的优点，你才会发现，他们是多么值得交往。关注别人的优点，学习别人的优点，是克服自己的缺点，不断发展壮大、走向成熟的一个重要途径。能发现别人的优点，会使你有一个好人缘，赢得他人的支持和帮助。

误区 3 孤芳自赏，认为交际活动都是庸俗的、功利的

讲求实际并不可耻，因为它符合人的一些基本天性。正因为大家都有所追求，人才有上进心，世界才变得生机勃勃。如果大家都甘于清贫平庸，淡泊于名利，社会也就谈不上什么发展了。这里提出的多一点功利，并不是要诱导人学着自私，而是要使他们在头脑中多一根利益的弦，从小处说是要能保护好自己的正当利益，从大处讲就是要不断壮大自己的实力，以积极的姿态去参与交际。在人际交往中多一点儿功利，可以减少我们交际的盲目性和片面性，增强我们的活动能力和活动空间。

人际关系的自我诊断

下面的人际关系综合诊断量表，共有四组 28 个题目，无对错之分，只需根据自己的实际情况做“是”（打√）或“非”（打 ×）两种回答。认真完成后参看后面的评分计分办法，算得各项得分，再对照测验结果的解释，即可得知自己的人际关系如何。

【题目】

第Ⅰ组：

（1）自己有烦恼，但感觉说不出口。

（2）对连续不断的会谈感到困难。

（3）与一大群朋友在一起，常感到孤寂或失落。

（4）当熟悉的人对自己倾诉其生平遭遇时，自己感到不自在。

（5）时常避免表达自己的感受。

（6）不能做一个好的听众。

（7）不能广泛地听取各种意见、看法。

第Ⅱ组：

（8）和生人见面感觉不自然。

（9）在交际场合感到紧张。

（10）容易感到窘迫。

（11）老是担心别人对自己印象不好。

（12）对自己的仪表和容貌信心不足。

（13）自己的烦恼无人可申诉。

（14）自己常因受伤害而暗自伤心。

第Ⅲ组：

（15）经常羡慕和妒忌别人。

（16）时常伤害别人，但并非故意。

（17）经常和别人闹矛盾。

（18）总是想尽力博得别人的赏识。

（19）讨厌某人或被某人所讨厌。

（20）受别人排斥与冷漠。

（21）常被别人谈论、愚弄。

第Ⅳ组：

（22）很少与异性交往。

（23）与异性来往感觉浑身不自在。

（24）与异性相处，不知道如何适当地言行。

（25）暗自思慕异性。

（26）瞧不起异性。

（27）被异性瞧不起。

（28）与异性交往不知如何更好地相处。

【评分标准】

打“√”的算作1分，打“×”的算作0分。

【评分表】

第Ⅰ组	题目	1	2	3	4	5	6	7	小计
	分数								
第Ⅱ组	题目	8	9	10	11	12	13	14	小计
	分数								
第Ⅲ组	题目	15	16	17	18	19	20	21	小计
	分数								
第Ⅳ组	题目	22	23	24	25	26	27	28	小计
	分数								
总分									

【结果评价与辅导】

总体评价：

（1）若你的最终总分在0～8分之间，说明你善于交谈、性格比较开朗、主动、关心别人；对周围的朋友都比较好，愿意和他们在一起，他们也都喜欢你，大家相处融洽；与异性朋友也相处得很好；你能够从与朋友的相处中得到许多乐趣；你的生活比较充实、丰富多彩。总之，你的人际关系比较融洽，与朋友相处上的困扰较少。

（2）若你的总分在9～14分之间，说明你的人缘很一般，和朋友的关系时好时坏，经常处在一种起伏波动之中。总之，你与朋友相处存在一定程度的困扰。

（3）若你的总分在15～20分之间，说明你在同朋友相处上的行为困扰较严重。

（4）若你的得分超过 20 分，那么你的人际关系就有很大麻烦了，而且说明你在心理上有较为明显的障碍。比如你可能不善于交谈，或性格孤僻，或有明显的其他不讨人喜欢的心理及行为。

分组评价：

（1）第Ⅰ组题目的得分，可以说明你在交谈方面的困扰程度。

如果你的得分在 0 ~ 2 分之间，说明你有较高的交谈能力和技巧。你善于利用恰当的谈话方式来交流思想感情，容易与别人建立友情。交谈能力的优势，不仅为你的学习与生活创造了良好的心境，而且可能使你成为群体中的中心人物。

如果你的得分在 3 ~ 5 分之间，说明你的交谈能力一般。你会诉说自己的感受，但条理不清晰；你努力使自己成为一个好的倾听者，但还是做的不够；面对不太熟悉的人，开始你往往表现得拘谨与沉默。但经过一段时间的接触与锻炼，你的交谈能力会大为改观。比如你可能会主动与人搭话，并且非常自然不造作。

如果你的得分在 6 分以上，说明你不善于同别人交谈，除非被迫；无论是愉快还是烦恼，你总难于表达自己的感受；你不是个好的倾听者，往往无法专心听别人说话。

（2）第Ⅱ组题目，主要考查你在交际与交友方面的问题。

如果这组题目的得分低于 3 分，表明你对人较为真诚和热情，人际关系比较和谐，不存在较明显持久的行为困扰。

如果你的得分在 3 ~ 5 分之间，说明你在人际交往上不够积极，在被动地寻找被人喜爱的突破口。你不喜欢独处，但你又不大善于创造条件并积极主动地去寻找知心朋友，而且你心存忧虑，怕遭到别人的拒绝与冷待。

如果你的得分在 6 分以上，则表明你在交友与交际活动方面存在着严重困扰，可能使你陷入“感情危机”和孤独困窘的状态。你往往过多地考虑自己的形象而使自己处于越来越被动和孤独的境地；在正常集体活动与交际场合，你比大多数伙伴更为拘谨；在有陌生人或领导在场的场合，你往往感到更加紧张而思绪混乱。

（3）第Ⅲ组题目，主要考查你在待人接物方面的问题。

如果你这组题目的得分在0～2分之间，表明你责任心强、对环境的适应性强、懂得尊重别人、对人真诚和宽容等等，并会因此而获得众人的认同。

如果你的得分在3～5分之间，表明你是个多面人，或者说是一个较圆滑的人。你对人的态度与评价因人而异；你讨厌某人或被某人所讨厌，但你却极喜欢另一个或被另一个人所喜欢；你的朋友关系某些方面良好，某些方面却紧张恶劣。这一切也说明你的情绪不很稳定、内心不平衡。

如果你的得分在6分以上，则往往表明你缺乏待人接物的机智与技巧，可能常有意无意地伤害别人，或者过分地羡慕别人以致心生妒忌。因此，你不受别人的欢迎，他人可能对你非常冷漠、排斥，甚至愚弄。

（4）第Ⅳ组题目的得分，可以说明你跟异性朋友交往有无问题。

如果你这组题目的得分在0～2分之间，说明你懂得如何正确地与异性朋友相处，你可能是一个无论是同性朋友还是异性朋友多数都比较喜欢和赞赏的人。你和异性朋友能够公正、大方、自然地交往，增加了对异性的了解，并且可以从中获得许多从同性朋友那里得不到的东西，丰富了自己的个性。

如果你的得分在3～4分之间，表明你与异性的交往有轻度的问题，不懂得如何与异性交往最适宜。你可能时而觉得与异性交往非常愉快，时而觉得和异性交往很累很烦。

如果你的得分在5分以上，说明你与异性交往存在较为严重的问题。你可能对异性存在着过分的思慕，也可能对异性持有偏见，还可能不知如何把握好与异性交往的分寸。

第2章

人气决定财气，人脉决定财脉

先攒人气，再赚财气

人脉资源是一种潜在的无形资产，是一种潜在的财富。虽然，表面上看来，它不是直接的财富，可如果没有它，你就很难聚敛财富。

不论你的能力有多强，你的商品有多抢手，如果你不能善于利用别人的智力、能力和才干，你没有高超的人际交往的能力，在你开拓事业的道路上，一定会遇到力所不及的困难，单凭一个人的力量应对是远远不够的。相反，良好的人脉会帮助你完善自己的不足、拓展事业的方向、清扫发展的障碍。

先做交际、再做生意，无疑是生意成功的十分有效的途径。

人脉资源越丰富，赚钱的门路也就更多；你的人脉档次越高，你的钱就来得越快、越多，这已经是不争的事实！

仔细分析一下人们做生意所需要的各种因素，不外乎以下三种：

首先便是资金，而资金在银行里。

其次是技术，这也不用担心，因为有人以贩卖技术为生，所以你当然也能够买得到。即使找不到，和其他公司进行技术合作也是可行的。

所以，事业成功与否的最重要因素，便是人。

人、技术、资金这三大条件的核心就是“人”。如果你有足够丰富的人脉资源，那么资金和技术问题就能迎刃而解了。所以“人”才是决定你事业成功的关键。

“多个朋友多条路”“先赚人气，再赚财气”。这已经是无数成功者的切身体验和宝贵心得。一个善于结交朋友、善于累计口碑的人，不仅会处处受欢迎，而且遇难有人帮、办事处处通，毫无疑问，此人在生意场上一定会多几分必胜的把握。

要知道，你身边的朋友、亲戚、同事、同学、客户有时甚至是陌生人，都应该成为你的资源中的一部分，都应该是你人脉链中重要的一部分。只有学会充分利用你的资源，充分挖掘你的人脉，你才能比其他人更强大、更成功。

可见，搭建丰富有效的人脉资源是我们到达成功彼岸的不二法门，是一笔看不见的无形资产！

所以，在做生意的过程中，你要在乎的不仅仅赚了多少钱，积累了多少经验，更重要的是你认识了多少人，结识了多少朋友，积累了多少人脉资源。这种人脉资源是你宝贵的无形资产，别小看你平日里积累起来的人脉资源，它将是你终身受用的无形资产和潜在财富！

好人缘 = 好人脉 = 好财运

如果你希望在生意的道路上快马扬鞭，就必须拥有良好的人脉。实际上，所谓的“走运”多半是由畅通的人脉展开的。一个能认同你的做法、想法与才华的人，一定会在将来的某一天为你带来好运。

究竟谁会对你伸出援助之手，哪里才有这种人呢？这个问题没有人能够回答。只能这么说：任何人都有可能成为对你施与援手的友人，他可能是你工作上的伙伴或上司，可能是学校里的同学，甚至有可能是一位从不曾相识的陌生人，但一般来说，人脉的范围越广，则成功的概率越大。

就人脉这方面来看，机会往往是从你想不到的地方出现的，譬如你的顾客、同事、朋友的朋友等。

威尔可是从父亲的手中接过这家食品店的，这是一家古老的食品店，很早以前就在镇上很出名了。威尔可希望它在自己的手中能够发展壮大。

一天晚上，威尔可在店里收拾货物清点账款，第二天他将和妻子一起去度假。他打算早早地关上店门，以便为外出度假做准备。突然，他看到店门外站着一个面黄肌瘦的年轻人，他衣服褴褛、双眼深陷，一看就知道是一个典型的流浪汉。

威尔可是一个热心肠的人。他走了出去，对那个年轻人说道："小伙子，有什么需要帮忙的吗？"

年轻人略带点腼腆地问道："这里是威尔可食品店吗？"他说话时带着浓厚的墨西哥味。

"是的。"

年轻人更加腼腆了，他低着头小声地说："我是从墨西哥来找工作的，可是整整两个月了，我仍然没有找到一份合适的工作。我父亲年轻时也来过美国，他告诉我他在你的店里买过东西，喏，就是这顶帽子。"

威尔可看见小伙子的头上果然戴着一顶十分破旧的帽子，那个被污渍弄得模模糊糊的"V"字型符号正是他店里的标记。

"我现在没有钱回家了，也好久没有吃过一顿饱饭了。我想……"年轻人继续说道。

威尔可知道了眼前站着的人只不过是多年前一个顾客的儿子，但是，他觉得自己应该帮助这个小伙子。于是，他把小伙子请进了店内，好好地让他饱餐了一顿，并且还给了他一笔路费，让他回家。

不久，威尔可便将这件事情淡忘了。过了十几年，威尔可的食品店越来越兴旺，在美国开了许多家分店，他于是决定向海外扩展。可是由于他在海外没有根基，要想从头发展也是很困难的。为此，威尔可一直犹豫不决。

正在这时，他突然收到一位陌生人从墨西哥寄来的一封信。原来写信人正是他多年前曾经帮助过的那个流浪少年。

此时，那个年轻人已经成了墨西哥一家大公司的总经理，他在信中邀请威尔可来墨西哥发展，与他共创事业。这对于威尔可来说真是喜出望外，有了那个年轻人的帮助，威尔可很快在墨西哥建立了他的连锁店，而且经营发展得异常迅速。

很多人把威尔可的发迹简单的归功于“运气好”，这似乎也无可厚非，但我却更愿意将威尔可连锁店的发展归功于“人脉”——毕竟，他的运气是人给予的。

人生的路上，有些运气是拣来的——例如中彩票——但那是一种不值得提倡的；有些运气是时势造就的——但这需要有过人的眼光；而有些运气则是他人给的——这只需要你在日常生活中助人为乐，广结善缘！要知道，好人缘带来好人脉，好人脉带来好财运。

做生意要会“搞关系”

在现代商业社会，要生存要发展就必须具有较强的竞争力。人与人间的竞争不仅包括才能、素质等方面的条件，还与人际关系有重要的关联。有好的人缘，做起生意来就会得到众人的支持，在与对手的竞争中就会处于优势地位。而人缘差的话，在你困难的时候就得不到帮助，甚至还会有人乘机跳出来踩你两脚。所以说，人脉就是评估一个人竞争力大小的标准。人脉好，在商场上的竞争力就强。

江苏的洪先生经营着一家服装厂，他主要是做出口生意，很少内销。洪先生常说：“眼睛只盯着钱的人做不成大买卖。买卖中也有人情在，抓住了这个人情，买卖也就成功了一半。”洪先生对此是深有体会的。2000 年，服装厂还是一个只有几十个人的小厂，凭着质优价廉勉强在市场上混口饭吃。有一次，一个法国客商订购了 50 套西装，洪先生按照对方的要求包装完毕后运到码头准备发货。就在这时，这个法国客商却突然打来电话请求退货，原因是该客商对当地市场估计错误，这批货到法国后将很难销售。退货的要求是毫无道理的，洪先生大可一口拒绝对方，反正合同都已经签了，但经过两天的考虑，洪先生却决定答应对方的退货请求，因为对方答应支付包装、运输等一切费用。这批西装由于是外贸产品，在国内市场上应该可以销售出去，所以洪先生等于没有什么损失。而最大的好处是他这样做等于是帮助了法国客商，双方将建立良好的合作关系。

事情果然正如洪先生所料，法国客商非常感谢洪先生的大度，表示以后在同类产品中将优先考虑洪先生的产品。他还不断向自己的朋友夸奖洪先生，为洪先生介绍了很多的生意。就这样洪先生以他富有人情味的生意经成功地在国际市场上站住了脚。二三年内，洪先生的工厂不断扩建，员工发展到 600 多人，他的生意越做越大。

洪先生是非常聪明的，他清楚地认识到人缘对生意的重要性。如果当时他拒绝了法国客商的退货，那么虽然他做成了一笔生意，却会损失了这个客户。而答应了退货的要求表面上吃了点亏，但他却交到了一个朋友，孰轻孰重，明眼人一看就知道了。

当今社会，人脉对你的发展带来的影响越来越大，所以，我们除了要努力加强自己的才能外，还要注意搞好人际关系，让自己有个好人缘，这样才能适应日益激烈的市场竞争，并在竞争中取胜。

有人脉，生意如同坐电梯

著名青年企业家王英俊说，在商场中，你不想在竞争中垮掉，就必须懂得广交朋友，善于用“情”。

王英俊领导的英俊科贸有限公司有很多外国朋友。其中，既有外国企业家，也有外国的一些著名人物，如美国人斯通和日本人竹下登。

英俊公司刚刚成立时，王英俊向斯通发出了邀请，他答应斯通：“凡有利于中美友好的事，我都做；凡不利中美友好的事，我都不做。”从此斯通多次访问英俊科贸公司。在斯通的帮助下，他与世界各国建立了广泛的联系，奠定了事业成功的基础。

王英俊很注意人情的投资。一次，王英俊接待一位从德国来的客人，下飞机时恰逢大雨，那位客人浑身都湿透了。王英俊一见，立刻让人把客人的衣服拿去弄干、烫平，10分钟内送还。后来王英俊与这位客人的生意谈得非常顺利。

王英俊还特别注重私人友谊的维护，他常常做一些超越公务关系表示私人友谊友情的举动。日本企业家竹下登一次对王英俊说，因为最近一个时期太紧张，他突然脱发。王英俊回国后，立即买了20瓶毛发再生精送给竹下登。此外，他还送给一位日本企业家一件中国瓷雕，在一只瓷盒上刻上了这位企业家的照片。这些礼物并不贵重，它只是表示了王英俊的友情，王英俊称之为“动脑筋的礼物”。

无论在商场还是在职场，用心、用情比斗智斗勇还有效。做事先做人，既要讲究游戏规则，更要讲世故人情。一味讲规则，板起面孔公事公办；或者，一味讲利害，扳起指头精打细算，这样都一定做不好人、办不好事。

好人脉的获得不是靠阳奉阴违的周旋，要靠与人相处的真心相待。信任与合作，是建立好人脉的关键。

当今社会人与人之间的联系与交往更加密切，需解决的问题越来越复杂，只凭个人的能力是办不了大事的，这就要求人与人之间的合作；而这种合作的强弱往往又决定了你能办成多大事，能成就多大的事业。所以说，好人脉是生意成功的阶梯。有了人脉，生意就如坐电梯，效益直线上升。

在人脉网中提升自己

你的人脉是你自我升华的工具，它能使你的能力在不知不觉中提升到一个新的层次：

1. 透过人脉了解你的竞争对手，从而促进自己

商场如战场，所谓知己知彼，方能百战不殆。你必须掌握竞争对手的特点、动向。比如他们是否重视教育训练？是否鼓励员工进修以加强他们的技能？他们在同业中的名声如何？是否参加商展？有没有加入商业性组织？

你的人脉网是了解这些信息的最佳渠道，而且大部分真实可靠。你的朋友只会帮你，而不会去帮你的竞争对手。当然在了解竞争对手，相比较后，重要的是取长补短：有优势要保持，存在差距就应该追赶。

2. 人脉可以让你了解这个世界，进而丰富你的人生

检查一下，你的人脉中，有多少人是外国朋友？如果没有，你该去发展发展了。

也许你有许多次走出国门的机会，我想你也有和我同样的感觉。那就是，没有什么比身在国外一个人也不认识的感觉更空虚、更无聊了。

你独自一个人走在国外的土地上，却没有一个人可以帮助你体验这个国家真正的文化，没有人邀你到他们家，让你看看他们的实际生活，这是非常糟糕的事。

那么，如何才能拥有一个国际性的人脉呢？

方法一：参加国际性的旅行团队。在旅行中，如果你不知如何去认识他，你不妨问一句："你常旅行吗？"你会发现大多数人都喜欢谈他们的旅行经验，于是便能很快为你开启一个全新的世界。

方法二：可从外文图书馆或你的股票交易员那儿取得。在这些地方你可以认识到非常真诚的朋友。

方法三：附近的大学。你可以找到与全世界联系最紧密的学校或系所。

方法四：如果你正在就学，国际学生组织是最佳的起点。

3. 人脉可以带给你全新的经验及知识

郑浩有一位从事推广和销售绿色营养食品的朋友，他的这个朋友在这个行业服务了 8 年时间，而且一直孜孜不倦，并以此为荣。8 年的工作经验使其成为优秀的营养师和生活教练。郑浩因为与这个朋友相处的时间多，常常会听到对方有关营养学和养生之道的高论，潜移默化当中，他也学会了许多营养平衡和维护身体健康方面的知识。试想，如果没有这位朋友，以郑浩自己本身的专业，是很难知道这方面的知识或经验的。

提升自己的人脉竞争力

可以说，当今商场上的竞争不仅仅是资金和技术的竞争，同样也是人与人之间人脉的竞争。许多人对人脉竞争力的重要性并没有深刻的认知，通常也不愿花时间在上面，往往到了关键时刻，才发觉自己的人脉资源太少。

如何才能提升你的人脉竞争力呢？不妨从以下 7 个方面入手：

1. 建立守信用的形象

建立一个让人信任的形象，是让人脉竞争力可以产生正向循环的关键。如果一个人讲的话，每次都要打七八折，那么，更多的人脉，也只是带来更多的负面效应罢了。

2. 增加自己被利用的价值

人脉的最高境界就是互利，而非单方面的游说。你对别人可以提供什么价值？可以提出什么不同的观点？如果你只是一个应声虫，或只着眼于自己的利益，嘴巴一开，对方就知道你想要什么，别人是不愿同你交往的。反之，你对人一分好，对方自然会泉涌以报，就是所谓的“得道多助”。

3. 乐于与别人分享

生意场上，赚钱机会非常多，一个人无法把所有的钱赚走。所以，不管是信息、金钱利益或商业机会，懂得分享的人，最终往往可以获得更多。因为，如果朋友愿意与他在一起，机会也越多。

4. 增加自己曝光的管道

多参加各种社会团体，这些团体都是把自己推销给别人的通路，也是每一个可以建立自己形象的机会。千万不要小看这些机会，在这些团体里，人们往往可以以最自然的方式交往。

5. 多些创意与细心

更多的创意与细心，绝对是提升人脉竞争力事半功倍的做法。

例如，善用名片管理法，就是一个妙招。在国外，有一名生意人参加当地的议员选举，在选票告急时，向平常有电子邮件往来的两万个选民求救，最后获得了胜利。这两万个选民数据成了他的关键票源。

法国亿尔富机构的前总裁卡罗斯，每年总要立下志愿，与一千个人交换名片，并跟其中的两百个人联络，而且还要跟其中的五十个人成为朋友。

6. 把握每一个帮助别人的机会

如果你想加强自己的人脉竞争力，就要尽可能的帮助别人。你帮了别人，别人就欠你一个人情，你的人气自然就十分高。

7. 保持好奇心

一个只关心自己，对别人、对外界没有好奇心的人，即使再好的机会出现，也会与机会擦身而过。

就像问对问题一样，当你对人产生兴趣，问题总是可以触及人心。美国知名电视主播华特丝常常在人物访问中提出的问题包括：你一生中最有成就感的事？你跌入谷底的经验？未来五年后你想成为什么样子？你毕业后的第一份工作等。

点旺人气的 6 个策略

人与人之间相处，人气指数很重要。也就是说，人气指数与人缘关系成正比。

以下是点旺人气的 6 个策略：

1. 努力使自己永远受到热情接待

一个对周围的人真诚感兴趣的人，两个月结交的朋友比另一个力求使周围的人对他感兴趣的人两年结交的朋友还要多。

不过，我们知道有一些人一生都在努力使别人对他感兴趣，而他们自己对谁也没表示过任何兴趣。当然，这不会有什么结果。人们对您和我都不感兴趣，他们首先对他们自己感兴趣。

为了交朋友，不能自私，要努力关心他人，为此需要时间和热情。你想引起人们的钦慕，你应遵循的第一条准则是：对人们表示出真诚的兴趣。

2. 给人留下好印象

一次宴会上，宾客中有一位继承了一大笔遗产的妇女，她渴望给所有人留下美好的印象。她拿自己的财产买貂皮、钻石和珠宝，但她不注意自己脸部易于激动和自私的表情。她不懂得每个男人都清楚：妇女的脸部表情比她的服饰更重要。

行动比语言更富有表现力，而微笑似乎在说："我喜欢您，您使我幸福，我高兴看见您。"这就是我们为什么喜欢狗的原因吧。狗总是高兴看见我们，满意地跳来跳去！自然，我们也高兴看见它。也有装出来的笑容，不过这种笑谁也瞒不过，装出来的笑容只能使人感到痛苦。我们在这里说的是真诚的微笑——使人感到温暖的微笑，发自内心的微笑。

3. 善解人意，体贴别人

一个体贴别人的人，总是设身处地地为别人着想，不让别人紧张、拘束，更不会让别人尴尬难堪。据说，莎士比亚就具有善解人意的神奇能力。在和人交往的过程中，他就像一条变色龙，能根据交往对象的不同特点，随着时间、地点的变化，进行应变。文学批评家威廉·哈兹里特指出："莎士比亚完全不具有自我，他除了不是莎士比亚之外，可以是其他任何人，或是任何别人希望他成为的人。他不仅具备每一种才能以及每一种感觉的幼芽，而且他能借着每一次的命运改换，或每一次的情感冲突，或每一次的思想转变，本能地预料到它们会向何方生长，而他就能随着这些幼芽延伸到所有可以想象得出的枝节。"

4. 成为好的对话人

成功交谈的秘密在哪里？著名学者查理·艾略特说："一点儿秘密也没有……专心致志地听人讲话这是最重要的。什么也比不上注意听——对谈话人的尊敬了。"倾听可以使他人感受到受尊重和欣赏，而这一点正是对方要的。

您如果想成为被害人喜欢的人，请记住第四条准则：要善于注意听别人讲话并鼓励其讲话。

5. 激起他人的兴趣

假若你想使人喜欢你，遵循的第五条准则是：请谈论使你的对话人感兴趣的东西。要想找到打开人心扉的钥匙，必须同他谈他最向往的东西。

兰博在即将被选为副经理时，忽然有一位董事表示反对，这个意外的出现，使兰博的任命搁置下来。

兰博从朋友那打听到这个董事有收藏古籍珍本的嗜好，每当遇到知音和称赞时就非常兴奋。兰博打电话给这位董事，真诚地说："如果在你的书室能欣赏到被人们赞誉的宝书，将是我一生的荣幸。"

董事邀请兰博来到自己的书室，并向兰博介绍了部分古籍的来历。

兰博一边看一边由衷地称赞，感谢董事让他大开了眼界、增长了见识，并时不时地向董事投去钦佩和敬仰的目光。

通过这次交流，董事对兰博当副经理的事完全赞成。而兰博也敬佩董事的博才，两人成了知心的朋友。

6. 一见面就使人高兴

有一条十分重要的涉及人们品行的准则。你如果不轻视这条准则，你几乎永远不会落入困难的境地。谁遵循这一准则，谁将有众多的朋友并经常感到幸福。准违反这条准则，谁就会遭受挫折。这条准则是：尊重他人的优点。你想得到您所接触的人的赞扬，你想让别人承认你的优点。你想在那个小天地感到自己能起些作用。

在人与人交往沟通中，主要靠语言的应用，讲对方想知道的、感兴趣的、关注的话题，讲他爱听的话，多赞美他人。如果说，批评和鼓励都是催人上进、激人发奋的一种手段的话，那么，在多种情况下，适当的赞美就往往能收到更好的效果。一个笑容可掬、善于发现和挖掘他人优点并给予赞美的人，肯定会受到别人的尊重和喜爱。

生活中的每个人，都希望得到他人的赞美。赞美会激发受赞美者的自豪和骄傲，从中了解自己的优点和长处，认识自身的价值；赞美能和谐人际关系，给人带来美好的心境；并且，当人们在鼓励、尊重对方的同时，也丰富了自己的生存智能。

人脉是金：跟胡雪岩学人脉术

在生意场上，关系就是实力，人脉就是钱脉。

红顶商人胡雪岩几乎是华人中家喻户晓的人物。他利用当时中国的政治和经济环境，加上他善于经营人脉，而得以从一个倒夜壶的小差，翻身成为清朝的红顶商人，成为中国商业史上一段不朽的传奇。后人对胡雪岩有一个评价：失靠山转门下，筹军饷设银号，获高官享厚禄，创经商传奇生涯。

胡雪岩如何从一个钱庄的学徒、跑街的伙计，而最终成为商场大亨呢？关键就在于人脉。凭着他自己一手建立的人脉，入道之后，借助官府势力，以开钱庄起家，层层托靠，左右逢源，周旋于官府势力、漕帮首领、洋商买办之间，开丝行、办药店、设典当、贩运粮食、买卖军火，不数年间，便成为驰骋十里洋场，能在上海这一中国近代金融贸易中心呼风唤雨的富商大贾，并成为中国历史上第一个与外国银行开展金融业务往来的人。在驰骋商场的同时，也成就了一段商场传奇。胡雪岩的为人处世方法也可以为今天的我们所学习、借鉴。

胡雪岩是一个商人，他有一套实用的人脉观点。在胡雪岩看来，朋友之间的合作交往，应该互相尊重对方的利益，否则难免心生罅隙。朋友关系的维系，最好的办法是能够给双方带来好处和利益。而在朋友的交往中，出于感激和冲动，慷慨过度，从而损害自己的利益，这种情况在胡雪岩看来，虽是出于自愿，但终究是使自己吞下一个难咽的苦果，最后反而会使朋友关系紧张乃至崩溃，其后果是失去了朋友，还可能危及前途和事业。

胡雪岩还具有挖掘潜在人脉的眼光。在他 20 岁左右的时候，遇见了一个穷困潦倒的书生——王有龄。这个书生虽然有才华、有抱负，但是缺少进京赶考的盘缠和做官的“本钱”。胡雪岩虽然和他并不很熟，但当机立断决定支持他进京，于是就私下借用了钱庄的 500 两银子送给了王有龄。尽管他因此失业了，但却为自己日后的发达打下了基础。做官后的王有龄非常感激他的援助，视其为生死之交。步入商界的胡雪岩也利用王有龄在官场上的力量，开设了钱庄、当铺、药铺，经营丝、茶，迅速暴富。没有官场上的人脉支持，也就不可能有“红顶商人”胡雪岩的翻手为云覆手为雨。

胡雪岩从他的人脉中直接受益的，除了王有龄之外，还有另外一个重要人物，这个人就是左宗棠。在左宗棠继任浙江巡抚的时候，也遇到了粮食短缺的困难，胡雪岩此时慷慨相助，三天之内竟然为左宗棠筹齐了十万石粮食。这件事不仅让胡雪岩在左宗棠面前展现了自己非凡的才能，同时更得到了左宗棠的赏识。从此以后，胡雪岩就又多了一个靠山，这为他后期迅速累积财富，穿梭于商场、官场大展拳脚奠定了坚实的基础！

纵观胡雪岩的一生，其成功之处可归结在为人处世上。他能在乱世之中，方圆皆用、刚柔皆施，懂得如何积累人脉资源，并利用它为自己的商业铺路，后人称胡雪岩的处世方式为“圆而通神”。

所谓的圆就是圆通、圆活、圆融、圆满。“上不得罪于达官贵人，下不失信于平民百姓，中不招妒于同行朋友，行方圆之道，人脉大树枝繁叶茂。”这句话可以概括胡雪岩的“人生哲学”。胡雪岩为人义气、豪爽、圆滑，喜欢帮助人，再加上出手大方，故而结识了各行各业的人物，其中大多成为了莫逆之交。无论是官场、道上、商界、市井等人，对他来说都是可以结交成为朋友的，他周围渐渐形成一个巨大的关系网，为他今后在商场、官场上有所成就奠定了一个不可或缺的基础。

胡雪岩的处世哲学是“多个朋友多条路，多个仇人多堵墙”，然而胡雪岩虽然有庞大的关系网，最后仍不免落得个家破人亡的下场。这是因为，晚年的胡雪岩生活骄奢无度，且刚愎自用、不懂变通，终于成为政治斗争的牺牲品，最终钱财散尽，黯然离世。

另外，胡雪岩经商后半期，他起用的几个主事伙计，有的本事有限，有的品性不好，毁了他的事业，坏了他的名声，他却一点儿也不知道。

纵观其传奇的一生，成因“关系”起家，败因自身。这样的结局多少也昭示世人：关系固然可贵，但影响关系有一个重要的因素，那就是看个人如何为人处世。

第3章

规划构建人脉，挖掘生意金矿

你的人脉状况如何

对于“人脉”两个字，不少人有许多迷思，所以建议你，先仔细对照一下这张检查表，将你对人脉的迷思勾选出来，看看你到底是属于“铁齿型”“软脚型”“唬烂型”“全灭型”中哪一类型的人，根据这4种不同类型，参考《Cheers》杂志采访到的8位业界精英的说法，他们不但分享自己经营人脉的方法及过程，还提供具体的建议，让你走对方向，找到你的人脉“入口”。

（1）人脉好＝攀关系，我才不做这种事。

（2）凡事不求人，我靠自己哪需要人脉？

（3）工作都忙不完了，哪有时间建立人脉？

（4）现在努力加强专业就好，建立人脉是以后的事。

——以上归类为“铁齿型”。

（1）我脸皮薄怕被人拒绝，建立人脉太难。

（2）别人讲话我只有听的份，怎么建立人脉？

（3）生活＝办公室＋我家，去哪里建立人脉？

（4）周末只想睡大觉，别说人脉，连出门都懒！

——以上归类为“软脚型”。

（1）有人脉＝好办事，我做事最吃得开！

（2）有人脉，升迁就像坐电梯，没人脉，升迁就像爬楼梯！

（3）人脉要过滤，没利用价值的人，不用浪费时间！

（4）我认识许多大老板，人脉好得不得了！

——以上归类为“唬烂型”。

（1）朋友有难，两肋插刀，我用血泪换人脉。

（2）别人都躲着我，人脉出现大危机。

（3）每次提出要求都石沉大海，人脉实在不可靠！

——以上归类为“全灭型”。

分析：

铁齿型：铁齿型的你通常都很有工作实力，做事有自己的一套，但是别忘了，现在是一个讲究团队作战的时代，单打独斗既不能拓展格局又不能持久。所以，适时地分享你的经验，或是帮助其他人，会得到你想象不到的收获喔！

软脚型：软脚型的你比较内向、不善交际，但经营人脉并不是要你当花蝴蝶，其实你可以从当一个好的倾听者开始，建立别人对你的信赖感。工作之外的时间，也可以参加跟自己嗜好有关的社团活动，例如登山社、旅行团、美术馆义工等等，增加认识朋友的机会，对你的性格可是有潜移默化的作用喔！

唬烂型：属于唬烂型的你，最好放下身段、脚踏实地经营自己的专业实力，比较能走得远走得稳，不要整天计算周遭人的利用价值，这种功利心态真的很让人讨厌！不要忘了，你利用别人一次，人家不但会永远记得，还会告诉别人，就算你认识的人再多，别人提到你的名字都嗤之以鼻，这样恶质的人脉不如没有。

全灭型：属于全灭型的你基本上人脉已经亮起红灯，你用错误的观念去经营人脉，不但危及自己的工作、信用扫地，甚至可能有触犯公司规定或犯法的可能。劝你及时刹车，重新检视自己对于人脉的定义，用正确的态度找到人脉入口，重新出发！

规划你的生意人脉资源

你想5年后成为什么样层次的生意人，现在就应该开始布局，从现在开始开拓人脉，进而达成自己的目标。如果没有为5年后的人脉开始订立目标，盲从地拓展人脉只会为自己带来更多的繁忙与麻烦。早一点规划自己的人脉网络，5年后，将会发现身边到处是可随时协助您的专业人士，一通电话即可解决生意上的棘手问题。

1. 明确生意生涯规划

要弄清楚以下几个问题：

（1）我的生意方向是什么？

（3）我有自己创业的打算吗？我准备在哪个领域或行业创业开拓生意？

（4）我的生意生涯大体分为几个阶段？

2. 弄清生意的人脉资源需求要弄清楚以下几个问题

（1）我目前的生意进展得顺利吗？

（2）如果顺利，是谁给了我最有力的支持和帮助？今后我还要得到他们什么样的支持？

（3）如果不顺利，原因是什么？假如不是我的能力问题，那么，是谁没有给我最有力的支持？他们为什么没有帮助我？

（4）为了实现我的生意目标，我需要哪些人脉资源的鼎力相助？我现在得到了吗？

（5）为了实现长远的生意目标，我还要开发哪些潜在的人脉资源？

3. 制订人脉资源经营行动计划

在制订人脉资源行动计划时，应注意以下几个问题：

（1）人脉资源的结构要科学合理。

比如，性别结构、年龄结构、行业结构、学历与知识素养结构、高低层次结构、内外结构、现在和未来的结构等。不少生意人的人脉圈子结构太单一、单调，导致了人脉资源的质量不高。比如，有的人只重视内部的人脉资源，而忽视了外部的人脉资源，造成圈子狭窄，信息闭塞，坐井观天。

有的人只重视眼前的人脉资源，而忽视了未来的人脉资源。结果，随着生意的发展以及环境的变化，造成关键时刻人脉资源缺位断档，临时抱佛脚往往效果不好。

（2）人脉资源要平衡物质和精神方面的需要。

你不能一头扎进追求名利的陷阱，而忘却了生命追求快乐和幸福的本义。比如，你要有一两个真性情的朋友，哪怕他们性格粗暴甚至低俗，但他们可以骂得你狗血喷头，让你有片刻的清醒。你还应该有一两个善于倾听的伙伴，他们是你倾诉的对象，成功时他们与你一起分享，挫折时他们与你一起分忧。你甚至还应该有一两个好抬杠的家伙，他们总是与你的观点相左，但你总能从他们的荒谬言论中汲取必要的营养。

（3）人脉资源要重视心智方面的需要。

比如，你应该结交一些专家、学者、教授、实战英雄、智者、小诸葛等，定期与他们交流，将会使你受益非浅。你百思不得其解的难题，他们的片言只语可能会给你指点迷津。

（4）明确制订人脉资源规划的步骤。

制订人脉资源规划的步骤如下：

确定生意生涯规划——评估人脉资源现状——明确人脉资源需求——设计人脉资源结构——制订人脉资源规划——制订行动计划

4. 注意人脉资源的深度、广度和关联度

在拓展人脉资源的过程中，要注意人脉的深度、广度和关联度。人脉的深度即人脉关系纵向延伸的情况，达到了什么级别；人脉的广度即人脉关系横向延伸的情况，范围（区域与行业）有多广；人脉的关联度指人脉关系与个人所从事行业的相关性和人脉资源直接的相关性。人脉资源既要有广度和深度，又需要关联度，利用朋友的朋友或他人的介绍等去拓展你的人脉资源。从长远考虑，千万不要有人脉“近视症”，需要关注成长性和延伸空间。

整理你的生意人脉档案

一旦我们对自己经营人脉的能力有了一个初步的认识，我们可以按照如下方式整理自己的人脉档案。

1. 人脉关系资源的分类

一般来讲，人脉关系资源有以下三种类型：

个人网络：包括你的家人与朋友，或是与你最亲近的人。

社会网络：你时常联络或是比较熟识的人，之前任职单位的同事或是主管，邻居或是朋友认识的人，你的理财专员或是汽车业务员等。

专业网络：例如专业协会、俱乐部、校友会等组织。

写下现有的关系资源，包括上面提到的三种类型。回头翻阅你的电话簿或是名片本，把所有你能想到的人全都列出来。透过这份关系资源名单可以看出自己的关系组合特性，了解哪些地方有所不足，必须加以改进。最后再想想哪些人未来有可能成为你的关系资源，把可能的名单也列出来。

为了更加有效地管理自己的关系，可以利用信息科技。目前有许多计算机软件比如微软的 Outlook 等都有通讯簿管理的功能。除了输入某个人的基本资料外，最好加上兴趣嗜好、专长、人格特质等有助于认识这个人的资料。然后依据职业类别或其他条件分门别类，以方便日后查询。

2. 建立“朋友档案”

建立“朋友档案”有下面几个部分需要注意：

（1）把你同学的资料整理并做成记录。毕业经过数年后，你的同学可能会分散在全国各地，从事不同的行业，有的甚至已成为某一行业或某一领域的“重量级”人物。当有需要时，凭着老同学的关系，相信会在某种程度上给你帮忙。这种老同学关系可从大学向下延伸到高中、初中、小学，如能加以掌握，这将是人生中一笔相当大的资源。当然，建立好同学关系需要经常参加同学会、校友会并且注意他们的动态。

（2）整理周围朋友的资料并对他们的专长做出详细的记录。比如他们的住所、工作有变动时要修正，以防必要时找不到人。准确掌握这些变动的情形有赖于平时与他们联系。

同学及朋友的资料是最不应疏忽的。你还可以记下他们的生日，不嫌麻烦的话在他们生日时写一张贺卡或请他们吃个便饭保证会使你们的关系突飞猛进。若能维持好这些关系，就算他们一时帮不上忙，也会介绍他们的朋友助你一臂之力。

（3）在应酬场合认识的，只交换名片，还谈不上交情的“朋友”也是不可忽视的。这种“朋友”在各行各业的各种阶层都会有，不应该把他们的名片丢掉，而应该在名片中尽量记下这个人的特点，以备下次再见面时能“一眼认出”。重要的是名片带回家后要依姓氏或专长、行业分类保存下来。当然不必刻意去结交他们，但可以借故在电话里向他们请教一两个专业问题，话里自然要提一下你们碰面的场合，或你们共同的朋友，以唤起他对你的印象。有过“请教”，他对你的印象自然会深刻些。当然，这种“朋友”不可能帮你什么大忙，因为你们没有进一步的交情，但是他们帮你一些小忙应该是没有什么大问题的。

人脉起飞，从设定目标开始

已故的斯坦福大学商学院院长哈瑞尔很喜欢研究历届毕业校友的特质。他归纳，“通常表现杰出的校友，也是积极、善于交际的沟通高手”。如果把这个结论印证在也是商学院毕业的凯思·法拉利身上，一样吻合。他是上个月初才在美国出版畅销书《不要一个人吃饭》的作者。

1. 人脉入口：从设定目标开始

法拉利有相当耀眼、丰富的资历。在创业前，他曾在全球知名的德勤企管顾问公司担任行销长，在跨国知名顶级连锁饭店担任有史以来最年轻的行销长，在好莱坞一家知名媒体行销公司担任 CEO。除此之外，他还有更多令人“眼花缭乱”的头衔：“耶鲁大学校友会长”、《福布斯杂志》《INC》《华尔街日报》专栏作家、500 大企业“最年轻的行销长”，世界经济论坛选他为“未来全球领袖”之一……

法拉利把这些发生在他自己身上的机运，完全归功于“人脉”。至今，在他的PDA中，储存了超过5000个人以上的名单。这庞大名单，不是生熟不分的瞎蒙凑数，他们都是可以在工作、生活、感情给予建议与亲切分享的“后勤部队”。任何时间拨电话，法拉利都可以找到其中的一个人说话。想想看，再从这5000多人延伸出去的交际圈，人脉势力会有多庞大？

对于人脉经营体会如此深刻，与法拉利艰苦的出身密切相关。钢铁工人与清洁妇组合的家庭，想送小孩进入常春藤名校，简直是天方夜谭。但幸运得到父亲上司的赞助使法拉利得以进入耶鲁念完大学，之后又取得哈佛大学商学院MBA学位。如果出身平凡的法拉利是通过“人脉”成就了日后的事业，当年他如何找到自己人脉“入口”的呢？

法拉利在书中举了这样一个例子：《成功》杂志曾针对在1953年毕业的一班耶鲁学生做过一项研究，向学生调查3个问题：你设定人生目标了吗？你把这些目标写下来了吗？针对人生目标，你订出实践计划了吗？

结果有3%的学生把人生目标写下来，同时订出实践计划。13%的学生有目标，但没有行诸文字。高达84%的学生则对人生没有特别想法，只想“快乐过一生”就好。

20年后，同样的问题再问这班学生，结果令人大感诧异。当年立下目标，却未诉诸文字的13%学生，平均收入是那些84%学生的两倍。而写下目标，同时又有行动方案的3%学生，平均收入却高于所有同学，足足有10倍之多。法拉利举此例子的用意在于，如果你还找不到人脉入口，何不先从自己的生涯目标开始想起？当你有清楚的人生目标，想要达成的渴望自然会把你引导到如何编织人脉的地图上。因为，你会懂得自己去挖掘可以分享、支持、学习的长辈或同事。

那么，怎样设定目标呢？可以参考以下几个步骤：

第一步：发现自己的热情。设定目标以前，先找出你的梦想所在。否则，你有可能失去方向。认真问问自己，热爱什么？擅长什么？想成就什么？有哪些原因阻碍了你？当热情与能力相契合时，你才可能全心投入。

向内看——你可以分两个字段，交叉找出线索。先把你的梦想和目标依序写在第一栏，然后再把会令你感到愉快的事情、人物、嗜好写在第二栏。接着你会从中找出一些交集点。

向外看——问问朋友他们对你优缺点的观察，你会对自己的目标轮廓越来越清楚。但是，当你的梦想越来越清楚时，不要忘了，做个“有纪律”的梦想家，成功概率才会更大。

第二步：把目标写在纸上。凯思·法拉利用一个“人脉行动方案”表来找到人脉入口。它分成三部分：第一部分，写下有助于完成梦想的各种方案；第二部分，写下有助于达成目标的人、事、地、物；第三部分，写下可以用哪些方式去结交有助于达成梦想的人物或新朋友。这个方法不仅让法拉利获益良多，也让他身边的许多朋友或同事找到建立人脉的方向。

尤其在第一部分，凯思·法拉利以头3年想达到的目标倒推回去，分3个月、1年来逐步设定行动方案，并作为检验指标。当你写下的指标越清楚时，脑海中对于有什么样的人可以协助你完成目标，自然也会浮现。届时，你会乐于主动与他们亲近或学习。

练习写下“人脉行动方案”表，其实就是在找出建立人脉的方法。不过，有几个原则一定要掌握：

目标必须清楚。如此你才能确定适合的行动方案和设定完成时间。

目标值得相信。不要设定永远达不到的目标。

目标必须有挑战价值。除了设定自己的“安全区”外，也要让目标存在些风险或是不确定性，提高自己征服的欲望。

第三步：为自己找个“顾问团”。找几个像啦啦队长般，可以鼓舞你向上，或是具有锐利的鹰眼般，可以挑剔你错误的好友，他们会敦促你的责任感，并协助你找到方向。

2. 人脉起飞：大胆跨出第一步

当第一次要与不认识的人接触时，许多人都会感到不自在。究竟该如何克服这种恐惧？首先，你要有“恐惧是正常的”的体认。因为这不是个人问题，而是多数人都会有的反应。以下是凯思·法拉利觉得可以克服交际恐惧症的几种方法：

找出值得你学习的典范人物。与熟识或想法相近的朋友相处时，安全感相对较高。如果你还不敢主动跨出去结交新朋友，那么就找一个你觉得可以学习的熟人，跟他去各种交际场合，观察他如何与人攀谈互动。久而久之，你也会学到一些窍门，让自己多些勇气跨出去。

学着开口说话。有许多教育训练机构或沟通课程，是在教人如何克服沟通或说话的障碍。这些课程会让你有练习的机会，或许可以试试。

投入参与。当有人能分享或理解你的热情时，总让人有如获知音的感受。参与一些与个人嗜好有关的社团，是学习拓展人脉的好机会。而且一旦加入，就全心投入，甚至有机会可以让自己成为社团领导人，它可以让你的人脉圈越滚越大。

每周为自己设定“认识一个新朋友”的目标。公车上、酒吧里、公司茶水间，都有你可主动向人攀谈的机会。反复练习后，你会发现与陌生人接触不再那么令人不安，被拒绝你也会把它视为家常便饭，见怪不怪。

3. 人脉拓展：不要在人际里消失

凯思·法拉利常形容，人脉就像肌肉，要越练才会越发达。尤其一定要掌握一个关键原则：绝不要在人际里消失，让人注意不到你。千万不要把它当作是件苦差事。与人相交，其实是在建立一个长久的友谊关系。赢得友谊应该是件有趣的事，不要觉得它浪费时间。

尤其在建立人脉的初期，尽量让你的行为阅历饱满，你必须更用心让自己成为被看得见的活跃分子。但是，一个人的时间毕竟有限，该如何妥善管理时间？既然无法复制自己，凯思·法拉利的方法是“复制聚会的场合”。碰到时间紧迫时，他会把几个想联谊的对象，约在一块用餐。当然，在安排前，也要注意彼此的“气味”是否相投。如果安排巧妙，往往会有意想不到的交流效果，宾主尽欢。而且这对彼此人脉圈的拓展，也有加乘效益。

另外，如果要与一个不是很了解的人碰面，凯思·法拉利通常会再带一个认识的朋友一起加入，这样至少可以确保它不会是个浪费时间的聚会。或者，有时他也会带资历较浅的同人或朋友来参加聚会，给予机会教育，让资历较浅同事实际观察凯思·法拉利谈生意的方式、如何与对方达成共识等。事实上，在过程中他们也会常常贡献一些不错的意见或创意。因此，千万不要低估你身旁的年轻同人。

最近你和同事一起吃饭吗？何不今天中午找个同事一起用餐？同时也邀几位其他部门的同事或同业朋友一起参与？相信不久后，你的人脉网编织进度，将会加速前进。

设计你的“关系联络图”

将你所有的联系列出来，想想你认识并有业务联系的每个人，设计一个计划，以最有效的方式利用你的这些资源。

虽然如此，要想构建一个良好的有用的关系网也是要大费一番心思的，以下就是构筑关系网的一般步骤：

第一步就是筛选。把与自己的生活范围有直接关系和间接关系的人记在一个本子上，把没有什么关系的记在另一个本子上，这就像是打扑克中的“埋底牌”，把有用的留在手上，把无用的埋下去。

第二步就是排队。要对自己认识的人进行分析，列出哪些人是最重要的，哪些人是比较重要的，哪些人是次要的，根据自己的需要排队。这就像打扑克中的“理牌”一样，明白自己手里有几张主牌，几张副牌，哪些牌最有力量，可以用来夺分保底，哪些牌可以用来应付场面。

由此，你自然就会明白，哪些关系需要重点维系和保护，哪些只需要保持一般联系和关照，从而决定自己的交际策略，合理安排自己的精力和时间。

第三步要对关系进行分类。生活中一时有难，需要求助于人，事情往往涉及很多方面，你需要很多方面的支援，不可能只从某一方面获得。

比如，有的关系可以帮助你办理有关手续，有的则能够帮助你出谋划策，有的则能为你提供某种信息。虽然作用不同，但对你都可能是至关重要的。所以一定要分门别类，对各种关系的功能和作用进行分析、鉴别，把它们编织到自己的关系网之中。

设计“联络图”也许不难，但是把它的内容落到实处就不那么容易了。一是要识门。也就是说，对于与自己求助的事情有重要关系的部门人员一定要清楚，熟悉他们的工作内容和业务范围。二是要识路，也就是说，要熟悉办事的程序，先从哪里开始，中间有哪些环节，最后要由什么部门决定，都应非常清楚，省得跑来跑去重复找人。

有了一张好的“联络图”后，聪明的人就会懂得如何保护和维系这张图，使它一直有效。他应该不断和图上的人保持联系，加深彼此的相互了解和合作，保持旧的关系，发展新的关系，使自己的“联络图”越来越丰富。

这时，你就可以画一张“求人联络图”了。记得过去京剧样板戏《智取威虎山》中，杨子荣就是凭一张“联络图”打入匪巢的。而土匪头子朝思暮想的也就是那张“联络图”，因为有了它，就可以占山为王了。

一个人托人办事的实力和资历也往往体现在这张“联络图”上。有能耐的人，他这张图的质量高、价值高。在需要托人办事时左右逢源，无所不能。相信这样的人也是每个人梦寐以求要做的所谓“神通广大”的人，当你遵循上面的原则去做以后，你会发现，做这样的人的梦想离你并不遥远。

建立关系不妨“势利”点

现今是市场经济社会，人人自危，人人都有其程度不同的压力感。试想，如果你正处于只能维持最低的生活水平或者正处于生意发展的紧要关头，你只能“有事”才“有人”，如果把友谊放在头等重要的位置上，是解决不了生计问题，不利于生意发展的。

“有事”当然包含许多内容。“有事”时才“有人”是当前普遍的现象。“求人”办事也就是“有人”，为求发展，达到自己的目标，只能办事时甜言蜜语，否则也是办不成事的。如果“有事”时又“无人”，那只能说明你无法适应当前的社会环境、缺乏处世办事的能力，缺乏维系人际关系最基本的条件。你不通过“有事有人，无事无人”办成几件漂亮的事情，那你的“友谊”

只能是虚设。

没有用处的人，你给他帮忙，只能让他空添内疚。多帮有用处的人，并不意味着不帮好朋友，两者并不矛盾。话又说回来，做人要知恩图报，别人帮了你，而你不图回报，岂非“不够朋友”吗？

按中国人的传统心态来看，交际不应该有目标，应该“以情会友，别无所求”，应该奉行一种无为哲学。谁要是在交往中注重了交往对象的使用价值，然后想方设法接近他、利用他，就被认为“太势利”。

根据现代社会的交际观念，交际有三个基本目标。我们不能只强调信息共享、情感沟通而拒绝相求相助。我们不能把相求相助都当成“势利”来看待。为了相求相助而交际，这不是“势利”，这是人类有别于其他动物的一种社会性行为。

我们不妨设想，有这么一个人，他既不能与你信息共享、情感沟通，也不能与你相求相助，你会与他交朋友吗？恐怕不会。可见，人际交往还是有选择的，选择就是一种目标的体现。

维系人脉的几点诀窍

在我们与人的交往中，利用电话、写信（电子邮件）、节日贺卡、生日聚会等是最常见的人脉维系方式。但维系人脉和保持互动，除了这些形式上的问候与聚会之外，还需要良好的记忆力、沟通技巧和创意。

1. 记忆

在记忆力方面，应该努力记住和朋友上次聚会或交谈时的内容，以及关心对方目前的发展状况。每次有机会和朋友聊天时，要专心倾听并记住对方的近况，其中大致可以分为公事、私事两个方面。

公事

有关朋友的工作与发展情况，在这个部分，有必要尽量记住几个关键：

（1）公司名称与基本产品、职务称谓、工作内容及薪酬福利。

（2）部门之间人事相处情况和他的个人感觉。

（3）朋友对这个产业的了解和想法。

私事

有关朋友的家庭、感情生活、共同朋友的状况：

（1）朋友与其父母、兄弟姐妹的情况。

（2）目前的感情生活。

（3）了解他目前或近期个人的发展计划。

2. 沟通

在应用方式上，尽量挑选对方感兴趣的话题，作为下一次沟通时的衔接题材。

在沟通方式上，用问的方法比较能表现主动关心对方的感觉，比方说：

“上次看你工作压力很大，精神很不好，现在好多了吧？”

“那个找你麻烦的主管，最近对你怎么样？”

“你上次穿的那件衣服看起来好有气质，你到底在哪里买的？我一直没找到。”

“你父亲的糖尿病好多了吗？”

但是有些问题则需要稍微避讳一下，比方说私人感情、某些实现起来有困难的目标、工作上的升迁或工资奖金的数额等。这些问题在无法确定对方是否乐于回答时，尽量不先开口比较好。因为像这些问题，常会引起一些争执、意见分歧，使对方讳莫如深。因此，最好是由对方主动向你说明。

如果对方在上次聚会时，曾经发誓、诅咒某个宣言或话题，也要尽可能避免询问。因为如果对方真的做到了，他一定会直接告诉你，和你分享他的成功与兴奋。如果对方没做到，你这就是“哪壶不开提哪壶”，揭人短处自讨没趣。至于工作方面较敏感的工资收入和职务变动也一样，最好都让对方主动去提及。

这些看似复杂的小动作，其实只要多留心观察，多一点记忆就能够做到，对于并不愿常与朋友互动，或是无法定期聚会的人来说，是维系人脉的关键。

3. 创意方法

在维系人脉间的互动上，如果能运用一些颇具创意的方法，一定能收到非常棒的效果。

比方说，自己亲手做一些小手工艺品，当作送给朋友生日或升职的贺礼，这样不但省钱，而且也表现自己的一片心意和独特的创意。像目前流行的串珠、中国结或环保艺术品、编织的幸运带或是自己捏出并烧制的陶艺品、剪纸、卡通画，甚至可以做一张友情网页、写首诗等，都是不错的创意礼物。

平时的互动上，利用手机、小灵通及网络等现代通信技术也可以做到。最常用的方法是将和朋友工作有关的市场资料、产业分析、学术报告、演讲信息、最近看过的好书或节目，尽量用电子邮件、电话、短信、信件或传真等方式通知朋友。

测测自己构建人脉的能力

在构建自己的人脉之前，你最好对自己经营人脉的能力有一个初步地认识。怎么认识呢？下面我们提供一些心理测试，它们将有助于检查你在这方面的能力。

请结合你自己的情况考虑下面的问题，回答“是”或“否”。

（1）你喜欢参加交际活动吗？

（2）你喜欢结交各行各业的朋友吗？

（3）你常常主动向陌生人做自我介绍吗？

（4）你喜欢发现他们的兴趣吗？

（5）你在回答有关自己的背景与兴趣的问题时感到为难吗？

（6）你喜欢做大型公共活动的组织者吗？

（7）你愿意做会议主持人吗？

（8）你与有地方口音的人交流有困难吗？

（9）你喜欢在正式场合穿庄重的服装吗？

（10）你喜欢在宴会上致祝酒辞吗？

（11）你喜欢与不相识的人聊天吗？

（12）你在父母的朋友面前交谈自如吗？

（13）你在院系集体活动中介意扮演逗人笑的丑角吗？

（14）你喜欢成为院系联欢会上的核心人物吗？

（15）你曾否为自己的演讲水平不佳而苦恼？

（16）你与语言不通的外国人在一起时感到乏味吗？

（17）你与人谈话时喜欢掌握话题的主动权吗？

（18）你与地位低于自己的人谈话时是否轻松自然？

（19）你希望他们对你毕恭毕敬吗？

（20）你在酒水供应充足的宴会上是否借机开怀畅饮？

（21）你曾否因饮酒过度而失态？

（22）你喜欢倡议共同举杯吗？

评分与解释——

本测验的答案并无正误之分。只是一般情况下，擅长于交际的人会倾向于以下答案：

（1）是（2）是（3）是（4）是（5）否（6）是（7）是（8）否（9）是（10）是（11）是（12）是（13）否（14）是（15）否（16）否（17）是（18）是（19）否（20）否（21）否（22）是

检查你在每一题上的答案，若与上述相应答案符合得1分，否则得0分。计算你的得分。

17分~22分：你在各种各样的交际场合都表现得大方得体，从不拒绝广交朋友的机会。你待人真诚友善，不狂妄虚伪，是交际活动中备受欢迎的人物，也是公共事业的好使者。

11分~16分：你在大多数交际流动中表现出色，只是有时尚缺乏自信心，今后要特别注意主动结交朋友。

5分~10分：也许是由于羞怯或少言寡语的性格，你没有表现出足够的自信。当你应该以轻松、热情的面貌出现时，你却常常显得过于局促不安。

4分或以下：你是一位孤独的人，不喜欢任何形式的交际活动，你难免被人视为古怪之人。

Part 2

开场开得巧，生意做得好

生意场上，与人打交道初次见面，如何才能尽快消除生疏感？如何才能缩短相互间的感情距离？如何引发话题增进相互沟通？如何赢得对方好感和信任，建立融洽的关系？

开场开得巧，生意做得好，好的成功是开始的一半。以诚交友，用心沟通，掌握搭讪技巧，寻找共同话题，营造交谈气氛，让情感在交流中升温，一旦打开交际局面，做生意也就水到渠成了。

第4章

一分钟把陌生人变熟人

初次见面如何缩短距离

生意场上，与人打初次见面，互不相识，彼此生疏，这就为交谈和沟通带来难度。只有消除生疏感，才能拉近双方距离，为双方交流进行“预热”。那么如何才能消除生疏感，缩短相互间的距离呢？

1. 通过亲戚、老乡关系来拉近距离

由于亲戚、老乡这类较为亲密的关系会给人一种温馨的感觉，使交际双方易于建立信任感。特别是突然得知面前的陌生人与自己有某种关系，更有一种惊喜的感觉。故而，若得知与对方有这类关系，寒暄之后，不妨直接讲出，这样很容易拉近两人的距离，使人一见如故。

现在许多大学里面，都存在一些老乡会、联谊会等组织，这些老乡会、联谊会就是通过老乡关系把同一地方的学生召集在一块，组织起来。同时也通过老乡会来相互帮助、联络感情、加强交流。

从人的心理上来讲，每个人的潜意识中都有一种“排他性”，对自己的或跟自己有关的事物往往不自觉地表现出更多的兴趣和热情，对与自己无关的则有一定的排斥。因而，在交谈中将这类关系点出，就使对方意识到两人其实很“近”。这样，无论对方地位在你之上或你之下，都能较好地形成坦诚相谈的气氛，打通初次见面由于生疏造成的心理上的“防线”。

2. 以感谢的方式来加强感情

一般说来，每个人都对自己无意识中给别人很大的帮助感到高兴，见面时若能不失时机地点出，无疑能引起对方的极大兴趣。因此，初次见到曾帮过自己的人时，不妨当面讲出，一方面向对方表示了谢意，另外无形中也加深了两人的感情。

3. 从对方的外貌谈起

每个人都对自己的相貌或多或少地感兴趣，恰当地从外貌谈起就是一种很不错的交际方式。

有个善于交际的朋友在认识一个不喜言谈的新朋友时，很巧妙地把话题引向这个新朋友的相貌上。“你太像我的一个表兄了，刚才差点把你当作他，你们俩都高个头，白净脸，有一种沉稳之气……穿的衣服也太像了，深蓝色的西服……我真有点分不出你们俩了。”“真的？”这个新朋友闪着惊喜的眼神。当然，他们的话匣子都打开了。

我们不得不佩服这个朋友谈话的灵活性。他把对方和自己表兄并提，无形中就缩短了两人之间的距离，接着在叙说两人相貌时，又巧妙地给对方以很大的赞扬，因而使这个不喜言谈的新朋友也动了心，愿意与其倾心交谈。

4. 剖析对方的名字来引起对方的兴趣

名字不仅是一种代号，在很大程度上是一个人的象征。初次见面时能说出对方的名字已经不错了，若再对对方的名字进行恰当地剖析，就更上一层楼。

譬如一个叫“建领”的朋友，你可以谐音地称道：“高屋建瓴，顺江而下，攻无不克，战无不胜，可谓意味深远呀！”对一位叫“细生”的朋友，可随口吟出“随风潜入夜，润物细无声”，或者用一种算命者的口吻剖析其姓名，引出大富大贵、前途无量之类的话，这也未尝不可。

总之，适当地围绕对方的姓名来称道对方，不失为一种好方法。

与陌生人一见如故

与陌生人一见如故，是生意场上成功交友的理想境界。如果我们具有跟大多数初见者一见如故的能耐，我们就会朋友遍天下，生意遍天下。

张军是一家贸易公司的老总，因为要与另一家公司展开合作，所以，他就驾车带着助手小王去商谈合作的事宜。

此时正是上班高峰，路上的车特别多，不可避免地，他们遭遇了堵车，眼看着离会面的时间越来越近，两人急得像热锅上的蚂蚁。

真应了那句话：忙中出错。张军在急于抢时间的时候，车启动得稍快了一些，挨到了前面的黑色奥迪上。不过，奥迪车主好像还不知道情况，并没有从车上下来。张军赶紧熄了火，打算下去跟对方说一下。这时，小王一把拉住了他："张总，我们还是不要多事了，您没看见吗，那个人还不知道我们碰到了他的车，干脆咱们也装作不知道就行了。万一他是个难缠的主，拽住咱们不让走，不光耽误时间，还会给自己找麻烦的。"

张军笑了一下："小王，不能装作不知道，有了过错就得承担后果。反正现在正堵车，我下去跟他解释一下。"

"张总，真是拿你没办法。要下去就一块下去，我给您助威，让他不敢造次。"

张军下车来到奥迪前，敲了敲窗玻璃。窗玻璃摇下后，露出了一张年轻的脸。"这位朋友，不好意思，刚才我启车的时候可能碰到了您的车，您要不要下来看一下。"

年轻人打量了张军几眼，确定张军不像在说谎，就打开车门下来了。两个人来到奥迪车后仔细地查看了一番，还好，没什么大问题，奥迪车的保险杠擦出了几道印子。年轻人没说什么，张军掏出了名片递上去说："因为时间紧迫，来不及商量赔偿的事，这是我的名片，咱们可不可以另外找时间商谈？"

年轻人看了下名片说："没关系，这点小问题不用赔偿，都是堵车惹的祸。"

张军说："可不是吗，如果不是堵车，我也就不这么急着赶路了。"

就这样两个人你一句我一句聊上了堵车的话题，而且越聊越起劲。

最后，张军说：“看您这么豁达，这样吧，改天我请您喝茶吧，能不能告诉我您的联系方式？”年轻人也给了张军一张名片。

回到了车上后，小王见张军不仅没有刚才焦虑的神情，反而还笑眯眯的。“张总，您没事吧？这都快到会谈的时间了您还笑？”

“小王，不用怕。你知道那个年轻人是谁？他就是要跟咱们会谈的人！”

是不是有些吃惊，世界怎么这么小？事情怎么这么巧？没错，世界就是这么小，而事情就不是这么巧了。因为，这个世界上根本没有陌生人，说陌生是因为我们还没有认识他。也就是说，陌生人只不过是我们一个潜在的朋友。

今天，我们的生活、工作、娱乐乃至所有的一切，都受到从未谋面的陌生人的影响甚至支配：我们吃下陌生人加工的食品，为身体提供能量；我们在互联网上冲浪，搜索着陌生人传播的信息。我们身处的世界，正越来越从传统熟人社会走向“陌生人社会”，家庭的小型化，信息时代的到来，使得社会交往日渐扩大，让我们的生活和陌生人产生着千丝万缕的联系。

一个生意人要想成功，就要拓展自己人际交往的宽度，扩大自己的视野和圈子，即拓展自己的人脉，给自己的生命注入更多养分。一些成功人士说，在一些人生转折点上，给你带来机缘和帮助的常常并不是你的老熟人，而是结识不久的新朋友。这并不奇怪。

我们与熟人的交集早已确定，很难超越固有的生活轨道。而我们与陌生人来自两个不同的空间，交集越少，差别越大，这样就更容易碰撞出火花。

与陌生人交往，不光能使你认识新朋友，更重要的是能拓展你的人脉圈，为你带来更多的生意机遇。所以，不要犹豫了，赶快把陌生人变成你的朋友吧！

诚意是把开心锁

结交陌生人时，做一些了解是必不可少的，耳听眼看，根据了解的情况决定可以接近的对象，同时要有相应的表情和行动，让对方感觉到你交友的愿望，从而相信你的诚意。

李小琳从学校毕业后找了个工作——推销保险，不知道是不是因为新手的缘故还是她还没有掌握推销的方法，反正一个月过去了，她一张单子也没签过。

看着李小琳整天无精打采的样子，她的好姐妹玲玲决定帮她一下。于是玲玲就叫上李小琳和自己的几个朋友一块去KTV唱歌，并顺便把这几个朋友介绍给李小琳。

到了KTV后，还没等玲玲说话，李小琳就说："你明知道我五音不全唱歌会跑调，干吗还拉我到这里啊？""玩玩嘛，我看你这几天挺闷的，介绍几个朋友给你认识。"

李小琳很不情愿，但碍于朋友的面子，就随便地跟那几个人打了招呼。

在别人唱歌的时候，李小琳一直坐在沙发上喝水。

从KTV出来后，玲玲还想再到别的地方玩一会，但是她那几个朋友却纷纷借口走开了。

人都是有感觉的，李小琳的行为态度已经把她的"不情愿"写在了脸上，谁还看不出来？而且每个人都是有自尊的，谁愿意拿自己的热脸去贴别人的冷屁股呢？

在一些交际场合，我们常常可能看到两个人在亲切交谈的情景，双方脸上洋溢着笑容，俨然一对久未谋面的老朋友。但是一上去打听，才知道他们不过是刚刚认识才几分钟。为什么陌生人见面才几分钟就交上朋友了呢？看看他们是怎么做的，你就明白为什么了。

在宽敞的大厅里，人们三三两两地聚在一起，有的仔细品味着杯中的美酒，有的在小声地跟同伴说话。这时，一位穿着得体服装的先生走了进来，他微微笑着，向每一个人点头致意。当他看到大厅的一角有个高个子的人正与同伴愉快地交谈时，他仔细地打量了一下那几个人，然后轻轻地走到那几个人的身边，当听到他们交谈的内容时，这位先生眼睛亮了一下，脸上显出很兴奋的样子，冲着几位礼貌地点头致意。而那个高个子的人显然也注意到了这位先生，马上站直了身体，眼睛注视着这位先生。这位先生向高个子的人伸出了手，同时嘴里说着“您好……”随着两只大手握在一起，一段愉快的交谈开始了。

许多人在同老朋友交谈时感到自然协调，而面对陌生人时却显得很拘谨，为什么呢？很简单，因为老朋友都相互了解，彼此之间没有距离。而对陌生人却一无所知，特别是进入了充满陌生人的群体，有些人甚至怀有不自在和恐惧的心理。因此，如果你想把陌生人变成老朋友，首先要在心目中建立一种乐于与人交朋友的愿望，心里有这种要求，你才能有这样的表情，才能有这样的行动。上面那位先生开始时注意到了高个子的人，观察了一下之后心里有初步的判断，于是向他们走去。然后又倾听了他们的谈话，了解到他们的话题，这样脸上才有了兴奋的表情，才有结交那几个人的行动。显然，这位先生的表情和行动已经感染了那位高个子的人，引起了他的注意，因此，双方的交谈就是很自然的事了。

那么，面对一个很想认识的陌生人，你需要怎么做呢？那就是开放的肢体语言，你要微笑、打招呼、握手、眼神接触、点头示意。总之，要让对方觉得，你是一个想与他交谈的人；并且是一个很友好，善良的人。所以，结交陌生人一定要克服恐惧、腼腆等心理，抛弃思想包袱，做一个开朗洒脱的人。

谦虚能交到更多的朋友

谦虚是人类的美德，对于人际交往很重要。一个人对自己应该有个客观的评价，实事求是，不贬低自己，也不抬高自己；既能坚持正确的观点，又能虚心向别人请教。谦虚的人在交际应酬场合总是有许多朋友的，只有谦虚的人才能成为社会交往中受欢迎的人。

法国哲学家洛希夫克曾这样说过：“如果你想得到仇人，你就胜过对方，可是，如果想获得更多的朋友，就让对方胜过你。”

这该做如何解释呢？因为当对方胜过我们时，那就满足了他的自重感。可是，当我们显出胜过对方时，那会使他有种自卑的感觉，并会引起猜疑和妒忌。这句话可以成为我们结交陌生人时必须遵循的至理名言。

“胡庆余堂”是红顶商人胡雪岩毕生的心血。在世纪更迭、战火纷纷的岁月中，无数金字招牌都未能幸免于难，而“胡庆余堂”却以胡雪岩提出的谦虚诚信支撑了下来。

一天，一位老农到“胡庆余堂”买药，微露不悦之色，还不停地抱怨。掌柜的见老人是一个农夫，买的鹿茸也不多，就不耐烦地赶他走。

这一幕恰好被胡雪岩看到了。胡雪岩和颜悦色地问老人：“是不是药店有什么招呼不周的地方？”

老人见胡雪岩谈吐穿着不凡，知道是个管事的人，就说：“药店的鹿茸切片放置时间太久，有些返潮，希望贵店不要提前将鹿茸切片，等有人来买时再切更好。”

掌柜的一听，辩解说“胡庆余堂”卖的都是上等鹿茸，并威胁老农夫不要在店堂内胡说八道。

胡雪岩对掌柜的摆了摆手说：“不要这样对老人家。”然后又对老人说，“您的建议我们马上就采纳，您以后一定会买到好的鹿茸，这次的鹿茸我们不收钱，希望您下次还能到‘胡庆余堂’买药。”当即下令鹿茸一概不得事先切片。

老农夫被胡雪岩的谦虚大度所感动，逢人就夸“胡庆余堂”货真价实，每次进城都会给胡雪岩送些土产，两人成了忘年交。

胡雪岩的谦和不仅没有失掉药店的声誉，反而让他赢得了老农夫对“胡庆余堂”的信任，他一生结识了很多这样的朋友。胡雪岩常对人说：“我一无所有，有的只是朋友。”朋友们都非常信任胡雪岩，信任“胡庆余堂”，百年老店就是在信任中传承到如今。

谦虚的人恪守的是一种平衡关系，即使周围的人在对自己的认同上达到一种心理上的平衡，让别人不感到卑下和失落，非但如此，有时还能让别人感到高贵，感到比其他人强，即产生任何人都希望能获得的所谓优越感。

事实上，即使是朋友，也宁愿谈论他们自己的成就而不愿听我们吹嘘自己的成就。所以不要时时向他人夸大自己的成就，我们要谦逊，这样永远能使人喜欢，交到更多的朋友。

沾亲带故，攀亲认友

从人的心理上来讲，每个人的潜意识中都有一种“排他性”，对自己的或跟自己有关的事物往往不自觉地表现出更多的兴趣和热情，对与自己无关的则有一定的排斥。

一般来说，对任何一个素不相识者，只要事前做一番认真的调查研究，你都可以找到或明或隐、或近或远的亲友关系。而当你在见面时及时拉上这层关系，就能一下缩短心理距离，使对方产生亲切感。

三国时代的鲁肃就是一位攀亲认友的能手。他跟诸葛亮初次见面时的第一句话是：“我是你哥哥诸葛瑾的好朋友。”就凭这一句话就使交谈双方心心相印，为孙权跟刘备结盟共同抗击曹操打好了基础。

有时，对异国初交者也可采用攀亲认友的方式。1984 年 5 月，美国里根总统访问上海复旦大学。在一间大教室内，里根总统面对一百多位初次见面的复旦学生，他的开场白就紧紧抓住彼此之间还算“亲近”的关系：“其实，我和你们学校有着密切的关系。你们的谢希德校长同我的夫人南希，都是美国史密斯学院的校友呢。照此看来，我和各位自然也就都是朋友了！”此话一出，全场鼓掌。短短的两句话就使一百多位黑发黄肤的中国大学生把这位碧眼高鼻的洋总统当作十分亲近的朋友，接下去的交谈自然十分热烈，气氛极为融洽。你看，里根总统这段开场白的设计是多么巧妙！

由于亲戚、老乡这类较为亲密的关系会给人一种温馨的感觉，使交际双方易于建立信任感。特别是突然得知面前的陌生人与自己有某种关系，更有一种惊喜的感觉。故而，若得知与对方有这类关系，寒暄之后，不妨直接讲出，这样很容易拉近两人的距离，使人一见如故。

因而，在交谈中将这类关系点出，就使对方意识到两人其实很“近”。这样，无论对方地位在你之上或你之下，都能较好地形成坦诚相待的气氛，打通初次见面由于生疏造成的心理上的“防线”。

林秀丽来北京已经一年了，经过几番摸爬滚打，现在终于有了一个属于自己的小文化公司，专门给各个出版社做校对。北京是一个文化的聚集地，而这样的文化公司超过几百家，一个外地创立的小公司要想在北京站稳脚跟谈何容易。

林秀丽的公司最近情况不是太好，因为校对时出了一点小错误导致几家出版社都退了她的稿件。

这天，林秀丽打算到人教社探探情况，于是就挤上了公交车。也许是太劳累，她站着的时候一迷糊居然一下子坐在了一个人的身上。林秀丽赶紧向对方道歉。对方是一个中年人，戴着一副眼镜，很斯文。他说：“没关系，我看你是太累了。”林秀丽说：“是啊，在北京生存压力大啊。”

于是两个人就生存压力这个问题聊了起来。从对方的言谈中得知，他居然是一家出版社的总编。林秀丽很想结识他，可是从哪里入手呢？隐约中，林秀丽听出对方有一点东北人的口音，于是她试探地问了一句：“您是东北人吗？”“哦，这你都听出来了，我来北京十年了，我还以为我的口音早就变了呢，我是辽宁朝阳人。”“哇，真是太巧了，我是阜新的。”“哈，咱们不光是老乡，还是邻居呢！”“是啊，我们阜新除了有几座矿，其他没有什么突出的，不像朝阳还有很多风景名胜，而且你们的化石全国闻名。还好我们那里一所大学在辽宁还有点名。”“你是说辽宁工程技术大学？那是我的母校。”“真是太巧了，我也是在那毕业的。”

两个人越说越近乎，大有相见恨晚的意味。中年人是总编，他有很多出版社的朋友，并且都介绍给了林秀丽。

我们与陌生人接触时，只要留心，就不难发现自己与对方有着这样或那样的共同点，像“同乡”“自己喜欢的地方”“自己向往的地方”“自己认为的人间好去处”等等就是与对方攀认的契机，就能与对方“沾亲带故”。如：“大家是广州人，我母亲出生在广州，说起来，我们算是半个老乡了。”“你和我都姓陈，五百年前咱们可是一家啊。”等等。攀亲认友型问候是抓住双方共同的亲近点，并以此为契机进行发挥性问候，以达到与对方顺利接近的目的。

向陌生人投去会心的一笑

中央电视台曾经做了一期关于面对陌生人微笑的节目，节目给了我们很大的启示。主持人始终是面带微笑地面对每一个来来往往的过路人。看陌生人对她面带微笑的不同反映。我们能感受到了她那发自内心的微笑，是这般迷人，这般甜美，这般让人心动，没什么理由不向她微笑。向陌生人投去会心的一笑，陌生人一开始没什么反映，当她向第五位大妈微笑时，大妈向她回了一个微笑，大妈的微笑也是发自内心的，是真诚的微笑。又走过来一位优雅的女士，看到主持人真心的微笑时愉快地回应着甜美的微笑。当主持人面对农民朋友微笑时立刻得到了微笑回报。

大家的微笑都是发自内心的，是一种无声交流的。微笑连接起了陌生人心与心的交流，因此，微笑是最能打动人的。

卡耐基说："笑容能照亮所有看到它的人，像穿过乌云的太阳，带给人们温暖。"

一个刚刚学会保持微笑的年轻人说："当我开始坚持对同事微笑时，起初大家非常迷惑、惊异，后来就是欣喜、赞许。两个月来，我得到的快乐比过去一年中得到的满足感与成就感还要多。现在，我已养成了微笑的习惯，而且我发现人人都对我微笑，过去冷若冰霜的人，现在也热情友好起来。"

面对陌生人时，有时我们甚至什么都不用做，只是对着他微笑，就能在瞬间缩短你和他（她）之间的距离。微笑是有自信心的表现，是对自己的魅力和能力抱有积极的态度。微笑可以表现出温馨、亲切的表情，能给对方留下美好的心理感受，从而形成融洽的交往氛围。面对不同的场合、不同的情况，如果能用微笑来接纳对方，可以反映出你良好的修养和挚诚的胸怀。

发自内心的微笑，会自然调动人的五官：眼睛略眯起、有神，眉毛上扬并稍弯，鼻翼张开，脸肌收拢，嘴角上翘，唇不露齿，做到眼到、眉到、鼻到、肌到、嘴到，才会亲切可人，打动人心。微笑在于它是含笑于面部，“含”给人以回味、深刻、包容感。

在经济学家眼里，微笑是一笔巨大的财富；在心理学家眼里，微笑是最能说服人的心理武器；在服务行业，微笑是服务人员最正宗的脸谱……

原一平 25 岁当实习推销员时，身高 1.45 米，又小又瘦，横看竖看，实在缺乏吸引力，可以说是先天不足。然而，就是这样一个人却成为日本保险业连续 15 年全国业绩第一的“推销之神”。原一平成功的秘诀在哪里呢?是他那“值百万美金的微笑”。

用微笑来打通陌生人之间的隔阂是原一平用自己的亲身体会总结出来的制胜法宝。他在推销的过程中发现，笑容是传达爱意给对方的捷径；笑具有传染性，笑容可以引起对方笑并使对方愉快，可以轻易地消除二人之间的陌生感甚至隔阂，使对方门扉大开；笑容是建立信赖关系的第一步，它会创造出心灵之友；笑容可以激发工作热情，创造工作成绩；笑容可以消除自己的自卑感，弥补自己的不足；如能将各种笑容拥为己有，了如指掌，就能洞察对方的心灵；笑容能增进健康，增强活动能力。

并且，原一平认为，婴儿般天真无邪的笑容最具魅力。于是，他就花费了很长时间练习笑，直到他在镜中看到自己的笑容与婴儿的相差不多时才罢休。当他带着这样的微笑再去推销保险时，没有一个人拒绝他。

保持一个微笑的表情、谦和的面孔，是表示自己真诚、守礼的重要途径，更是有效沟通的桥梁，是人际关系的磁石。

我们也可以像原一平一样，可以通过训练有意识地改变自己：

首先，放松面部肌肉，然后使嘴角微微向上翘起，让嘴唇略呈弧形。最后，在不牵动鼻子、不发出笑声、不露出牙齿，尤其是不露出牙龈的前提下，轻轻一笑。

其次，对着镜子练习。使眉、眼、面部肌肉、口形在笑时和谐统一。

再次，闭上眼睛，调动感情，并发挥想象力，或回忆美好的过去或展望美好的未来，使微笑源自内心，有感而发。

最后，按照要求，当众练习，使微笑规范、自然、大方，克服羞涩和胆怯的心理。也可以请观众评议后再对不足进行纠正。

微笑不花费什么，却可以赢得一切。让我们用这世界上最简单、最美丽的语言赢得客人的信任，给工作注入活力，给同伴带来欢乐……

握手，将热情传给对方

握手，是人们在交际场合中司空见惯的礼仪。握手在日常生活中，是一种经常使用的礼节方式，不仅常用在人们见面和告辞时，更可作为一种祝贺、感谢或相互鼓励的表示。它看似简单，但却是与陌生人进行沟通、交流、增进关系的重要手段。

玛丽·凯化妆品公司创始人玛丽在当推销员时，有一次，销售经理召集他们开会。会议结束时，大家都希望同经理握握手。

玛丽也非常崇拜这位经理，但由于想跟经理握手的人太多了，玛丽排队等了3个小时，才轮到她与经理见面。

然而，让玛丽失望的是，经理在同她握手时，根本就没有正眼看玛丽一眼，只是去看她身后的队伍还有多长。玛丽看得出经理有一点累，可是，自己也等了3个小时，同样很累呀！自尊心受到了伤害的玛丽暗下决心：如果有那么一天有人排队等着同自己握手，自己将把注意力全都集中在对方身上——不管自己多累！

后来，玛丽成立了自己的公司，名气也逐渐大了。不过她多次站在队伍的尽头同数百人握手，常常持续好几个小时。无论多累，她总是牢记当年自己排那么长的队等候同那位销售经理握手时所受到的冷遇。如有可能，总设法同对方说点亲热话——也许只是一句，如“你的发型很漂亮”，或“你穿的衣服多时尚”。她在同每一个人握手时，总是全神贯注，不允许任何事情分散了自己的注意力。

这样握手，使数百人都觉得自己是世界上最重要的。她的公司就这样成为他们心中全世界最重要的公司。

一项新的研究再次支持了关于握手的一贯看法，即一次有力的握手不论对男人或女人来说都有利于给别人留下深刻印象。研究人员发现，良好的初次印象确实与握手时的各种特点如力量、激情、持续时间、目光交汇和紧握程度等有实质性联系。

和说一百句话相形下，用力握手一次，更能一口气拉近彼此的亲密度。它可以发挥缩短与对方相隔距离的最大效果。

正因为如此，国外政治家于选举期间会大量外出与选民握手。比起聆听冗长寻常的演说，选民通常会将神圣一票投给会和自己握过手的候选人。这种借由亲肤关系的沟通方式，比起利用语言的沟通方式更具影响力。

握手不光是一种礼节。当两只不同的手碰在一起，手指稍弯，即握在一起，它会将感情迅速地传递给对方。

有一年的圣诞前夜，在美国的一个珠宝店快打烊的时候，从外面进来了一个 30 多岁的男子，穿着一套起皱的西装，领带也没有系。他在珠宝店里转悠，一副心不在焉的样子。终于，他的目光定格在一条镶有七颗钻石的手链上，要求店员把手链拿给他看一看。店员是个姑娘，她迟疑了一下，还是按他的请求拿出了手链，递给他。

在观看了一会儿后，男子把手链还给了姑娘，忙着往外走。姑娘小心翼翼地将手链放回原处。突然，她看见手链上的钻石只剩下了六颗。她紧走了几步，在珠宝店门口追上了男子，伸出右手微笑着说：“先生，祝您圣诞快乐！”

男子稍微迟疑了一下，也伸出了右手，握住了她的手，笑着说：“谢谢！”说完，转身走出门外。这时姑娘感觉右手心多了个硬硬的小东西，一看竟然是那颗钻石。

故事到这里还没有结束。十年后的一个圣诞前夜，还是在这家珠宝店里，一位 40 多岁的富商握住了珠宝店女老板的手：“谢谢你，是你给了我自尊，给了我生存的智慧！”这个富商，就是十年前的那个男子，而珠宝店女老板，就是当年的店员。

至此，我们应该明白，面对一个陌生人，当你热情地握住他的手的时候，你和他之间已经开始了一段激动人心的交往旅程。

不过，握手看似简单，但也要注意一些礼仪。首先，握手的姿势要优雅，上身应稍稍往前倾，两足立正，伸出右手，距离对方约一步；四指并拢，拇指张开。对对方太远或太近都是不雅观的，尤其不要将对方的手拉近自己的身体区域内，这很容易造成对方的误解。

握手时必须上下摆动三至七下，而不能左右摇动。当遇到比较熟悉的人或深交时，为达到某种情感的效果，可以伸出双手行握手礼。

其次，一般情况下，握手时要用右手，这是一项不成文的规定，伸左手显得不礼貌。

伸出的手应垂直，如果掌心向下握住对方的手，则显示一个人强烈的支配欲，这是无声地告诉别人，你此时处于高人一等的地位，应尽量避免这种傲慢无礼的握手方式；相反，掌心向上同他人握手，则显示一个人的谦卑与毕恭毕敬。

如果是伸出双手来接，就更是热情与恭敬的表现。平等而自然的握手姿态是两人的手掌都处于垂直状态，这是最普通也是最常用的握手方式。

最后，初次见面握手时间不宜过长，以三秒钟为宜。切忌握住异性的手久久不松开，与同性握手的时间也不宜过长，以免对方欲罢不能。

握手时的力度要适当，可握得稍紧些，以示热情，但不可太用力。男士握女士的手应轻一些，不宜握满全手，只握其手指部位即可。

递交名片有学问

在今天这个规模交际的社会中，名片可是跟陌生人结交并保持联系的重要途径。当你已经跟一个陌生人微笑、点头致意、热情地握手后，递上自己的精美名片就是水到渠成的事了。名片像一个人的履历表，递送名片的同时，也是在告诉对方自己是谁、住在何处及如何联络。由此可知，名片是每个人最重要的书面介绍材料。

王志刚刚大学毕业，在一个小贸易公司做市场推广。有一次，他去参加一个宣传会，那个宣传会场面很大，有很多人，但是大家多数彼此不认识。

在王志刚刚坐下的时候，一个人过来了，微笑着点了一下头，然而掏出了自己的名片递给了王志刚，说是想认识一下并交换名片。

王志刚并不认识他，自然谈不上和他打招呼了，只是礼节性地把自己的名片跟他做了交换。之后，王志刚发现，那个人几乎和每个人都交换了名片，而且很礼貌地表示："多联系。"

转了一圈之后，那个人又来到了王志刚面前，笑了笑说："您是不是觉得我的做法有点唐突？其实我是个新加坡人，来中国时间不长，需要了解更多的人，也需要更多的人了解我。作为一个商务人士，我必须适时地推销自己，而这样的场合，恰恰是最好的机会，因为这里的商务人士比较多，我想我这么做，肯定能让大家记得我。"

宣传会结束后，王志刚也认识了几个人，说起那个新加坡人的时候，大家都表示能记住这个人，而且印象特别好。这时另一个人说了一句话："他的名片在适合的地方、适合的时间发挥了最好的作用，因为大家没有反感地记住了他，其实他已经在悄然中把自己推销了出去。"

使用名片介绍自己的时候比较方便，尤其是职务；使用名片给人的印象深刻，不怕因工作忙、事务多而忘了对方，随时可以进行通信，还能起到不断介绍、推销自己的作用。

从这件事上，我们可以学到很多东西，名片在与陌生人的沟通中起着很大的作用；掌握交换名片的规则很重要。精美的名片使人印象深刻，但发送名片的时机与场合可是一门学问。

若想适时地发送名片，使对方接受并收到最好的效果，必须注意下列事项：

1. 名片的印制

为交际需要印制的名片，自己的职务不应自吹夸大，乱挂不实的头衔。

名片的底色最好是白色，或者清淡一点的颜色为主，对于鲜艳的颜色，如红色，黑色或者彩色等深颜色会给人视觉疲劳的效果；最好是在自己的名片上印个图标来装饰名片，否则是登不了大雅之堂；为了突出名片上的某些内容，可以适当的予以配色，起到画龙点睛的作用；名片上最好不要印产品的图片，这样做给人的感觉是压抑，像街头散发的小广告；对于经常与外国人交往的名片最好印一个中文名片供国内客户交换使用，然后再印一个英文名片，供与外国人交换使用，一面英文，一面中文并不是很理想。

2. 名片的放置

名片应统一置于名片夹、公文包或上衣口袋之内，在办公室时还可放于名片架或办公桌内，切不可随便放在钱包、裤袋之内。放置名片的位置要固定。名片夹由于要长久使用，所以尽可能买个质地好的。

3. 名片的交换

发送名片一般应选择初识之际或分别之时。不要在用餐、戏剧、跳舞之时发送名片。奉上名片时态度要谦恭，要起身站立主动走向对方，面含微笑，上体前倾 15 度左右，双手持握名片，举至胸前，并将名片正面面向对方，同时说声“这是我的名片，以后多联系（或请多关照）”等礼节性用语。千万不要用左手持握名片。

接受他人名片时，不论有多忙，包括端茶倒水都要暂时放下手中的事情，并起身站立相迎，面含微笑，双手接过名片。至少也要用右手，而不能使用左手接名片。接过名片后，先向对方致谢，然后至少要用半分钟的时间将其从头至尾默读一遍，遇有显示对方荣耀的职务、头衔时，不妨轻读出声，以示尊重和敬佩。如果对方的职务比较低微，则不要大声念出来。

接过别人的名片后切不可随意摆弄或扔在桌子上，也不要随便地塞在口袋里或丢在包里，而应将其谨慎地置于名片夹、公文包、办公桌或上衣口袋之内，还要与本人名片分开放置。

4. 名片的索要

对于陌生人，想主动结识对方时，可以向对方索取名片。第一是互换法。可在递上名片时表明此意：“可不可以与您交换一下名片？”第二是暗示法。

例如，向尊长索要名片时可说："请问今后如何向您请教？"向平辈或晚辈表达此意时可说："请问今后怎样与您联系？"

此外，要养成经常翻看名片的习惯，工作的间隙，翻一下你的名片档案，给对方打一个问候的电话，发一个祝福的短信等，让对方感觉到你的存在和对他的关心与尊重。

化解坚冰，打开心扉

在陌生人敞开胸口和我们说话后，如果你要想得到他们的支持，那么你应该接下来思考这样一个问题：怎么让他能够认同我？问题的答案很简单：恰到好处地适应陌生人的情感需求。你只有打通了陌生人的情感需求通道，才能让他彻底放下戒心，才会从心眼里认同你。

1. 关心他最亲近的人

任何人总是关心着自己最亲近的人，如果一旦发现了别人也在关心着自己所关心的人，大都会产生一种无比亲近的感觉。交际就可以利用人们这种共同的心理倾向，从关心他最亲近的人切入，拉近交际的距离。

曾和日本前首相佐滕荣作实力相当的河野一郎，最会利用人们的这个微妙的心理。有一次河野一郎在做欧美旅行时，在纽约遇到了多年不见已显生疏的朋友米仓近先生。两人在互道近况后，都留下了在国内的住址和电话，知道彼此都成了家。当晚，河野一郎回到旅馆第一件事，便是挂了个长途电话给米仓近太太："我是米仓近的老朋友，我叫河野一郎，我们在纽约碰面了，他一切都很好。"

米仓近太太没想到丈夫的这位朋友会对丈夫这么关心、体贴，感动得热泪盈眶。米仓近后来知道了，专程去向他表示感谢。

2. 在他心中建起"同胞"意识

"同胞"意识也就是亲情意识。《三国演义》里，关羽、张飞何以对刘备如此忠贞不渝呢？主要原因就是刘皇叔在与关、张相识之初就和他们义结金兰，结拜为“同胞兄弟”了，“同胞”意识在关、张心目中牢牢地扎下了根。能在交际之初迅速建立起“同胞”意识，就可以使对方放松对自己的警戒之心，而把自己接受为“自己人”。

田中义一是日本很有名气的政治家，他非常善于利用人们的亲近心理，营造温馨的交际环境，来取得预期的交际效果。有一次，他到北海道进行政治游览，有位穿着考究看来很像当地知名人士的男子走出欢迎行列向他表示问候。田中义一急忙走上前去，紧紧握住那人的双手，十分热情地说道：“啊，您辛苦了。令尊还好吗？”那个男子感动得一时说不出话来。田中义一的政治游览，也因此大获成功。事后，田中义一的随从对主人的亲密举动十分不解，忍不住问道：“那人是谁？”田中义一的回答出人意料：“我怎么知道，但谁都有父亲吧！”

田中义一的交际成功，无疑是因为他选择了一个比较好的交际切入点，即在男子心目中迅速建立了亲情意识，使男子觉得他是一个值得信赖、和蔼可亲的人，从而在心理上对田中义一产生了认同感。

3. 为他人助上一臂之力

热情相助最能博得人的好感。日常生活中，那些具有古道热肠、为人厚道、不吝啬、好助人的人总能在邻里之间、同事之间获得好名声。因为人们一般都乐意与这些热心肠的人相识相交。比如你帮正在上楼的邻居抬一把煤气，你就可以成为他家中的常客；替一个刚刚上车的旅客摆放好行李，你的旅途就多一个伙伴；为忙碌的同事沏一杯茶，你就会得到善意的回报。

4. 用温情暖化他人心中的坚冰

人们一般都认为，双方的矛盾爆发之后的一段时间，是交际的冰点。但如果此时一方能主动做出一个与对方预期截然相反的善意举动，就会使对方在惊愕、感叹、佩服、敬意之中认同你，从而化敌为友。交际的冰点就成了成功交际的切入点。

第5章
结交陌生人的搭讪技巧

自我介绍，搭讪有道

跟陌生人结交，我们可以从自我介绍开始，相较于前面的方法而言，自我介绍是最正式、最庄重、最容易被别人记住的方式。自我介绍是向别人展示你自己的一个重要手段，自我介绍好不好，甚至直接关系到你给别人的第一印象的好坏及以后交往的顺利与否。而且，自我介绍不仅仅是展示自己的手段，同时，也是认识自我的手段。古人云：“知人者智，知己者明”，常言道：“旁观者清，当局者迷”，可见，要想认识自我，给自己一个准确的定位不是一件容易的事情，而通过自我介绍，会对自己进行一个有意识的梳理。

著名作家张恨水有一次应邀到成都大学做演讲，他是这样开头的：今天，我这个“鸳鸯蝴蝶派”作家到大学里演讲，感到很荣幸，我取名“恨水”不是什么情场失意，我取名“恨水”是因为我喜欢南唐后主李煜的一首词《乌夜啼》：“林花谢了春红，太匆匆！无奈朝来寒雨晚来风，胭脂泪，留人醉，几时重？自是人生长恨水长东！”我喜欢这首词有“恨水”二字，我就用它作为笔名了。

面对陌生的学子，张恨水以解释自己的名字为开场白，短短的几句话既澄清了听众心中的迷雾，也使这些青年学生为大作家的纯朴、坦率而折服，“张恨水”这三个字可能会一辈子印在他们的脑海里，真可谓一举两得。

在交际活动中，想要结识某人或某些人，而又无人引见，此时自我介绍就是最好的方式了。自我介绍的内容，可根据实际的需要、所处的场合而定，要有鲜明的针对性。

一次非正式聚会中，有两位初出茅庐的大学毕业生，他们都想结交举办此次聚会的主人张先生。张先生是一个商业奇才，不到十年时间就已经把自己的业务拓展到欧洲去了。

男生A这样介绍自己："您好，我叫某某，今年刚毕业，正在找工作。"张先生当时有点愣，头一次听人这么介绍自己，只好接话说："是吗？那加油啊，祝你早日找到满意的工作。"

其实，A的自我介绍有些不得要领。首先，张先生和他完全不熟，在对他的性格和特长一无所知的情况下，A传达给张先生一个他正在找工作的讯息，属于无效信号。自我介绍尽管只是简短的一两句话，但吸引别人的也许正是开篇的某个亮点。

就这点而言，女生B做得更好一些。她介绍自己的方式是拉近距离形成对比："你好，听说您是一位商业奇才。"张先生赶紧说："哪里算奇才，只是别人抬举罢了。"她笑吟吟地说："我对做生意也很有兴趣，不过我更喜欢电子商务，我是一个商业学院刚毕业的学生。"

张先生对电子商务很有兴趣，这样他们就以电子商务为话题聊了起来。

在交际活动中，如希望新结识的对象记住自己，做进一步沟通与交往，自我介绍时除姓名、单位、职务外，还可提及与对方某些熟人的关系或与对方相同的兴趣爱好，如"我叫谭兆英，是高乐音像出版社的财务主管，我与您夫人是同学""我是李海星，是新兴文化公司经理，我和您一样也是个球迷"。

进行自我介绍，要简洁、清晰，充满自信，态度要自然、亲切、随和，语速要不快不慢，目光正视对方。在交际场合或工作联系时，自我介绍应选择适当的时间，当对方无兴趣、无要求、心情不好，或正在休息、用餐、忙于处理事务时，切忌去打扰，以免尴尬。

在某些公共场所和一般性交际场合，自己并无与对方深入交往的愿望，做自我介绍只是向对方表明自己身份。这样的情况下只需介绍自己的姓名，如“您好，我叫许明君”“我是江佑林”。有时，也可对自己姓名的写法做些解释，如“我叫陈宇华，耳东陈，宇宙的宇，中华的华”，以加深别人对自己的印象。如果因公务、工作需要与人交往，自我介绍应包括姓名、单位和职务，无职务可介绍从事的具体工作，如“我叫陈昌礼，是大华公司的销售经理”“我叫蔡建新，在中海公司从事财务工作”。

在某些情况下，我们要向对方介绍自己，对方不一定会接受我们，而要做一些事来让对方欣赏，却又苦于找不到适当的机会。这时我们也可采取迂回的技巧，让对方在不知不觉中认识我们、接纳我们。如“我认识一个人(我们自己)，他能帮助你……”“我知道有一个人的想法与你一样……”等等。

进行自我介绍，要简洁、清晰、充满自信，态度要自然、亲切、随和，语速要不快不慢，目光正视对方。在交际场合或工作联系时，自我介绍应选择适当的时间，当对方表现出无兴趣、无要求、心情不好，或正在休息、用餐、忙于处理事务时，我们最好先不要做介绍。等到对方已经把注意力转向我们时，我们再自我介绍也不迟。

如果你不经常出入交际场合，每隔一两个月才有机会认识一位新朋友，那你应该会记住他的名字。可如果你属于“觥筹交错”的半上流一族，热衷于参加各类聚会拓展人脉，那么，记住别人是一门功课，让别人记住你则是一门技巧。

要想在很短的时间内结交陌生人，就需要我们能够把双方的交谈持续地进行下去。交友成功的机会有多大，很大程度上取决于你的谈话能力。能力强的人能把对方牢牢地吸引住，话说得让人觉得舒服。能力不强的人，会把交谈的过程变得索然无味，把本来想与我们结交的人赶走。

套近乎的3个技巧

与陌生人交往，要学会套近乎这一搭讪技巧，以便尽快进入交谈话题。那么，如何套近乎呢？

技巧一：先抛出“套子”的一部分

意大利女记者法拉奇在采访南越总理阮文绍时，她想获取他对外界评论“他是越南最腐败的人”的意见。若直接提问，阮文绍肯定会矢口否认，法拉奇将这个问题分解为两个有内在联系的小问题，曲折地达到了采访目的。她先问：“您出身十分贫穷，对吗？”阮文绍听后，动情地描述小时候他家庭的艰难处境。得到关于上面问题的肯定回答后，法拉奇接着问：“今天，您富裕至极，在瑞士、英国、法国和澳大利亚有银行存款和住房，对吗？”阮文绍虽然否认了，但为了澄清这一“传言”，他不得不详细地道出他的“少许家产”。阮文绍是如人所言那般富裕、腐败，还是如他所言并不奢华，已昭然若揭，读者自然也会从他所罗列的财产“清单”中得出自己的判断。

技巧二：给“套子”换个说法

阿里·布托是巴基斯坦总统，西方评论界认为他专横、残暴。法拉奇在采访中，不是直接问他“总统先生，据说您是个法西斯分子”，而是将这个问题转化为“总统先生，据说您是有关墨索里尼、希特勒和拿破仑的书籍的忠实读者”。从实质上讲，这个问题同“您是个法西斯分子”所包含的意思是一样的。转化了角度和说法的提问，往往会使采访对象放松警惕，说出心中真实的想法。它看上去无足轻重，但却尖锐、深刻。

技巧三：给“套子”涂上感情色彩

访问邓小平，法拉奇是从祝贺邓小平的生日开始的。她从邓小平传记得知他的生日是 8 月 22 日，而邓小平自己却忘记了。

邓：“我的生日？我的生日是明天吗？”

法：“不错，邓小平先生，我从你传记中知道的。”

邓：“既然你这样说，就算是吧！我从来不知道什么时候是我的生日，就算明天是我的生日，你也不应祝贺啊！我已经 76 岁了，76 岁是衰老的年龄啦！”

法：“邓小平先生，我父亲也是 76 岁了。如果，我对他说那是一个衰老的年龄，他会给我一巴掌呢！”

邓：“他做得对。你不会这样对你父亲说的，是吗？”

访问气氛就这样十分融洽而轻松地形成了。

看来当记者的人，最擅迂回，最会委婉。遇到“记者”型人物，我们得对他们兜圈子、做“套子”有一定的警惕，考虑一下自己是否乐意被套住，再去回答问题。

生意人与陌生人首次交往，可以运用上述的套近乎技巧，消除双方的陌生感，为后面的交往打下基础。

说好寒暄话、客套话、礼貌话

礼貌和教养对于交际中的人来说是必不可少的，它是装饰人类或其他一切优良品质和天资。礼貌不用花钱，却能赢得一切。礼貌使有礼貌的人喜悦，也使那些受人以礼貌相待的人们喜悦。

人的潜意识里可能都渴求别人的尊重和赞赏，于是产生了礼貌。礼貌可能是人类文明史上最伟大的发明，它可以帮我们解决很多很多的问题。

在大街上，有时候我们会遇到这样的事，一个陌生人向你走来，说：“对不起，打扰一下。”这时候，我们可能会说：“哦，没关系。您有什么事？”“请问您一下，到广安大街怎么走？”我们的做法通常是热情地给做解答。最后那个人连连向我们道谢。

但是，有时我们也会遇到这样的事，一个陌生人向你走来，说：“喂，喂，喊你呢！”你疑惑地看看他，心里很不痛快：“我哪知道你喊我，什么事？”“知道不知道广安大街在哪？”“不知道！”

为什么我们会热心地给第一个陌生人做解答呢？因为他有礼貌，使用了“对不起”“打扰”“请问”“您”四个礼貌用语，充分看出对方的诚意，我们心中高兴，也乐意为他解决难题。第二个人没礼貌，我们当然不愿意搭理他。

在与陌生人的对话中，我们要使用很多的交际语，这样才能让对方对我们产生好感，乐于跟我们交朋友。

交际中的礼貌用语，主要有如下方面：

请教或需要麻烦他人的用语：请；请问；请原谅；请留步；请用餐；请指教；请稍候；请关照，等等。

感谢的用语：谢谢；没什么，别客气；我很乐意帮忙；应该的，等等。

道歉的用语：很抱歉；对不起；打扰了；不好意思；请原谅。

问候的用语：早晨好；您早；晚上好；晚安。

挂念的用语：身体好吗；怎么样；还好吧。

征询的用语：你有什么事情；需要我帮您做什么；如果您不介意的话，我可以做……吗？答谢的用语：请多关照；承蒙关照；拜托。

赞赏的用语：太好了；真棒；美极了。

谦让的用语：愚；愚见；寒舍；太客气了；过奖了；为您效劳；多指教；没关系；不必；请原谅；惭愧；不好意思，等等。

理解的用语：太忙了只能如此；深有同感，所见略同。

道歉的用语：对不起；请原谅；打扰了；不好意思；很抱歉；实在抱歉；真过意不去；完全是我们的错。

常用的客套话：慢走；留步；劳驾；少陪；失敬；久违；久仰；恭喜。久仰；久违；包涵；打扰；借光；拜托；高见等。

中国传统中约定俗成的礼貌谦辞如下：初次见面说久仰，看望别人说拜访。等候客人用恭候，请人勿送用留步。请人帮忙说劳驾，求给方便说借光。请人指导说请教，请人指点说赐教。欢迎购买叫光顾，老人年龄叫高寿。客人来到说光临，中途要走说失陪。送客出门说慢走，与客道别说再来。麻烦别人说打扰，托人办事说拜托……

恰如其分地称呼对方

称呼他人是一件极为重要的事情，若称呼不妥当则很容易让他人产生反感，甚至嫉恨在心、久久无法释怀。

面对陌生人，出于礼貌，我们总要以一定的称呼来跟对方交谈。正确、适当的称呼，它不仅反映着自身的教养、对对方尊重的程度，甚至还体现着双方关系达到的程度和社会风尚。不过要注意合乎常规、入乡随俗这两个特点。

另外，还应对生活中的称呼、工作中的称呼、外交中的称呼、称呼的禁忌细心掌握，认真区别。

（1）行政职务。它是在较为正式的官方活动，如政府活动、公司活动、学术活动等活动中使用的。如“李局长”“王总经理”“刘董事长”等等。

（2）技术职称。如“李总工程师”“王会计师”等。称技术职称，说明被称呼者是该领域内的权威人士或专家，暗示他在这方面是说话算数的。

（3）学术头衔。这跟技术职称不完全一样，这类称呼实际上是表示他们在专业技术方面的造诣如何。如“教授”“法官”“律师”“医生”“博士”。

（4）行业称呼。如“解放军同志”“警察先生”“护士小姐”等等。在不知道人家职务、职称等具体情况时可采用行业称呼。

（5）泛尊称。它是指对社会各界人士在较为广泛的交际面中都可以使用的表示尊重的称呼。比如“小姐”“夫人”“先生”“同志”等。在不知道对方姓名及其他情况（如职务、职称、行业）时可采用泛尊称。

此外。有的时候还有一些称呼在人际交往中可以采用，比如可以使用表示亲属关系的爱称，如“叔叔”“阿姨”等。你这样称呼人家，并不意味着他（她）就一定是你的亲叔叔、亲阿姨。

国际交往中，因为国情、民族、宗教、文化背景的不同，称呼就显得千差万别。一是要掌握一般性规律，二是要注意国别差异。

在英国、美国、加拿大、澳大利亚、新西兰等讲英语的国家里，姓名一般有两个部分构成，通常名字在前，姓氏在后。对于关系密切的，不论辈分可以直呼其名而不称姓。比如：俄罗斯人的姓名有本名，父名和姓氏三个部分。妇女的姓名婚前使用父姓，婚后用夫姓，本名和父名通常不变。

日本人的姓名排列和我们一样，不同的是姓名字数较多。日本妇女婚前使用父姓，婚后使用夫姓，本名不变。

在我们与陌生人交谈时要特别注意，称呼应当亲切、自然、准确、合理，不可肆意为之，大而化之。在使用称呼时，一定要回避以下几种错误的做法。其共同的特征，是失敬于人。

（1）无称呼。就是不称呼别人就没头没脑地跟人家搭讪、谈话。这种做法要么令人不满，要么会引起误会，所以要力戒。

（2）替代性称呼。就是非常规的代替正规性称呼的称呼。比如医院里的护士喊床号“十一床”、服务行业称呼顾客几号、“下一个”等等，这是很不礼貌的行为。

（3）易于引起误会的称呼。因为习俗、关系、文化背景等的不同，有些容易引起误会的称呼切勿使用。比如内地的人，很传统的一个称呼就是同志，但在海外一些地方，甚至包括港澳地区，就不适用了。“同志”在那里有一种特殊的含义——同性恋。所以当你到香港去玩时，千万不要到“同志电影院”“同志酒吧”里去。

（4）不适当的简称。比如叫“王局（长）”“李处（长）”一般不易引起误会，但如果叫“王校（长）”“李排（长）”就易产生误会。

（5）错误的称呼。常见的错误称呼无非就是误读或是误会。误读也就是念错姓名。为了避免这种情况的发生，对于不认识的字，事先要有所准备；如果是临时遇到，就要谦虚请教。误会，主要是对被称呼的年纪、辈分、婚否以及与其他人的关系做出了错误判断。比如，将未婚妇女称为“夫人”，就属于误会。相对年轻的女性，都可以称为“小姐”，这样对方也乐意听。

（6）使用不通行的称呼。有些称呼，具有一定的地域性，比如山东人喜欢称呼“伙计”，但南方人听来“伙计”肯定是“打工仔”。

（7）使用不当的称呼。工人可以称呼为“师傅”，道士、和尚、尼姑可以称为“出家人”。但如果用这些来称呼其他人，没准还会让对方产生自己被贬低的感觉。

（8）使用庸俗的称呼。有些称呼在正式场合不适合使用。例如，“兄弟”“哥们儿”等一类的称呼，虽然听起来亲切，但显得档次不高。

总之，称呼是交际之始，交际之先。慎用称呼、巧用称呼、善用称呼，将使你赢得别人的好感，将有助于你的人际沟通自此开始顺畅地进行。

没话找话，主动搭讪

只要你敢于搭讪，你的心灵也会随之改变、向上提升，并扩充能量，从此走出人际疏离，活得自信而开心，对自己和他人充满兴趣和热情。

有很多人都有这种想法：跟一个陌生人说话，如何他能回应还好说，如果不理会的话该多丢人啊！可能，他会笑话我的！或者，他会不会以为我有不良企图啊……其实，这些都是我们多想了，跟陌生人说话远没有这么复杂。专家曾经做过调查，证实我们主动与陌生人说话时，对方通常表现出友好的态度，总体成功率在 80% 以上。

结交陌生人除了要有勇气外，还需要一定的技巧，就像前面我们讲述的那样，“引起好奇”“攀亲认友”“投其所好”等等。但是，有时因为各种原因我们可能想不到该使用哪一种方法跟陌生人交谈。这时，我们就可以“没话找话”，先引起对方的注意，然后再根据情况找到双方共同的话题。

张力明在一家公司做销售，因为是第一次做这行，经验不够，所以业绩很差。其实他也明白，自己的性格有点内向，面对陌生人时不知道如何跟他们交谈，业绩差是情理之中的事。为此，他看了不少书，专门研究怎样跟陌生人打交道。

几天以后，张力明出差住在一家旅店，亲眼目睹了一场结交陌生人的话剧：一个先他而住的人已悠闲地躺在床上欣赏电视节目，后来又有几个人住进来。

其中有一个人放下旅行包，稍拭风尘，冲了一杯浓茶，然后环顾了一下，目光落到了先来的人身上：“师傅来了好久了？”“哦，我是最先住进来的，不过也只比你们早了一刻钟。”“听口音是山东人啊？”“噢，山东枣庄人！”“啊，枣庄是个好地方啊！我在读小学时就在《铁道游击队》连环画上知道了。三年前我因为生意上的事还去了一趟枣庄呢。”

听了这话，那位枣庄客人马上来了兴趣，二人从枣庄和铁道游击队谈开了，那亲热，不知底细的人恐怕要以为他们是一道来的呢。接着就是互赠名片，一起进餐，睡觉前双方居然还在各自身边带来的合同上签了字：

枣庄客人订了苏南某人造革厂的一批风桶；苏南客人从枣庄客人那里弄到一批价格比较合理的议价煤。

张力明有些惊讶：人与人之间从陌生到熟悉就是这样简单啊！看来，我之前对陌生人的一些想法真是太多余了。

的确，那两个人从相识、交谈到成功，只是因为一个人没话找话，继而引出了“枣庄”“铁道游击队”这个都熟悉的共同点。

“没话找话”说起来也算是一个小技巧，它还有一个学名，叫“搭讪”，即主动和陌生人交流，北京话叫“套磁”。搭讪的人，有机会把陌生人变成自己的朋友；而不搭讪的人，在受了传统社会僵化思维的影响，把“搭讪”这个结合了勇气和良好沟通能力的行为给妖魔化后，却永远只能停留在无尽的懊悔之中。

搭讪是考验一个人沟通技巧和整体修养的最好试练。一次成功的搭讪中蕴含着智慧和勇气，那也是一门艺术。

有一家公司要招聘一名经理，在应聘者之中，有两个人的表现非常好，公司有意从他们中间聘请一位。在等待结果的时候，一个应聘者并没有安静地坐下来，而是走到前台跟一位小姐搭讪，说了一会儿话，那位小姐跟他说了一些公司的事。

当两个应聘者再次坐到面试官前面的时候，那个跑去跟前台搭讪的人根据自己掌握的情况对公司提出了一些新的看法并说了几点建议。

结果可想而知，那个提出了新的看法并说出建议的人被聘用了。

没话找话总比无话可说要强得多，至少可以给双方一个机会，而无话可说根本没有机会，相较而言，结交陌生人，我们至少要给自己一次机会。

真情问候，暖人心怀

现代社会人们物质生活日益丰裕，但“鸡犬之声相闻，老死不相往来”也并非天方夜谭。生活在同一栋楼里的人常常不知自己对面住家姓甚名谁。

在走廊、过道中邻居们相遇也漠然而过，谁也不愿用真诚的问候抢先招呼对方，许多人对这种人情淡漠、世风日下之情而忧心忡忡。

其实，只要说出一句问候的话，你就会发现，别人与你一样正渴望捅破这一层妨碍友情的纸。大方而主动地伸出友情的手，你面对的将是善意的笑脸。

我们与陌生人之间也是这种情况。想结交陌生人，我们最应该做到的就是主动热情。无疑，向对方致以真诚的问候，就能消除对方的陌生感，会让对方感到亲切。这也是能够让对方接受我们的最好方式。

小肖是一个业务员，一年中有2/3的时间都在外面跑，于是，汽车、火车等交通工具就成了他的第二个家。

以前，小肖一坐上车就眯起眼睛打盹，或者买一份报纸、一本杂志自己埋头看。时间长了以后，自己也感觉很无聊。向四周看看，又都是陌生人，他也鼓不起与他们交谈的勇气。

一次偶然，小肖看了一本关于人际交往的书，这才明白，其实陌生人并不可怕，只要真心结交，他们都会成为朋友的。明白了这些，小肖的心豁然开朗。

以后再出差，小肖都经常主动同周围的人打招呼，“您好，您也是回家探亲吧。”或者说：“您好，是不是坐车很累啊？”于是原本陌生的人聊了起来。每次坐车都能认识几个朋友，分手时互相留下电话，像老朋友一样亲切，几十个小时的旅途也过得非常愉快。

问候的话，是交际中双方最初见面时都要用到的应酬语，它就像是一首优美乐曲的前奏，并不是无足轻重的。实际上，真诚的问候是开始双方交谈的最好的铺垫。所以问候不是简单地打招呼，而是一种必要的沟通技巧。

向初次见面的人问候，最标准的说法是：“你好！”“很高兴能认识您”“见到您非常荣幸”。

比较文雅一些的话，可以说“久仰”，或者说“幸会”。

要想随便一些，也可以说“早听说过您的大名”“某某某人经常跟我谈起您”，或是“我早就拜读过您的大作”“我听过您做的报告”，等等。

想显示自己的热情，用语则不妨显得亲切一些，具体一些，可以说“今天可真热啊”“参加宴会的人真多”，也可以讲“您气色不错”“您的发型真棒”“您也是刚到这里吗”“今天的风真大”“您跟朋友一块来的？”

问候语不一定具有实质性内容，而且可长可短，需要因人、因时、因地而异，而它却不能不具备简洁、友好与尊重的特征。

问候语应当删繁就简，不要过于程式化，像写八股文。例如，两人初次见面，一个说“久闻大名，如雷贯耳，今日得见，三生有幸”，另一个则道“岂敢，岂敢！”搞得像演出古装戏一样，就大可不必了。

问候语应带有友好之意，敬重之心。既不容许敷衍了事般地打哈哈，也不可用以戏弄对方。“来了”“瞧您那德性”“喂，您可真够胖的啊”，等等，自然均应禁用。

当别人介绍我们认识对方时，应当跟对方寒暄。若只向他点点头，或是只握一下手，通常会被理解为不想与之深谈，不愿与之结交。

请教也是种搭讪技巧

人是一种复杂的动物，有各种各样的需要，其中也有被人需要的需要。在我们遇到困难的时候，特别需要别人的帮助；而在别人有问题向我们求教的时候，我们又非常愿意为对方提供意见，并把能够帮助对方解决问题当成一件开心的事。

李新是一位大学刚毕业的法律系学生，因为律师考试未能通过，只好在一家法律事务所当职员。按公司规定，试用期间每一个人在一个月内都要拉到一家新客户。可是他刚离开学校不久，又没有任何的背景，每次去拜访新客户，不是吃了闭门羹，就是要他回去等消息。

眼看一个月的期限就快到了，他已经是心灰意冷，打算另谋出路。没想到这个时候奇迹出现了，他不但开发出一个新客户，而且还借着这个客户的引荐，一连吸收了十几家新客户。他不但没有被炒鱿鱼，反而晋升成正式职员，薪水也几乎翻了一倍，成了老板特别关注的新员工。李新到底是凭着什么本领，能够这么快地“鲤鱼跃龙门”呢？

有一天，李新抱着试试看的心态去拜访一家公司的客户部经理。那个经理见是一个年轻人，脸上显出了不悦的表情。李新心里有点惴惴不安，不知道如何开口了。这时他猛然发现经理的桌子上有一个牌子，上面写着“尉迟怀”三个字，李新猜测这可能是经理的名字。他想：“如果以这个名字找话题，应该错不了。”

于是，李新问道：“您知不知道李世民发动玄武门之变时，功劳最大的那员猛将是谁？”经理愣了一下，说：“知道，是尉迟恭。”李新心说：“你们是一个姓，当然会知道这个人了。”李新又说：“对，是他。今天听您一说，我才知道他叫尉(yu)迟恭。以前尽出丑了，老叫他尉（wei）迟恭。”

经理笑了：“这也不怪你，十人里有八人都会读错。”

李新说：“是啊，虽然这个姓有点怪，可我听说，历史上姓尉迟的名人有很多啊，您知不知道都有谁？”

这一下打开了这位经理的话匣子，他开始兴致勃勃地讲了起来。

用这个少见的姓氏做话题，李新和那位经理聊了起来，尽管他并未说明来意，更没谈什么细节，但光凭这次愉快的交谈，就让他开发出一家财团做客户。而这家财团旗下所有的关系企业，全都与事务所签下了合约，聘李新所在的事务所做法律顾问，为事务所增加了一个颇具实力的客户。

对于一个陌生人，我们就可以利用“帮助别人，自己快乐”这一点，向对方虚心求教一些问题，使对方有被需要的心理满足，从而也为我们结交对方做一个较好的铺垫。

例如，我们可以问一个热心的园艺家：“我想把花园中的一年生植物改种多年生的，您建议种什么好呢？”或对于一个IT行业的人，我们可以问：“我想买一部传真机，您有什么好的推荐吗？”

有些人好为人师，总喜欢指导、教育别人，或显示自己。我们就可以有意找一些不懂的问题，或懂装不懂地向对方请教。如：“王总，在计算机方面您可是专家。这是我公司研制的新型电脑，请您指导，在设计方面还存在什么问题？”受到这番抬举，对方就会接过电脑资料信手翻翻，一旦被电脑先进的技术性能所吸引，推销便大功告成。

对于陌生人，向他询问有关任何方面的观点都是很稳妥的：政治、体育、股市、时尚和当地新闻，所有的都可以，除了那些很敏感或会引起争论的问题。

有些人好为人师，总喜欢指导、教育别人，或显示自己。我们可以有意找一些不懂的问题，或懂装不懂地向对方请教，而对方是不会拒绝虚心讨教的人的。

投其所好，引爆话题

著名口才大师卡耐基说："即使你喜欢吃香蕉、三明治，但是你不能用这些东西去钓鱼，因为鱼并不喜欢它们。你想钓到鱼，必须下鱼饵才行。"

每个人都有自己的兴趣爱好，别人与我们交谈时如果说的是我们感兴趣的话题，那么，我们就会很高兴，觉得对方是一个善解人意的人，因此，我们会很乐意与对方继续交谈下去。

所以，我们在与陌生人交谈时，先摸清对方对什么东西感兴趣，然后我们再跟对方多说一些这方面的事情。

聪明的人在结交陌生人的时候，懂得迎合对方的嗜好，这样能让对方感觉到受重视、受尊重。当然，这个"迎"，一定要迎合得巧妙，不能让对方看出任何破绽。

中国台湾有位女明星需要一两个短剧本，她希望日本一位很有名的作家能够为她动笔。这位作家知识丰富，文笔风趣，但他的脾气很古怪，一般人的约稿经常被拒绝。

这位明星打电话给他的朋友，请教该怎样向他开口提出要求。

"你究竟打算请他写些什么短剧呀？""我希望他替我写男女别恋，不过要有新的内容，不要以前的故事。""这样很好，他以前写过不少这类的东西，你只需说知道他写过这些剧本，十分崇拜他就行。"

过了两天，这位歌星给他朋友打电话，很高兴地说："他不等我提出要求，就答应替我写两出短剧了。”

她朋友说：“你们晚餐时，你一直在谈论他过去那些得意之作，是吗？”“你猜得对，我主要是讲他的作品在台湾如何受人喜爱。”

这位女明星运用的其实就是人际交往中的迎合别人兴趣的艺术。其实，人际交往真的不难，我们只要抓住别人的心理，略施小计就能旗开得胜。

每个人都有自己感兴趣的东西，比如有的人喜欢篮球，有的人喜欢军事，有的人喜欢音乐，有的人对演艺圈的八卦新闻感兴趣，有的人对书法绘画感兴趣，有的人对烹调食物感兴趣，有的人对神秘现象着迷等等。总之，每个人都有一项或是多项的兴趣，会说话的人在与对方交谈的过程中，懂得迎合别人的兴趣。

宋小琳是一家房地产公司的公关助理，奉命聘请一位特别著名的园林设计师为本公司的一个大型园林项目做设计顾问。但这位设计师已退休在家多年，且此人性情清高孤傲，一般人很难请得动他。

为了博得老设计师的欢心，宋小琳事先做了一番调查，她了解到老设计师平时喜欢作画，便花了几天时间读了几本中国美术方面的书籍。她来到老设计师家中，刚开始，老设计师对她态度很冷淡，宋小琳就装作不经意地发现老设计师的画案上放着一幅刚画完的国画，便边欣赏边赞叹道：“老先生的这幅丹青，景象新奇，意境宏深，真是好画啊！”一番话使老先生升腾起愉悦感和自豪感。

接着，宋小琳又说：“老先生，您是学清代山水名家石涛的风格吧？”这样，就进一步激发了老设计师的谈话兴趣。果然，他的态度转变了，话也多了起来。接着，宋小琳对所谈话题着意挖掘，环环相扣，使两人的感情越来越近。终于，宋小姐说服了老设计师，出任其公司的设计顾问。

人类本质里最深层的驱动力就是希望具有重要性。我们要别人怎么待我们，就得先怎样待别人。因此，如果我们想让别人喜欢我们，最好的办法就是先对别人感兴趣，说对方感兴趣的话。

甜言蜜语，嘴上抹点蜜

真诚的、发自内心的赞美可以让我们快速地获得陌生人的好感，化解对方的疑虑、尴尬等。每个人都有自己的优点和成绩，都希望获得别人的肯定和赞美。有些优点和长处是与生俱来的，比如某人长得漂亮，智商很高等，因此对于别人优点和长处的肯定不仅不会贬低自己的位置，而且可以使旁人从中认识到我们所具备的优良品质，从而获得他人的赞许。

赞美别人，不单单就是花言巧语、甜言蜜语，重要的是根据对方的文化修养、个性性格、心理需求、所处背景、角色关系、语言习惯乃至职业特点、性别年龄、个人经历等不同因素，恰如其分地表扬或称赞对方。

比如，要表述对社会嫉贤妒能现象的认识，对方是知识分子，可说："木秀于林，风必摧之；堆出于岸，流必湍之；行高于众，众必非之。"但这话就不能再照搬讲给文化水平不高的听众，对他们可以说"枪打出头鸟""出头的椽子先烂"这样的俗语，对方会更容易接受，讲话才会有效果。讲激励人的话也是这个道理。

对方的个性性格。对方性格外向，透明度高，可以多赞美他，他会很自然地接受；如果对方比较内向、敏感、严肃，你过多地赞美他，会使其认为我们很轻浮、浅薄。因此，在赞扬对方时要注意这一点。

再有，每个人的需求不同，要迎合对方求讲赞美的话。一个不喜欢淑女型、个性鲜明、男孩子气十足的女子，我们如果夸她长发披肩、长裙摇曳，定会婀娜多姿，美丽迷人，她也许不会感激你，还有可能认为你多管闲事。如果了解她的心理，夸她的短发看起来既精神又有活力，她一定会开心。

与不同性别的人讲话，应选择不同的方式。对体胖的女子，说她又矮又胖，一定会令她反感；但如果我们夸她一点不胖，只是丰满，她会得到几分心理安慰，不会因为自己胖而自卑。而对同样体型的男子，说他矮胖子，他也许只是置之一笑。

另外要注意对方的年龄特征。若想打听对方的年龄，对不同年龄层的人要采取不同问法。对小孩子可以直接问："今年几岁了？"对老年人则要说："今年高寿？"对年龄相近的异性不可直接问，要试探着说："你好像没我大？"对年纪稍大的女性，年龄更是个"雷区"，问得不好就会讨人厌。一个40岁的中年女子，开口道"快50了吧"，对方一定气愤不已。如果我们小心地问"30出头了吧"，她一定会心花怒放，笑逐颜开。

特别说明：入门休问枯荣事，观看容颜便得知。在赞美别人时，要学会察言观色。一个为事业废寝忘食的年轻人，便可以称他"以事业为重，有上进心"；一个为了债务焦头烂额，心绪不宁的企业家，你夸他"事业有成，春风得意"，对方也许会认为你是在讲"风凉话"，这种话便会起到适得其反的效果。

除了以上因素，还要考虑不同职业、不同宗教信仰等因素。列宁说："对马车夫讲话应该不同于水手，对水手应该不同于对排字工讲话。"陈毅某次出访东南亚，一宗教界人士送他一尊菩萨，他见机谢道："有了菩萨保佑，我更不怕帝国主义了。"这里陈毅借用宗教术语，不但显示了对宗教的尊重，也表达出了对宗教界人士的谢意，有深意而不乏风趣幽默。

引起对方的探索欲

现代心理学表明，好奇是人类行为的基本动机之一。美国杰克逊州立大学刘安彦教授说："探索与好奇，似乎是一般人的天性，对于神秘奥妙的事物，往往是大家所熟悉关心的注目对象。"那些不熟悉、不了解、不知道或与众不同的东西，往往会引起人们的注意，我们可以利用人人皆有的好奇心来引起对方的交谈兴趣。

康宁玻璃公司的一位顶尖销售人员有这么一则有名的故事。他是全国安全玻璃销售量的总冠军。当他被问及如何去打开销售对话时，他说，他会一走进会议室就问："您有没有看过一种破了却不曾碎掉的玻璃？"当准客户表示不曾见过的时候，他拿一块完整的玻璃样本，把它放在客户的桌上，然后用一个榔头用力敲。准客户会往后跳开以躲避玻璃碎片，但却发现根本没有任何碎片。这位销售人员就得到客户完全的注意力，从此活动就能迅速进行了。

这位销售员没有跟客户怎样介绍自己的产品，而是问了句“有没有看过一种破了却不曾碎掉的玻璃”，从而引起了客户的好奇，让对方产生了想知道的急切心理，这样销售员拿出自己的产品证明这就是自己所说“破而不碎”的玻璃。

与陌生人结识之前，他们通常是不会注意到我们的。因此，我们先制造神秘气氛，引起对方的好奇。然后，在解答疑问时，我们就不知不觉地和对方展开了交谈。

例如，我们对顾客说：“您知道世界上最懒的东西是什么吗？”顾客感到迷惑，但也很好奇。这时我们继续说，“就是您藏起来不用的钱。它们本来可以购买我们的空调，让您度过一个凉爽的夏天。”

再如，看到对方戴着眼镜，我们可以说：“戴眼镜的人冬天很麻烦，从屋外到屋里，镜片容易上霜，不过有一种方法可以防止这种情况的发生。”说到这里，对方一定很想知道是什么方法，然后我们再继续说下去：“把一小块肥皂均匀地涂在镜片的表面，再用干净的布擦拭，把肥皂擦没了就行了。不过，这种方法效果不是很好，你一般是怎样处理这种事的？”

俗话说，好奇之心人皆有之。一个人不管年龄多大，都对自己所不了解的事物觉得新奇而感兴趣。我们从这方面下点功夫，就能想到很多引起对方交谈欲望的话题。

英国著名作家毛姆，年轻时他默默无闻，苦于自己的书无人问津。要知道，一位作者要让读者接受自己，必须通过他的著作。如果他向人介绍他的作品是如何之好，我想是没有几个人会信服他而购买他的书的。于是毛姆别出心裁的在报纸上登了这样一则广告：“某年轻百万富翁，性情温和，爱好体育、音乐，希望能与毛姆最新作品中女主角性格相同之女士为友，而后论婚嫁……”几天以后，毛姆的著作大为畅销，竟使毛姆跻身于著名作家之列。

一则小小的广告能带来如此神奇的效果，这不能不说毛姆自我推销技巧的高明。他巧妙地利用人们的好奇心理，让人们对他的作品发生兴趣，从而也将自己“推销”给了读者。

出其不意，解除戒备

陌生人见面，开始时通常都说一些无关轻重的话，如“你也是来参加会议的？”“这里的环境还不错”“刚才领导的讲话真有启发性啊”，等等。虽然这样可以让对方能接上话题，但是，如果我们想与对方深谈下去还需要转换话题。

有一句话叫“出其不意，攻其不备”，在战场上用这招常常能够取得迅速的胜利。在与陌生人的开场白中，我们也可以拿来一用，效果奇佳。

美国的宾夕法尼亚有一个富庶的荷兰农民区，但很奇怪的是，这里的人家都不爱用电。费城电气公司几次派人向他们推销产品都失败了。后来一个叫特斯的年轻人来电气公司应聘销售员，公司说：“只要你能在荷兰农民区推销出一件产品，我们马上聘用你。”

特斯满口答应，他来到了农民区，经过一户整洁的农家时，问该区的代表：“这些人为什么不爱用电？”那代表显得很烦恼地说：“他们都是些守财奴，你绝不可能卖给他们任何东西。而且他们对电气公司很讨厌，我已经跟他们谈过，毫无希望。”

特斯相信区代表所讲是事实，可是他愿意再尝试一次。他轻敲这农家的门——门开了个小缝，年老的特根保太太，探头出来看，“你是不是电气公司派来的？”特斯刚说了一个是字，那位老太太马上把门关上了。

特斯又上前敲门，她再度把门打开，特斯说：“特根保太太，我很抱歉打扰了你，我不是来向你推销电气的，我只是想买些鸡蛋。”

她把门开得大了些，探头出来怀疑地望着特斯。特斯说：“我看你养的都是特种鸡，所以我想买一打新鲜的鸡蛋。”她说：“你怎么知道我养的是特种鸡？”她似乎感到好奇起来。特斯说：“我自己也养过这种鸡，可是没有你这里的鸡好。”

这时，特根保太太才放胆走了出来，并且和特斯愉快地聊了起来。最后，特斯告诉她，如果在鸡房里都装置电灯，鸡会长得更快，蛋也下得很多。两星期后，特根保老太太的鸡房里，安上了特斯向她推荐的电灯。

对于初次见面的人，我们除了寒暄外，讲一些出其不意的话，常常能让对方吃惊，从而打破他们的心理预防，很想知道我们为什么要这样说。这样，我们的目的就达到了。

每个人在面对陌生人时都有一种防备心理，打通这个障碍有两种方法：一是接近，使其对我们产生信任，从而解除戒备；二是出其不意，巧妙地绕过去。

善于提问，打开话匣子

和陌生人交谈，最忌讳的是我们自己口若悬河而对方沉默不语。所以，我们不光要打开自己的话匣子，还应该巧妙地打开对方的话匣子。打开对方话匣子的最好方法是提问。光是自己不断地说话，是无法了解对方关心的问题的，所以让对方多说话非常重要。

我们要善于提出一些问题，然后用心地倾听对方的答复。除了用心倾听之外，还要不时地插入一些问题进一步询问。掌握主导权，一步一步借题发挥，在询问过程中渐渐了解对方关心的内容，而且以此为重点让话题继续进行。这样一来，对方就会饶有兴趣地侃侃而谈，这是让谈话热烈进行的秘诀。

比如说与我们想结识一个医生，而我们对于医学完全是门外汉，这时我们就可以用问的方法来打开局面。“近来患流感的人好像很多，你们大概又忙于替人打预防针了吧？”一个和时令或新闻有关的问题，同时又切近对方的工作，这是最得体的。这样一来，便可以与对方谈下去。我们可谈下去的内容很多，从流感谈到环境卫生、谈到 SARS、谈到免疫、谈到中成药……只要他不厌烦，我们可以一直引他谈下去。

如果碰到房地产经纪人，我们可以问他近来国家宏观调控下的房价走向；碰到家电业的人，则可请教他国产电器和日本电器的性能价格比较；碰到教师，则问他学校的情形。总之，问话是打开对方话匣子的最好方法。

问话须注意的是，要问对方所知道的，问对方最内行的事情。如果我们不确知对方能否回答，那么还是以不问为好。例如问一个医生“去年本市患甲肝的病人有多少？”这是不容易回答的。要是对方的答语是“不大清楚”，这样不仅使答者有伤体面，而且会让双方都感到没趣，因此，要尽量回避这样提问。

其次，有关宗教及政治的观点要慎重提问，除非对方是一个专家或权威人物。因为普通人对宗教与政治各有各的立场和见解，他也不知道我们有什么用意，也不知道我们有无成见。聪明的人一般不会明确地答复这种问题，所以不问为好。

有些问题，在我们得不到圆满的答复时，可以再继续问下去，但有些问题问过以后就不宜再问。比方说，我们问对方住在哪里，如果他说“在朝阳区”或者说“在海淀区”，那么我们就不宜再问某街某号。如果他乐意让我们知道，他一定会主动详细地说出，而且最后还会补上请我们光临的客气话。举一反三，其他诸如此类的问题也是一样，适可而止，以免误事。

此外，在日常交际中还要注意，不可问别人东西的价钱，不可问报纸刊物的销售量（除非知道他的刊物是一流的，使对方说出而无愧），不可问女士的年龄（除非她是60岁左右的），不可问别人的收入多少，不可详问别人的家庭情况，不可问别人用钱的方法，不可问别人工作上的秘密，如企业股票上市价格等一些商业机密等。

凡对方不知道或不愿让别人知道的事情都应避免发问。问话的目的是引起两方谈话的兴趣，而不是使任何一方没趣。如果我们的提问能使答者滔滔不绝、十分尽兴，那便是问话的最高本领。

接下来我们来谈谈发问的技巧。

问话是表示虚心，表示谦逊，同时也是表示尊重对方。“帮我把信寄了”

就远不如说“能不能帮忙寄一封信？”后者使人听了觉得舒服。

同样，对某件事情不明白，就不妨请教别人，自作聪明是最吃亏的。一句坦白的、求教于人的问话，最能博得别人的欢心。

可是怎样提问呢？问话的方法有很多种，收效各有高低。高明的问法使人心中喜悦，而愚蠢的问话则会使对方失笑甚至反感。

李文宇在一家大公司做客服，刚刚开始接受新的工作时，她的客户主要是全球500强企业的人力资源总监，他们谈到一些术语和概念，她一开始听不懂，但她并不会急于向对方弄清楚这个词的含义，而是很灵巧地向对方提问：您能否向我介绍一下贵公司talent pool是如何建设的？于是对方的回答自然让她明白了很多talent pool的含义。后来，她又在与其他客户沟通过程中同样听到了这个词，那时她不仅能迅速反应出talent pool的含义，而且她还发现这是一个共性话题，几乎和所有客户打交道时都能用。假如当初李文宇只是硬生生地问talent pool是什么意思，我想结果可能是：对方会解释给她听，但这样一来他原先的表达逻辑就被她打断了，而同时也意识到李文宇对这个行业不了解，于是他可能倾向于少说一些，或者只说浅层的东西让她知道，而这样一来，她所能从他这里学到的东西就很有限了。

由此看来，问话的方法是值得研究的。美国有些冷饮店因为一些客人喜欢在喝可乐时放个鸡蛋，所以服务员在客人要可乐时必问一句：“要不要鸡蛋？”某心理学家应邀到一家冰果店里去研究如何发展营业时，他就建议不应问“要不要加鸡蛋？”而应问“要一个还是两个鸡蛋？”

沟通中的问话，最重要的是语气要温和，态度要谦恭。有些问话不可先表明自己的意见，与其问“你很讨厌他吗？”或“你很喜欢他吗？”不如问“你对他的印象怎样？”但有些却不妨先装成有“成见”。比如对一个60岁左右的老者问：“你今年也就60岁了吧？”比问“你老今年高寿？”要好得多。

问话的奥妙千变万化。这里我们只简单地举几个例子，主要是要靠你自己去揣摩，因人、因地、因事而灵活运用。而你一旦掌握了聪明、轻松打开话匣子的能力，你人脉关系网至少比现在扩大一倍。

聊天要聊出名堂来

聊天一般是指没有明确目标的即兴式交谈。跟不同行为、不同辈分的人聊天，往往会得到许多新的信息，甚至使我们触类旁通，使有些人久思不得其解的问题一下子豁然开朗。

古人有“与君一席话，胜读十年书”的佳句。一次有益的聊天，并不亚于读一篇好文章。所以，与陌生人聊天有助于沟通，有助于增进情感。

但是，聊天要聊出名堂，确有收获，还得费点心思。必须注意下面几点：

1. 既无目的，又有目的

一般来说，聊天没有什么明确的目的。但从微观角度来讲，闲聊未必就是聊“闲”，而是有目的信息和情感交流。带有一定的目的，你就能及时又恰到好处地发问，调节聊天的内容。

2. 要善择聊天对象

聊天要做到格调高雅，聊得有水平，善于选择聊友是重要的一环。一般来说，聊友的素质决定了聊天的质量。德国伟大作家歌德，几十年如一日，与其秘书艾克曼每天都要聊会儿天，那些天才的机智许多是从闲谈话语中诞生的。他嘲弄世俗、讥讽丑恶，以喷珠吐玉般的格言缀串成令后世惊叹不已的《歌德谈话录》。

当然，现实生活中，不可能每次聊天都有“聊友”在场，所以，选择聊友的圈子不能太小。和水平相当的人，甚至低于己者聊天也不无长进。大可不必囿于己见，拘于一格，而以广开“耳路”，泛论群言为好。

3. 聊天话题的选择

通常情况下，与学者聊天，可以讲些轻松、幽默的奇闻轶事；与主妇们聊天，可以讲讲市场的行情与子女的教育问题；与老人聊天，可以淡谈养生之道、保健方法，甚至愉快的往事；与青年聊天，可以探讨事业、友谊及一切时髦话题；与孩子聊天，可以讲讲童话、寓言等；与一般人聊天，可以拉拉家常。

4. 聊天的范围

一般说，聊天的范围不受限制，这当然不包括庸俗低级、格调低下、无意义、无价值的话题。搬弄是非、贬低他人，也是不足取的。对方的缺点和不喜欢的不应作为聊天的话题。

5. 聊天的地点

一般说，聊天不受时间地点限制，但在公众场合下聊天，或喜庆时节大谈悲伤之事也是不受欢迎的。

6. 不提挑战性问题

聊天时，不要提出一些挑战性的问题，免得引起激烈争论，弄得不欢而散。不要自以为是，用教训人的口气说话，如果几个人一起聊天，还要注意让大家都有发言机会。

肢体语言也能派上大用场

谈到由肢体表达出的信息时，我们自然会想到很多惯用动作的含义。诸如鼓掌表示兴奋，顿足代表生气，搓手表示焦虑，垂头代表沮丧，摊手表示无奈，捶胸代表痛苦。

人类学家雷·博威斯特是最初非语言交际——他称之为“动作学”——的倡导者。他在研究中发现，在一次面对面的交流中，语言所传递的信息量在总信息量中所占的份额还不到35%，剩下超过65%的信息都是通过非语言交流方式完成的。

在我们与陌生人沟通时，语言的内容固然重要，但也不要忘了要根据对方的言行相应地做出肢体上的回应。

小李结婚十年了，在结婚纪念日要来到的时候，他打算为妻子准备一份特别的结婚周年纪念礼物。他把目标锁定在两个选择上：一个是最新款的掌上电脑，另一个是可以挂在餐厅中的一幅画。

小李到了商场以后，首先来到了电脑区，当时正是上午的中间时段，这里的人并不多。

小李向柜台走过去，一名身穿黑色西装的促销员正在点头微笑。一切进行得还不错。这名促销员开始讲解各款掌上电脑的差异。在做讲解的时候，这个促销员抬起右脚，放在了身边的一个小凳子上。然后，他的身体向右腿膝部前倾。

尽管促销员讲解得很详细，但是，小李还是迫不及待地离开了那里。并不是他对店员的讲解不感兴趣，只是对方这种抬腿的不雅姿势与自己的举止完全不合拍，这让他感到很不舒服。

商场的另一端是个画廊，小李在一幅引起他注意的画前停下来，一副深思的样子：重心落在一条腿上，胳膊弯曲，但一只手扶在脸部，一个手指停在了嘴唇边。过了大概一分钟，他发觉有人静静地站在自己身边，和自己一样欣赏着那幅画，然后他听到一个轻柔的声音简单地说："是不是很不错？""嗯，不错。"小李若有所思地回答道。

"如果需要帮助，请告诉我。"他身边那位女士说。然后，她抽身退到了画廊的另一端。不到5分钟，小李就买下了那幅画。

这让我们很奇怪，那位促销员介绍得很详细，而这位女士只是简单地说了一句话，为什么小李就决定买下那幅画？答案是，小李只是看到画就感到舒服。那位女士悄悄地走到他身边，使用的是和他一样的身体语言，形成了相同的姿态。她用完美而毫不费力的同步技巧，天衣无缝地与小李进行着交往：55%身体语言，38%语调，7%言语。

在观察中，我们也发现，在与陌生人沟通时，当他们逐渐了解了对方的情况后，感觉会很自在。以后，他们的身体姿态就会发生一系列变化，充满戒备意味的双臂和双腿互相交叉的姿势，会逐渐转向开放自然的姿势。在任何环境里，这样的转变过程都遵循着完全相同的程式。

这个转变过程是从封闭的身体姿态开始的，也就是双臂和双腿都呈交叉的状态。

当两个人之间的交谈变得比较愉快，相互间建立起了和谐亲善的关系时，最先发生变化的就是腿部动作。他们不再保持两腿交叉的姿势，而是两脚并拢，形成立正的站姿。

接着，交叉的双臂中处于上方的那只手臂会伸出来，而且在说话的时候手掌还会做出一些手势。尽管这只伸出的手臂还没有完全放开，但已经不再是阻挡对方的屏障。此时它不过作为另一只手的支撑，使整个上半身呈现单臂遮挡于前胸的姿势。渐渐地，双臂都放松下来，一只手做着手势，或是置于臀部，也可能是插在裤子口袋里。最后，彼此熟知的两个人都采取稍息的站姿，双臂自然舒展，显示出乐于接受对方的态度。

了解了肢体语言在沟通中的作用后，我们就知道，在与陌生人交谈时，为了更加接近彼此之间的距离我们应该怎样做了。

首先是头部。在对方讲话时，我们要适时地点头。大部分人从来没有意识到点头这一动作的威力，事实上，恰当的点头动作会成为相当具有说服力的工具。研究显示，如果聆听者每隔一段时间就向说话人做出点头的动作——每次做这个动作时点头次数以三次为宜——就会激发说话人的表达欲望，能够让他比平时健谈三至四倍。

点头的动作还具有相当的感染力。如果有人对你点头，你通常也会向他回报以点头的动作——即使你并不一定同意这个人所说的话。因此，在建立友善关系、赢得肯定意见与协作态度等方面，点头的动作无疑是绝佳的手段。

在点头的同时，我们的脸上应该表现出微微的笑容，眼睛直视对方。

其次是身体。当我们对对方说话，或聆听的时候，上身向前倾，会显得更有诚意，也更容易拉近你与对方的距离，赢得对方的好感。坐着的时候，就算椅子是硬的，我们靠在椅背，甚至身体滑下去一点，绝对不如坐挺，上身稍向前倾来得好。当我们改变坐姿，很可能自自然然地就博得对方的好感，他会觉得我们很认真而且积极。我们甚至可以把椅子移动一下，连椅子都对着那个人。而且就算你调整椅子，只是做样子，椅子根本没动，当你这样做，也会给人很有诚意的好感。

附：部分肢体语言的含义——

鼓掌——赞成或高兴；

脚尖指向对方——对他感兴趣；

抬头挺胸——自信、果断；

轻拍肩背——鼓励、恭喜或安慰；

正视对方——友善、诚恳、外向、有安全感、自信、笃定等。

把握时机结束交谈

一切的开始，都有结束。一切的结束，都有开始。

元朝学者陶宗仪对写文章有个“三段论”的说法，即“凤头、猪肚、豹尾”，而我们与陌生人结交的过程也与写文章一样，也需要有个“引子”“正文”和“收尾”。先说问候的话、引出话题就是“引子”，真诚而自然地交谈就是“正文”，适时结束交谈向对方告别就是“收尾”了。只有把这三个部分处理得好，方能使得一次交谈有个满意的结果。前面“引子”“正文”我们都进行得很顺利，那么，我们最后要做的就是有一个完美的“收尾”。

小林代表公司参加了一个展销会，还认识了一位漂亮的女士。通过交谈，小林知道对方与自己是同行，因此，他们就自然地聊起了双方所熟悉的话题。那位女士非常健谈，小李虽然话不多，但在关键时刻能说出中听的话，有时开解她一下，有时称赞她一下，这样一来，对方谈兴大增，很有与小李相见恨晚的意味。

聊了一会儿，小李就有点坐立不安了，因为老总曾交代他，到展销会后，尽快把情况向公司汇报。小李几次想打断她，但都没好意思。毕竟对方是个女士，又是聊兴正浓，这样打断对方显得不礼貌。

又聊了一会儿，小李想不能再说了，得想个办法让她住嘴。猛然间，小李有了主意。只见他一会儿四处张望，一会儿又看看手表，脸上还显露出很焦急的样子。很快，那位女士注意到了小李神态不对，就问小李怎么了。小李也没隐瞒，如实向她说明了原因。那位女士笑了，埋怨小李为什么不早说，然后就催小李赶快办正事，还对小李说以后常联络。

幸亏这位女士是一个爽快的人，而且观察能力还很强，看出了小李有急事的样子。否则，小李还真要为结束交谈而费一番脑筋呢。其实，小李的这种做法是有一点欠妥的。如果对方是个爽快人，可能会询问他是不是有急事；如果对方是一个较敏感的人，很可能会误会他的做法。

俗话说，天下没有不散的筵席。我们与陌生人不管如何相谈甚欢，都有说再见的时候。如果是对方先提出结束交谈，我们就可以礼貌地与他道别；如果对方没有要结束的意思，我们就应该找准时机，向对方提出结束交谈。

首先，我们可以从时间上把握。例如，聚会快结束的时候，就可以适时提出结束交谈；时间快到中午、晚上，或者是晚上已经很晚了，这时我们就可以以“时间不早了”为借口，向对方提出结束交谈。

其次，我们可以从双方的交谈内容中找出结束的时机。如果双方就某一个话题谈得很投机，而此话题所涉及的内容又很广，一时半会儿不可能结束时，就可以跟对方说另找时间再谈。或者，当转移话题的时候双方都没有什么话可说的，这时我们就可以结束交谈。

再次，有突然发生的事情时结束交谈。例如，聚会时有主持人要讲话，或者有人、有电话找对方（自己）时，是最好的结束交谈的时机。

另外，如果是相约见面，我们最好到对方家里“登门拜访”，而不是约他“光临寒舍”，这样可以掌握结束交际的主动权。如果对方来做客，我们不必为了显示热情而拼命挽留对方。否则，如果对方不好意思立即告辞，那么再开始的谈话只能是纯应酬了，很难涉及实质性问题。

Part 3

交对朋友，做对生意

千里难寻是朋友，朋友多了路好走。朋友的成败可以给你做示范；朋友可以给你介绍重要的关系；朋友可以支持你的生意；朋友可以帮你出谋划策；朋友可以与你并肩作战；朋友甚至可以衬托你的形象，提高你的档次。

交际做生意离不开朋友，朋友是你的靠山，是你的支持。然而朋友也有三六九等，有良友、益友，也有损友、害友。近朱者赤，近墨者黑，交友不能什么人都交，交友要有含金量。交对朋友一生受益，交错朋友终身受累。慎交朋友，择友而交，交对朋友，做对生意。

第 6 章

朋友为你撑起生意一片天

多个朋友，多条生意路

“多个朋友多条路，朋友多了路好走。”这是一个关系网织就的社会，而能够给我们提供帮助的关系，往往就是朋友。朋友是你的靠山，是你的支持。生活、工作中经常会面临很多问题，经常给自己带来很多困扰。但是如果你有朋友的帮忙，那你前方的路就变得宽广了。

关于朋友与成功之间的联系，有两个非常有意思的观点。

第一，如果你仔细地去看成功者，会发现他们有一个共同之处，那就是他们的人际关系都很广泛。只有拥有了广泛的人际关系，才能建立起一个庞大的信息网，这样就比别人多了一些成功的机遇和桥梁。

克林顿能够成功地赢得竞选，就与他拥有广泛的人际关系分不开。在他竞选过程中，他拥有高知名度的朋友扮演着举足轻重的角色。这些朋友包括他小时在热泉市的玩伴，年轻时在乔治城大学与耶鲁法学院的同学，及日后当罗德学者时的旧识等。他们为了克林顿竞选成功四处奔走，全力地支持他。所以克林顿在任总统后，不无感慨地说：朋友是他生活中最大的安慰。

第二，一个人的财富在很大程度上由与他关系最亲密的朋友决定。

几年前，在一个主题为“创造财富”的论坛上，一个发言人在演说过程中向听众提出了一个方法。他说：“请大家拿出一页纸，然后在纸上写下和你相处时间最多的6个人，也可以说是与你关系最亲密的6个朋友，记下他们每个人的月收入。然后，算出这6个人月收入的总和，最后算出他们月收入的平均数。这个平均值便能反映出你个人月收入的多少。”

这个游戏的本质意义就是交际的力量，即结交朋友的重要性。中国有句老话：“近朱者赤，近墨者黑。”美国也有句谚语：“和傻瓜生活，整天吃吃喝喝；和智者生活，时时勤于思考。”这两句话所讲的道理是一样的，都是告诉我们择友的重要性。朋友的影响力非常大，可以潜移默化地影响一个人的一生。

如果你想在人生和事业上取得成功，必须小心谨慎地结交朋友。

如果你最亲密的朋友是公司的高级主管，那么你们在一起时所谈论的主要内容一定是关于如何管理和经营的；如果你最亲密的朋友是公司的职员，那么你们在一起时谈论的主要话题一定是关于如何工作的；如果你最亲密的朋友是房地产商，那么你们谈论的话题一定会是关于房地产的……

如果你下一次和朋友一起聊天，请记下你们谈论的主要话题，到时你就会明白这句话的重要意义。

如果你想展翅高飞，那么请你多和雄鹰为伍，并成为其中的一员；如果你仅仅和小鸡成天混在一起，那么你就不大可能高飞。

朋友是你的生意榜样

俗话说：“榜样的力量是无穷的。”你身边的朋友可以给你提供榜样。他们成功，能够给你成功的经验，他们失败，能使你借鉴失败的教训。

人生路上，人人想赢怕输。但商场如战场，没有参照，没有引路人，摸石头过河的结果往往是陷于河中。

张小龙是深圳东宇电子有限公司总经理。提到自己的创业历程，他无不感谢自己的好朋友刘强给自己的帮助。

刘强是深圳粤讯发电子有限公司总经理。张小龙一直称他是“自己的榜样”，从刚入行到现在东宇电子拥有自己的写字间，刘强给了张小龙不少的建议和帮助，也因此两人结下了深厚的友谊，在这个商场如战场的年代，实属不易。

张小龙2000年毕业之后原本可以从事家族的事业，享受“少爷”的生活，但是年轻的他觉得自己难以在“家里”施展拳脚。在深知自己在家族的事业上难攀高峰之后，他看准了当时电子行业的机会，毅然选择了“单飞”，并说服弟弟一起来深圳做起了电阻、电容的产品代理。

在创业过程中，对于一个仅有满腔热情而毫无“实战”经验的年轻人来说，其中的艰难可想而知。幸运的是：他与粤讯发电子的刘强成为朋友。

刚入行的时候，张小龙完全是个门外汉，什么都不懂。元器件知识是补充的首要内容，资金上的压力也让他头疼。刘强的奋斗历程成为他的榜样，使他慢慢的融入电子这个行业，慢慢的进入自己的角色。

对于张小龙来说，有了这样的榜样和伙伴，有谁说这不是人生的一笔难得的财富呢？

成功的榜样可以使你受益匪浅，失败的榜样同样可以使你免于重蹈覆辙。

张风在太原一家公司里当司机，他一直想自己做点小生意，但他的朋友李国华的经历使得他在经商的路上更加谨慎。

李国华开店不容易，因为是个下岗职工，还拖家带口，所以从资金和心理上，李国华都有很大压力。在权衡许久之后，李国华看上了一个投资小、回报快的项目——风味灌汤包。虽说店面不大，但投资却也不少，房租、设备、原料、员工，还有学习技术的费用，林林总总加起来也花去三四万。为了开店，除了把自己的储蓄拿出来，李国华还向朋友借了一万多的外债。但不管怎么样，李国华总算是把自己的店开起来了。开张的一个多月里，李国华的生意好得不得了，可能是因为有风味小吃的诱惑，李国华的店每天都是顾客盈门，可是就在这一个多月内，风味灌汤包的小吃店如雨后春笋般出现在太原的大街小巷。没过几个月，李国华小店前的顾客数量明显减少，在朋友的建议下，他也开始在小店里卖其他风味小吃，但生意还是没有多大的起色。

张风从李国华的失利中认识到：做技术含量低的小生意，很容易被人模仿。于是他专门拜师学艺，学得一手修理小汽车的好手艺，开了一家修理铺，生意日渐红火。

在你做生意上的重大决定时，不妨先看看身边的朋友是怎样做的。拿他们当榜样，你的风险才能尽量地减小。

朋友是你的生意中介

每个人都有自己的关系网，也许，你的朋友与其他对你来说十分重要的人关系不错呢！这时，你可以通过朋友的介绍，认识更重要的人，获得最关键的资源。

一般来说，不管引荐者的名望大小、地位高低，只要对你成功有所帮助，他就是你登上高处的中介力，他的威信和影响力都能对你有用处。一般人除对权威和名望有一种崇拜感和信任感之外，对熟识的人同样有一种可靠、信赖的感觉，因而他们常常会从推荐者身上来估量被推荐者的能力和人格。

张利下海经商，把小小的万金油生意做活做大做好，就得力于她自己不断地借助朋友的中介力而打开了东南亚的市场。

1977年，张利以优异成绩考入广州某大学经济系。1986年，又考上了母校经济专业的研究生。毕业时，张利主动放弃去中国社会科学院工业经济研究所工作的机会，来到西南一家大型制药厂。这种选择在当时极具挑战意味。张利的反向流动受到了各方面的关注。上班的第二个月，张利被任命为制药厂企管科副科长。雄心勃勃的张利决定尽快进入角色，干出一番业绩。

张利几乎天天在生产第一线摸底调查，她吃惊地发现，这个西南最大的制药厂，实际经营状况并不像表面上那样繁荣——产品严重积压，经济效益下滑，企业管理部门人浮于事，一线工人没有积极性。制药厂到了必须痛下决心实施有效的改革，才能摆脱困境谋求发展的地步。于是，张利提出了一系列整改方案。

方案递上去后，却如泥牛入海，久久没有回音。张利忍不住了，急切地找到厂长："厂长，我知道让您下'刀子'肯定有难处，可是我们厂真到了非改不可的地步。我想先以企管科做试点，有了经验再全面铺开，您看怎么样？"厂领导们研究后，采纳了张利的意见。性急的张利仅在一次全科人员会议上，就把科室人员从 50 人精简到 23 人。

平平静静几十年的制药厂"炸"开了。1990 年 1 月 5 日，张利像往常一样早早地来到工厂。张利发现厂门口宣传栏贴了一张"罢免张利同志厂企管科副科长职务"的公告，张利懵了。等张利略微平静以后，就直接冲进厂办，办公室主任告诉张利，张利实施的改革方案触及了太多人的利益，有后台的人联合向法院起诉张利违反国家劳动法，乱精简人员。迫于上级主管部门的压力，厂里撤销张利的职务。

从此，张利成了科室里的"闲人"，每月只能领 40%的工资。接下来，又半年过去了……张利在沉默、在思索，不久，她辞职了。经过半年的准备，她从药厂批发了两箱清凉油，踏上了第一次东南亚征程。新加坡的朋友为张利联系了一家华侨开办的中药商行，对方检验过张利带去的清凉油，当即要了 50 万盒的货。张利以为自己听错了，一连问了三遍"HOW MANY？"，在得到肯定答复后，在最艰难的时候都没有流过眼泪的张利激动地哭了。

50 万盒清凉油，以每盒 0.2 美金成交，总金额就是 10 万美金！张利拿到对方开具的不可撤回的银行信用证，立即回国，赶到制药厂。两个月后，50 万盒清凉油抵达新加坡港口。张利从中得到 5000 美金的佣金。而在这笔交易中，获利最大的是制药厂，扣除运费和外贸公司代理费、税收等费用，厂方净赚 30 万人民币，该厂停产一年多的清凉油生产线恢复了生产。

张利再次出征东南亚，雅加达一个华人医生朋友给了她结识当地名流的机会，朋友请张利参加自己的生日 PARTY。宴会上，朋友介绍张利认识了被当地华侨称作"丝绸陈"的陈·约翰，张利就自己的生意虚心向他请教。陈听完张利的情况后，说："利润小不应该是主要矛盾，关键看需求量。目前当地人用的大多是中国台湾、香港地区的清凉油，内地的清凉油还没有打进来。从整体上看，你的产品在价格上占有绝对优势，这就决定了产品可以打入平民阶层，而他们正是消费清凉油最主要的人群。我相信，你应该能创造奇迹——一个把世界上利润最少的产品做出最高效益的奇迹！”

第二天，陈先生专门为张利请来4位当地有名的药商，他们联合起来向张利要了一个货柜的清凉油。这笔生意是张利日后成功的奠基之作，也让张利更加深切地体会到：任何一种产品要在一个陌生的国度里打开市场，必须借助当地商界名流的“肩膀”。

张利专心做清凉油，生意越做越红火。清凉油是一个有着近百年历史的传统中成药，无论在配方还是香型上，都不能适应现代人的消费心理和更高消费要求，急需改造。张利拎着笔记本电脑遍访东南亚知名的中医，请他们为现有的清凉油“会诊”。之后，张利请了两名著名的国际香型配料大师，针对清凉油中天然薄荷香占主要成分的“先天缺陷”，进行多香型品种的改造；同时，向国内制药厂投入大批资金，组织科研人员配制新型清凉油。最后，张利从20多家制药厂配齐了34个品种的清凉油，把几十年单一的清凉油“玩”出了“花样”。

印度尼西亚是清凉油最大的集散地，特色清凉油能否打开销售市场，就要看它是否能占领印度尼西亚市场。张利带着特色清凉油，奔波于印度尼西亚20多个岛屿之间做推销。不多日，第一张订购新型清凉油的传真转了过来，两天后又接到一张。一个星期后，传真上的要货总量可以拼成一个货柜了。

张利成功了！1999年，她的公司在东南亚各国首都的黄金商业地段，都设立了自己的清凉油专营销售公司，建立起星罗棋布的销售网络。她依靠朋友的介绍结识东南亚商界名流，以销售小小清凉油，创下商界神话。

在复杂的社会关系之中，在各种社会关系构成的屏障里面，互相利用是人性的弱点，但它也是人类共同需要的心理倾向，而这正是“中介力”的实质所在。

朋友是你的生意靠山

人们常说：“在家靠父母，出门靠朋友。”你可以通过朋友的支持帮你成功，包括逆境时的鼓励，挫折时的扶持等。

西汉刘邦出身低微，学无所长，文不能著书立说，武不能挥刀舞枪，但他天生豪爽，善于结交朋友，胆识无双。早年穷困莫名时，他身无分文，却敢独座上宾。押送囚徒时，居然敢私违王法，纵囚逃散。斩白蛇起义后，依靠萧何、曹参、张良等朋友的支撑，打开了局面，最终成就了帝王之业。

帝王将相成就霸业需要借助朋友支撑之力，一般人要想事业有成又何尝不是如此？做生意要有朋友做支持、当靠山，有了朋友的相助，你的生意会少走很多弯路。

时装女皇夏奈尔出生在法国西南部的小镇索米尔。1899 年春天，她经人介绍来到一家缝纫用品商店当售货员。这期间，她经历了初恋。当地有个名叫艾蒂安·巴尔桑的富家子弟，他与她一见钟情，坠入爱河。他见到她，总爱喊她的小名“可可”。他对她说：“‘可可’这名字特别适合你，能显示你活泼、随和的性格。”“可可·夏奈尔”从此叫开了，以致她成名之后，知道她本名的人反而不多。20 世纪初，他把乡下孤女的她带到了世界大都市巴黎。他根本没想到此行的意义是多么深远，是他把改变世界妇女穿着习惯的“时装女皇”送到了她的“皇宫”里，从而使巴黎变成了世界上最著名的“时装之都”。

他们来到巴黎后，在康蓬大街 31 号公寓里租了个小房间住下来。可惜，他对夏奈尔的雄心壮志不甚理解，两人经常发生口角。巴尔桑的英国朋友亚瑟·卡佩尔从中做了不少调解工作，但最后他们还是分手了。

在举目无亲的巴黎，夏奈尔作为一个弱女子，要开拓事业的确不容易。在这窘迫而又关键时刻，朋友卡佩尔向她伸出了援助之手。这个生性随和、不拘小节、家境富裕的异邦人，是夏奈尔在巴黎进入服装业的强力支撑。

1912 年，卡佩尔出资帮助夏奈尔开了一家帽子店。“夏奈尔帽子店”开张后，善于经营的夏奈尔以低价从豪华的拉菲特商店购买了一批过时、滞销的女帽，她把帽上俗气的饰物统统拆掉，适当加以点缀，改制成线条简洁明快的新式帽子。这种帽子透着新时代的气息，非常适应大众化的趋势。夏奈尔为顾客示范帽子的戴法时，也一反常态，总把帽子前沿低低地压到眼角上，显得很神气。这种新颖别致的帽子，大受巴黎妇女的欢迎，被称之为“夏奈尔帽”。这种别致的戴法竟在巴黎的大街小巷流行开来，成为时尚。

“夏奈尔帽”的流行，使夏奈尔很快还清了借款，并积累了相当的资金。小试牛刀即旗开得胜，夏奈尔的信心大增，她不再满足于当制帽商，而是大胆地涉足服装业。在卡佩尔的支持下，她把帽子店改为时装店，自行设计，自行缝纫，全力投入到服装改革之中。经过一段潜心的观察和研究，她发现巴黎妇女服装的问题是：不仅式样上陈旧烦琐，而且在用料上过于保守落后；仅凭高级华丽的料子，很难做出舒适合体的衣服来。于是，她从布厂家买来一批纯白针织布料，用这种价格低廉的布料做成最新样式的女式衬衫，宽松舒适，线条简洁，没有翻上覆下的领饰，没有一道道袖口花边，也没有什么缀物，领口开得较低，等等。为了便于推销，她还给这种服装起了个挺别致的名字“穷女郎”。这种简洁、宽松的衬衫，如今看来很平常，但相对那时候的巴黎，相对繁杂、缠裹盛行的老式服装而言，就给人以耳目一新的感觉。“穷女郎”一露面，立即得到巴黎妇女的认可，并很快争购一空。

一炮打响后，夏奈尔又接二连三推出一批与巴黎妇女传统服饰大异其趣的服装。她将女裙的尺寸尽量缩短，从原先的拖地改成齐膝，从而诞生了有名的“夏奈尔露膝裙”。她设计出脚摆较大的长裤，即当今的喇叭裤，成了喇叭裤的设计发明者。在款式上，她推出一些格调清新的新式服装，有纯海军蓝的套装，线条简洁流畅的紧身连衣裙；有宽大的女套衫，短短的风雨衣；还有阔条法兰绒运动服，漂亮实用的简式礼服等等。在色彩上，她不用艳丽的大红大绿，而是以优雅的黑色和明快的米色为基调。她认为，黑色玄妙，米色素雅，用这两种颜色面料加工成服装，最能体现女性美。纯白和纯海军蓝，也是她爱用的色调。

夏奈尔发明了女式挎包，而原来的女包是手拿式的。她认为，劳动妇女两手都得干活，不能因拿包而占用一只手。于是，她把手拿式女包稍加改装，安上较长的包带，往肩上一挎就行了。她又创造了仿宝石纽扣，这种纽扣成本低，色彩与光泽都比真宝石纽扣好看。此外，她还别具一格地制造了“大框架太阳镜”。“夏奈尔服装”配上这些配件，更是锦上添花，增加了不少魅力。这些服装和配套物品，今天看来是十分寻常的。但在当时与那些叠床架屋般的里三层、外三层的繁复的穿戴习惯相比较，却无异于一场了不起的革命。夏奈尔终于用自己这种脱俗的设计风格，为巴黎时装界拓出一片明朗的新天地。

夏奈尔能够成为时装女皇，可以说来源于朋友卡佩尔的最初支持。离开了朋友的支撑，很难想象她在巴黎能够成功。

仅凭一己之力，是很难有大的成就的。因为一个人的力量毕竟太有限了，就算你浑身是铁，也打不成几个铁钉。这一点微薄之力甚至连自己都保护不了，又怎么能和别人竞争呢？而真正的友谊，使你从朋友那能够获得支持，能够产生巨大而神奇的力量。

朋友可以为你提供情报

在这个信息发达的时代，拥有无限发达的信息，就拥有无限发展的可能性。信息来自你的情报站，情报站就是你的朋友网，朋友有多广，情报就有多广，这是你生意无限发展的平台。

你如何获得生意上必需的情报呢？通常所知的最有效的方法是：经常看报；与人建立良好关系；养成读书习惯。

换句话说，你最重要的情报来源是“人”。对他们来说，“人的情报”无疑比“铅字情报”重要得多。越是一流的经营人才，越重视这种“人的情报”，越能为自己的发展带来方便。

日本三洋电机的总裁龟山太一郎就是很好的例子。他被同行誉为“情报人”，对于情报的收集别有心得，最有趣的是他自创一格的“情报槽”理论。他说：“一般汇集情报，有从人身上、从事物身上获得两个来源。我主张从人身上加以汇集。如此一来，资料建档之后随时可以活用，对方也随时会有反应，就好像把活鱼放回鱼槽中一样。把情报养在情报槽里，它才能随时吸收到足够的营养。”

把人的情报比喻成鱼非常有趣。一位有名的评论家也说：“我每一次访问都像烧一条鱼一样，什么样的鱼可以在什么市场买到，应该怎么烹调最好，我得先弄清楚。”如何从人身上得到情报及处理情报？许多记者都知道：在没有新闻时，设法找个话题和人聊聊。也许你没有办法随时外出，那就利用电话来向朋友们讨教吧！

日本前外相宫泽喜一有个闻名的“电话智囊团”。宫泽在碰到记者穷追不舍时，往往要求给予一个小时的时间考虑。如果碰巧在夜里，则只要一通电话就可以得到满意的答复，这些答复来自他的10名智囊团成员，这也就是我们所谓的“人的情报”。

一个人思考的时代已经过去了，建立品质优良的朋友网为你提供情报，成了决定工作成败的关键。环绕我们四周的多半是共同寻乐和有利害关系的朋友，和他们交往虽然愉快，关系却不能长久。我们很容易分析得出结交朋友的过程，不外因为某种缘分与别人邂逅，对对方产生好感，然后开始进行交流，于是进入“熟识”阶段。对朋友觉得有趣或愉快，通常都在这个阶段。

熟识之后，开始有一种共患难的意识，彼此间产生友谊，认为朋友会对我们有帮助，通常是在这个阶段。这个阶段的友谊，联系性强，彼此间也容易产生超过利害关系的亲密感。说得更具体一点，交往的本质其实也就是“互相启发和互相学习”。彼此从不断摸索中逐渐改变逐渐成长，建立起稳固而深厚的友情。在我们的工作和生活中，可以作为智囊的朋友，大抵可分为以下三类：

第一类提供我们有关工作情报和意见的，称为“情报提供者”。这种朋友大都从事记者、杂志和书籍的编辑、广告和公关工作，即使你不频频相扰，对方也会经常提供宝贵的意见，像上述的“电话智囊”就是这一类。

第二类提供我们有关工作方式和生活态度的意见，称为“顾问”。这种朋友多半是专家，甚至是本行内的第一人，我们可以把他们视为前辈或师长。

第三类则与工作无直接关系，称为“游伴”。原则上不是同行，通常是我们在参加研讨会、同乡会和各种社团认识的，有些也是“酒友”。这种朋友不但可以是“后援者”，有时甚至是我们的“监护人”。

要记住：从朋友处得到情报比其他途径要重要得多。充分发挥朋友的情报力，你在商场上将更加如鱼得水。

朋友可以为你出谋划策

俗话说当局者迷，旁观者清。整天忙碌于自己的事业中，你眼光可能受到一定的局限，而朋友可以从旁观的角度看到你所忽视或无法看到的问题。所以，你身边如果有一个帮自己出谋划策的朋友，对自己的事业将有很大的帮助。

朋友小小的策划有时看起来并不起眼，甚至我们自己也质疑策划的可行性。但真正执行后，却带来让人惊讶的效益。

石油巨子洛克菲勒在自己石油生意的发展过程中，清醒地意识到其中的弊病，潜意识中要寻找一个方法对症下药。他由一个偶然的机遇，与年轻的律师多德成为好朋友，并在对方的策划下，有效地克服了石油生意发展中的弊病。

约翰·洛克菲勒1855年中学毕业后，便决定放弃升大学，到商界谋生。闯荡了一些年，他在事业上有些成就。26岁时，他迅速扩充了他的炼油设备，日产油量增至500桶，年销售额也超出了百万美元。他的公司成了克利夫兰最大的一家炼油公司。

当时的石油业，生产过剩，质量较差，价格混乱，激烈的角逐已现端倪，洛克菲勒的公司像汪洋大海中的一叶小舟，随时都有沉没的危险。高瞻远瞩的洛克菲勒意识到，必须把自己的企业扩大，船大才能抵御惊涛骇浪的冲击。他果断地说服自己的弟弟威廉参加进来，建立了第二家炼油公司，并派他去纽约经营石油进出口贸易，尽快打开欧洲市场。威廉临去纽约前，兄弟俩促膝谈心，踌躇满志地立下了誓言：“我们要扩张、再扩张，资金越多，我们发展的本钱也越丰厚，我们要独霸世界石油业！”

随着洛克菲勒的石油帝国的发展，因本身庞大而导致的难以控制的危险性也越来越大。洛克菲勒清醒地看到这一弊病并引起重视。正在这时，洛克菲勒在一本公开发行的刊物上发现一篇文章，里面写道：“小生意人时代结束，大企业时代来临。”他感到这与自己的垄断思想不谋而合，便主动结交文章的作者多德，彼此共同的看法使双方成为好朋友。

多德是个年轻的律师，他与洛克菲勒成为朋友后，积极为洛克菲勒的公司寻找法律上的漏洞。一天，他在仔细研读《英国法》中的信托制度时，突然产生出灵感，提出了“托拉斯”这个垄断组织的概念。所谓“托拉斯”，是生产同类产品的多家企业，不再各自为政，而以高度联合的形式组成一个综合性企业集团。这种形式比起最初的“卡特尔”，即那种各自独立的企业为了掌握市场而在生产和销售方面结成联合战线的方式，其垄断性要强得多。

在多德的“托拉斯”理论的指导下，洛克菲勒召开“标准石油公司”的股东大会，组成 9 人的“受托委员会”，掌管所有标准石油公司的股票和附属公司的股票。受托委员会发行了 70 万张信托书，仅洛克菲勒等 4 人就拥有 46 万多张，占总数的 2/3。如此，洛克菲勒如愿以偿地创建了一个史无前例的联合事业——托拉斯。在这个托拉斯结构下，洛克菲勒合并了 40 多家厂商，垄断了全国 80%的炼油工业和 90%的油管生意。

托拉斯迅速在全美各地、各行业蔓延开来，在很短时间内，这种垄断组织形式就占了美国经济的 90%。很显然，洛克菲勒成功地造就了美国历史上一个独特的时代——垄断时代。

显而易见，多德的“一个理论”导致了这么一个“大结果”。由此可见，拥有一个时刻给自己提建议的朋友，是何等的可贵。如果你身边有对你所从事的行业感兴趣并头脑灵活的朋友，不妨抽出一点时间与对方聊聊。也许，一个改变你命运的策划就由此而生。

朋友的档次衬托你的档次

在素有“名利欢场”之称的好莱坞，流行一句话：“成功，不在于你知道什么或会做什么，而在于你认识谁。”“你认识谁决定了你是谁”，别人往往会从你朋友的档次来看待你的档次，来决定是否与你做生意。

1970年，25岁的美国小伙子迪尔来到丹佛市，在第2大道的一套小公寓里，开始了他的创业生涯。

刚到丹佛，迪尔就徒步走遍了这个城市的每一个角落，了解、评估每一块好的房地产的价值，计划在这个城市发展他的房地产事业。为此，他常常去看一些土地和楼盘，就像是这些土地的主人。

初来乍到时，人们不认识迪尔，因此他必须计划好为自己的房地产事业铺平道路的每一个步骤。他要做的第一件事就是尽快加入该市的“快乐俱乐部”，去结识那些出入该俱乐部的社会名流和百万富翁。对迪尔这样一个无名小辈来说，要想进这样高档的俱乐部，实在不很容易，但迪尔还是决心去大胆尝试一番。

迪尔第一次打电话给“快乐俱乐部”，刚说完自己的姓名，电话随着一声斥责就被对方挂了。迪尔仍不死心，又打了两次，结果仍遭到对方的嘲弄和拒绝。

“这样坚持下去，将会毫无结果。”迪尔望着电话机喃喃自语，突然，他心生一计，又拿起了电话。这次他声称将有东西给俱乐部董事长。对方以为他来头不小，连忙将董事长的电话号码和姓名告诉了他。

迪尔得意地笑了，他立即打电话给“快乐俱乐部”董事长，告诉他想加入俱乐部的要求。董事长没说同意也没说不同意，却让迪尔来陪他喝酒聊天，迪尔自然满口答应了。

通过喝酒聊天，迪尔逐渐与这位董事长成了朋友。几个月后，在董事长的特殊关照下，他如愿以偿，成为了“快乐俱乐部”中的一员。

在俱乐部中迪尔以董事长朋友的身份结识了许多富商巨贾，建立了良好的关系网。

1972 年，丹佛市的房地产产业陷入萧条时，大量的坏消息使这座城市的房地产开发商们严重受挫，丹佛人都在为这个城市的命运担心。然而在迪尔看来，丹佛城的困境对他来说无疑是天赐良机，从前那些对他来说是可望而不可即的好地皮，现在可以以较低的价格任意挑选收购了。

就在这时，迪尔从朋友处得到一个消息：丹佛市中央铁路公司委托维克多·米尔莉出售西岸河滨 50 号、40 号废弃的铁路站场。迪尔凭着自己敏锐的眼光和经验判断出：房地产萧条是暂时性的，赚大钱的好机会终于降临了。为此，他把自己所拥有的几个小公司合并起来，改称为“迪尔集团”，使他更具实力。

第二天一早，迪尔便打电话给米尔莉，表示愿意买下这些铁路站场，并约定了在米尔莉的办公室商谈这笔买卖。

风度翩翩、年轻精干，再加上是“快乐俱乐部董事长的朋友”，迪尔给米尔莉留下极好的印象。他们很快便达成协议：“迪尔集团”以 200 万美元的价格购买了西岸河滨的那两块地皮。不久，房地产升温，迪尔手中的两块地皮涨到了 700 万美元。他见价格可观，便将地皮脱手了。

经过许多人的帮助以及自己的努力，迪尔终于挖到了来到丹佛市的第一桶金——500 万美元。这是他闯荡丹佛的第一笔大买卖，也是他第一次独立做成的房地产生意。此后，他开始了在美国辉煌的经商生涯。

看一个人的底牌，要看他周围有什么样的朋友。朋友对你的衬托作用相当明显。从现在开始，在你的朋友当中多增加一些“有分量”的人物。这样，你的商海之旅将更加顺畅。

第 7 章

把你的朋友圈用起来

如何与同乡交朋友

中国人对故乡有一种很特殊的感情。俗话说“爱屋及乌”。爱故乡，自然也爱那里的人。于是，同乡之间就有着一种特殊的缘分。尤其在社会人口流动很大的今天，身在陌生的环境里，交朋友有一定的难度，那就不妨从老乡关系入手，打开局面。

中国的老乡关系是很特殊的，也是一种很重要的人际关系。在涉及某些实际利益时，“肥水不流外人田”，只让老乡圈子里的人“近水楼台先得月”。既然同乡观念在人们头脑中根深蒂固，足以影响一个人的发展前途，那么为什么不利用同乡关系多交几个朋友，拓宽自己的路子呢？

在外地的某一区域，能与众多同乡取得联系的最佳方式是“同乡会”，在同乡会中站稳了脚跟，跟其他老乡处得不错，那就等于结交了一个朋友网络。也许，有一天，你就会发现这个朋友网的作用有多大。

与老乡交朋友其实并不难：

1. 利用乡音作为拉关系的契机

既然是老乡，就必然有共同的特点存在于双方之间，其中重要的一点就是“乡音”。

用家乡话做见面礼，可以说是独树一帜的，它不需要物质上的东西。

在这里，有一点相当重要：那就是运用这种方法的场合，最好是在异乡，因为在异乡才会有恋乡情绪，才会“爱乡及人”，这时再来个“他乡遇老乡”，哪有不欣喜之理。对方离乡愈久、离乡愈远，心中的那种情就愈沉愈深。因此，越是这种情况，越要运用“乡音”这种技巧，你就会得到老乡所带给你的种种好处。

2. 利用乡产作为拉关系的契机

在与老乡打交道时，一般人都会有这样一种想法：既为同乡，理应帮忙，如还用礼物送之，这不太俗了吗？这种想法在某种特定意义上来说，是有一定道理的，但就广义来说，则是谬论。

老乡与其他关系不同之处在于：老乡之间的关系是以地域为纽带的，有一份“圈子”内的情存在心上。“乡产”也许是很普通的东西，本身并不贵重，但在“乡产”上所包含的情意却非“外乡人”能看出来，体会出来的。它会起到勾起老乡思乡之情的作用，然后会在这种感情的支配下，对你这位老乡“另眼相待”，照顾有加。你再适时加上句“老家的东西，尝个鲜儿”之类的人情话，效果更佳。

3. 利用乡情作为拉关系的契机

一个人，无论是出自什么原因离开家乡，离开生他的土地，也许开头并不感到有什么难过。但时间一久，或在他乡碰到不习惯的生活习俗、或遇到挫折，他就会感到家乡的亲切、家乡的美好。也许，这个时候，一个人才会深深地感到，自己在家乡有割不断、丢不掉的感情寄托，那是支持着游子出外去闯世界的精神依靠。

因此，在游子的记忆深处，有一块属于家乡的领地。也许，现实的生活会暂时把这块领地掩盖起来，而一旦触及到了这块领地。那一股思乡潮就会源源不断地涌出来，如闪电一般，充满游子的大脑，触及记忆的神经。

老乡关系是一笔巨大的财富，如果你能够在老乡中广交朋友，当需要帮忙时，自然会感受到别样的温暖。

如何与同学交朋友

俗话说："十年同窗半生缘。"由同窗之情而发展出的友谊是纯洁、朴实的，有可能日后发展为长久、牢固的友谊。在现代社会，同学关系是潜在的资产。一位在复旦大学爱立信中国学院的MBA班就读的胡先生曾经表示，读MBA有两大目的，一是学习爱立信的一流管理经验，二是多交些朋友。胡先生认为自己的从事市场推广工作的，人际关系特别重要，真关系比什么都有用的多。念这个MBA国际班的都不是等闲之辈，与今日的同学成为朋友，就意味着明日的财富。

同学关系有时在关键时刻的确能帮上大忙。但是，前提是这个同学与你是朋友。这里面的好处是来自于自己的努力。如果你在与同学分开之后并没有经常性联系，那朋友关系从何谈起呢？

当然，或许有人说纯洁的同学之情不应该充满功利的味道。但实际上，同学之间本来就有守望相助的义务。在现今这个时代，带着商业或功利的目的走进学堂，也并没有什么不妥。同学之间因为接触比较密切，彼此比较了解，同时因为少年不存在利害冲突，成年人则大多数从五湖四海走到一起，彼此也甚少存在利害冲突，所以友谊一般都较可靠，纯洁度更高。这对于生意人来说，是值得珍惜的最重要的外部资源之一。

那么，怎么才能把同学之情变为朋友之谊，从而获得这种外部人际资源源源不断的支持呢？

首先，必须从现在开始整理和积累同学资源，这样你才能够谈得上和他们取得联系。

毕业经过数年后，你的同学可能会分散在全国各地，从事不同的行业，有的甚至已成为某一行业或某一领域的"重量级"人物。这种老同学关系可从大学向下延伸到高中、初中、小学，如能加以掌握，这将是人生中一笔相当大的资源。因此，你可以按照一定的类别，比如学校，将你的同学资料整理一下。这样至少可以让你知道你究竟有多少同学资源，知道可用的同学资源的联络方式。

同学会可以说是你与同学交朋友的纽带，比如各种大学毕业生的同学会，留学生同学会。还有一些基于MBA、EMBA等培训机构成立的同学会，这种同学会直接将同学会归类为交际手段，学员以企业老板、券商和政府部门要员为主，性质上更接近一种俱乐部的性质，是一种纯粹的交际方式。此种同学关系与普通学校同学的区别：普通学生们关心“谁是我的老师”，MBA则关心“谁是我的同学”。更多的人在加盟后者的同时，寻找可能的商机以及合作伙伴。因为这个部落的成员原本就拥有丰厚的社会财富资源，在他们之间再建立一种学友关系无异于是一个加固手段。这是种先天带有功利色彩的同学会，在营销手段中被肯定为“提供服务、增进交流、丰富生活、发现商机、永续情谊和扩大影响”。因此，要想把同学，尤其是对你的生意有帮助的同学变成朋友，一定要多参加同学会。

其次，保持联系，互相帮助才能让你赢得同学的友谊。

现代人生活忙忙碌碌，没有时间进行过多的应酬，日子一长，许多原本牢靠的关系就会变得松懈。同学关系之间逐渐互相淡漠，这是很可惜的。即使再忙，你也要抽出时间与同学保持联系，别忘了沟通感情。

你必须跟你现有的同学保持经常联系，才能使友谊之花常开不败。有空给远在异地的同学们打打电话、通通信，询问一下对方近来的工作、学习情况，介绍一下自己的情况，互相交流一下，这是很有必要的，这点时间绝对不能节省。碰上同学们的人生大事，如果有空最好尽量参加，如果实在脱不开身，也得打个电话或者托人带点什么，不然，怎么算的上同窗之谊呢？

对方有困难的时候，更应该加强联系。而当听到同学家人生病或遇上不幸的事，应马上想办法去看看。平日尽管因工作忙没有时间来往，但有困难时鼎力相助或打声招呼，才显出你们间的深厚情谊来。“患难朋友才是真朋友”，关键时刻拉人一把，同学会铭记在心。

最后，你要学会整合你的同学资源。

整合同学资源是一门大学问。不少生意人也积累了相当多的同学资源，也能够得到相当多同学的支持。可是总是感觉上差了那么一点。比如，在自己危急亟须同学帮助时，有些同学尽管也对自己采取了支持，但是很难算得上是鼎力相助。还有一些人的同学拥有良好的资源，但是由于这些同学个性不合，也没法得到这些同学的支持和帮助，白白浪费了很多成功的机会。

要想得到这些同学的友谊，你必须要学会用非凡的气度和处理困难局面的技巧来折服他们。只有这样，你才能够得到这些人尽心尽力的帮助。

如果你在学生时期不太引人注目，想必交往的范围也很有限。然而，现在你已大可不必受限于昔日的经验，而使自己变得消极。因为，每个人踏入社会后，所接受的磨炼是不相同的，绝大多数的人都会在工作中学会培养人际关系，丰富了社会经验，而变得相当注意朋友资源的重要性。因此，即使与以前很少打交道的同学来往，通常也能相处得很好。由于这种缘故，再加上曾经拥有的同学关系，你可以完全重新与他们交朋友。不要太拘泥于学生时期的自己，而要以目前的身份，热情、大方的开展交往。

如何与师长交朋友

如果一个人想要获得成功并不断延续自己的成功，就必须始终以“学生”的身份和心态立身处世，重视师长这一类贵人在我们生命中的重要意义，尊重他们，向他们学习。

“师长”这一类贵人对人的帮助和影响大多是精神层面的，他们或者为人指引前进的方向，或者在人受到挫折时给予支持和鼓励，或者教给人学习的方法和做人的道理……这种帮助所起到的作用不可能像资金支持和提拔升职那样立竿见影、显而易见。相反，这种帮助是耳濡目染、长期浸润的，能让人在无形之中得到发展和提升，并往往能收到“随风潜入夜，润物细无声”的效果。

和师长交往，要把握以下几点：

1. 主动请教老师

如果你在生意经营中遇到某些问题而百思不得其解，那么你务必要前去虚心请教。这时的请教不仅可以让你知晓从前不知道的知识和道理，还可以让你开启另一种新的思路。许多成大事者的成功，都是凭借“请教”问出来的。多问、勤问、善问、乐问，你才能从师长那里学到更多的东西。

2. 尊重对方，严谨有致

与师长发展友情，首先要准确把握双方关系，给其以相应位置，充分表现出你对他的尊重。这是对双方关系的确认和定位，也是对对方的一种渴望受尊重愿望的满足，必须严谨有致，不可苟且。

3. 切忌奉承，不卑不亢

尊重是有原则、见真情的。如果不顾原则，另有目的，人格沦丧，不知廉耻，对师长阿谀奉承，虚情假意，夸大其词，别有用心，只能让他们反感、嫌恶、痛恨。本来可以建立友情，但因双方失去真情而无法发展下去。

4. 态度自然，不必拘谨

师长无论地位，还是阅历、学识，都高我们一等。与他们交往，常令我们肃然起敬，有时我们还有一种威压感而噤若寒蝉。我们作为平常人，尤其是未见过世面的青年人，在这种情势下往往显得动作走形、言语嗫嚅，特别别扭、生硬。其实尊贵者也是我们平等的交际对象，也是一种自然的交往关系，我们一方面要尊重于彼，另一方面也立足于自己，守住方寸，保持本色，自然而正常的交往，不必拘谨。这反倒能显示自己的交际魅力，会赢得对方的认可和尊重，师长会乐意与我们发展友情。

很多有才华求上进的青年人，他们很想与一些德高望重的前辈交往，可最终结果都是以失败告终。究其原因，主要是他们太拘谨了，一副窝窝囊囊、猥猥琐琐的样子，当然让前辈大失所望，怎会与他们发展友情呢？

5. 别碰师者的“逆鳞”

“逆鳞”的说法源自《韩非子·说难》中对龙的描述：龙是虫（动物）类的一种。它的性情非常柔顺，人们可以和它亲近，甚至可以把它作为自己的坐骑。然而，它的喉下有一块长约尺许的逆鳞，如果有人触摸了此处，那么它必然会发怒，伤人致死。

与师长交往时注意避讳，这不是冷淡、隔膜，而是体贴关心、善解人意的表现。不拘小节，不知避讳，只图自己痛快，不管师长的难堪和反感，是不足取的。俗话说“病从口入，祸从口出”，为了保持和维护与贵人之间的关系，请你千万注意，在说话时不要只顾自己一时尽兴而触犯贵人的“逆鳞”。只有这样，才能令对方身心舒适，又能让自己与师长的交往顺利进行。

如何与客户交朋友

据美国斯坦福研究中心统计：有 50% 以上的销售之所以完成是由于交情关系。如果你能注重与客户的缘分，双方从业务关系上升到朋友关系，那么彼此就能像朋友一样相互照应，完成销售也会事半功倍。让他们感觉到与你合作，是值得信任的，虽不是最好，却会做得更好。相反，如果你没有与客户交成朋友，就等于把 50% 的市场拱手让人。

而事实上，很多人在做生意的时候，不仅不能够让客户持久地接受自己的产品和服务，更不能够让客户为自己的生意摇旗呐喊。他们不知道如何培养客户对自己的产品和服务的忠诚度，不知道如何和客户做感情投资，不知道如何和客户谈生意，不知道如何让客户为自己推销，也不知道如何避免客户和自己产生冲突甚至被客户所坑害。一句话，他们不知道如何与客户交朋友。

我们每天都在和不同的客户打交道，面对不同性格的客户，我们就要用不同的方式去接待、应付他们。如果我们想赢得这个客户，那就要用他们喜欢的方式去做，尽可能多的了解客户的喜好、习惯，从中找到突破口，然后与他们交朋友。

那么，如何让客户成为自己朋友的呢？

1. 在客户身上投资更多的耐心，花更多的时间与顾客呆在一起

在和客户相处的时候，不要急着赶时间。要向客户表明，你愿意花足够多的时间去帮助他做出正确的购买决定，自己绝对不会对客户没耐心。

2. 真诚地关怀客户

你越关怀客户，客户就越有兴趣和你做生意。关怀的感情因素是那么强烈，往往使得价格、相对品质、交货效率、公司在市场上的规模，都敌不过它的威力。一旦客户认定你是真正关怀他和他的处境，不管销售的细节或竞争者怎么样，他都会向你购买。

3. 尊敬所遇到的每一个客户

常言道，一个人有所为有所不为，都是为了博得你所重视的人对你的尊敬。一个人的骄傲、尊严、自我肯定，大部分都来自于受到别人的尊敬程度。你越在意别人的意见，别人对你的尊敬程度就越会影响你的行为。

每当我们感受到别人的尊重，我们就会对那个人特别重视。假如有人尊敬我们，我们就会认为那个人比较优秀，比较有判断力，比较有内涵，而且个性也比较好。

4. 绝不批评、抱怨或指责客户

绝对不要站在你的立场上批评任何人或任何事，不要恶言相向或批评你的竞争者。每当你听到别人提起竞争者的名字时，只要微笑地说："那是一个很不错的公司。"然后就继续做你的产品介绍。假如有人告诉博西·凯文，他的竞争者是如何地批评他，他只会一笑置之。

5. 毫无条件地接受

希望能够被他人毫无条件地接受，是所有人最重要的需求之一。你只需要用微笑，并且表现温和友善，就可以表达你接受他人的态度。一般人都喜欢和那些能够接受他们本性的人在一起，而不想受到任何评判和批评。你越能够接受别人，他们就越愿意接纳你。

6. 赞同客户

每当你称赞并同意他人所做的任何事，他就会感到快乐，而且会变得更有精神。他的心跳会加快，会觉得自己很棒。当你在每个场合都竭力找机会对他人表示赞扬及同意的时候，你就会成为到处受人欢迎的人物。

7. 感谢每一个帮助过你的客户

不管你感谢任何人所做的任何事，都会让彼此的自我肯定上升。你会让他觉得自己更有价值也更重要。

你一定要养成随时感谢他人所作所为的习惯，尤其要向那些会让你期望的好事接连不断发生的人，表达感谢之意。

8. 羡慕客户

每当你羡慕一个人的成就、特质、财产时，就会提高他的自我肯定，让他更得意。只要你的羡慕、赞同、感谢都是发自内心，别人就会因此而得到正面的肯定的影响。他们对你产生好感的程度，会相当于你让他们对自己及生活的满意度。

9. 绝不与客户争辩

你只要别跟客户争辩就好了。不管客户说什么，你只要点头、微笑，并且欣然同意。客户喜欢和与自己英雄所见略同的人打交道，他们不喜欢和爱抬杠的人相处。甚至当客户明显犯错时，他还是讨厌你把他的问题揪出来。把眼光放在建立关系上面，从建立关系的利益来考量。

10. 集中注意力，倾听客户在说什么

当客户在说话时，你把注意力集中在他的身上，就是对他最大的恭维。你让他觉得自己很有价值，而且很重要。

11. 倾听客户朋友的意见和建议

客户与你的企业间是一种平等的交易关系，在双方获利的同时，你还应尊重客户，认真对待客户提出的各种意见及抱怨，并真正重视起来，才能得到有效改进。在客户抱怨时，认真坐下来倾听，扮好听众的角色，有必要的话，可以拿出笔记本将其要求记录下来，要让客户觉得自己的意见得到了重视。当然仅仅是倾听还不够，还应及时调查客户的反映是否属实，迅速将解决方法及结果反馈给客户，并提请其监督。

12. 关注客户的利益

你与客户交朋友，就得关注他们的利益。有很多的问题都会影响客户的利益，如窜货问题导致客户无利可图，你应迅速解决。定期派出业务人员到市场上进行巡查，一旦发现窜货迹象，要及时向企业反映，以争取充足的时间来采取措施避免窜货的发生，从而降低经营风险。因为，在很多情况下，狷獗的窜货往往致使客户无利可图，最后客户才无奈放弃产品经营离你而去。

13. 与客户建立关联

通过为客户建立档案，利用客户关系管理系统，不仅能有效地控制因人员流动导致客户流失的情况，而且能利用该系统搜集、追踪和分析每一个客户的信息，从而知道他们是谁，他们需要什么，并把客户想要的送到他们手中，从而最大限度地满足客户需要。

如何与老板交朋友

生意场上，如果能得到事业有成的老板的帮助，一定会飞得快、跑得远。因此，结交几位老板为友，为你"呼风唤雨"是非常重要的。作为生意上的"小字辈"如何与他们结缘，并如何让他们喜欢你呢？

首先，必须掌握老板的社会关系。

老板同样也是人，他们有各种社会关系，有各种各样的业务，也有各种各样的喜好、性格特征。特别是现代媒体，经常关注一些老板的情况，你从中定会了解一二。你可以从他的历史认识他的过去、他的经历、他的祖辈、父辈，也可以从他的亲属、他的朋友、他的子女等那儿认识、了解他。

从业务上了解老板也是一条好途径。他经营的业务范围主要的是哪些，次要的是哪些，他的分公司、子公司分布在什么地方，这些公司的经营者是谁，他多长时间会查看分公司、子公司，等等。

从兴趣爱好上了解老板。他喜欢什么运动、什么物品、什么性格的人，他喜欢或经常参加什么聚会，他休闲娱乐的方式有哪些，常到什么地方去，等等。

其次，制造初次见面的氛围。

当你发现或者创造了与老板见面的机会后，最重要的便是如何制造一种特殊的会面氛围。因为，在众多人物中，你本身就是芸芸众生中的一员，说不定连话都跟老板说不上。

在共同出席的会议或聚会上，选择位置时，一定要选择一个与老板尽可能近的位置，以便他能注意到你，并且一有机会便可搭上话。同时，要以穿着表现自己的个性。因为与人第一次交往，别人往往是从服饰上得来第一印象。着装要表现个性、特色，给人舒服的感觉。

要针对老板关注的事予以刺激，要尽快发现对方关心注意何事，找到适当的话题，抓住对方的注意力，刺激对方对自己的兴趣。话语要力求简捷、有独创性，使对方产生震撼，留下较为深刻的第一印象。

最后，保持联络，增进情感。

与老板有过几次接触，并感觉到他对你态度不错，那么别出心裁送赠礼品是联系老板情感的重要方式。这要针对老板的具体情况，不能千篇一律，也不能委托他人。不一定昂贵就是好礼品，要赠送就要送他特别喜爱的东西。同时在赠送方式上也要别出心裁，从包装样式、赠送仪式都要显得别具一格。

写信是交流思想、联系感情的好方式。随着电讯事业的发展，电脑技术的开发，很多人的联系方式都是通过电话、电子邮件等形式联系，很少再看见以书信方式交流了。你用书信方式向老板请教问题，交流思想，他会感到很亲切，当然，书信的字不能太潦草。否则会让对方觉得不真诚。

总之，为了自己的事业，你要在与老板交朋友上苦下功夫。成功结交一位老板，很可能会给你带来一笔大生意，甚至有可能会缩短你的奋斗历程。

如何与同事交朋友

武侠小说作家古龙说：世界上最好的东西是一块银子。对大部分现代人来说，世界上最好的东西是一个好同事，比一个好同事更好的东西是一群好同事。

同事有时就像一枝撑杆，让你跃过不可能的高度；有时就像3D加速卡，让你事业的画面更加生动流畅。毫不夸张地说，与同事成为好朋友，有的时候要比娶个好太太或嫁个好老公更重要。很多成就事业的伟人婚姻并不美满，但他们无一例外都有好同事。刘备可以没有孙夫人，但如果没有诸葛亮，想三分天下有其一无异于白日做梦。

当天才遇到天才，互相切磋砥砺，将放射更耀眼的光芒。即使是庸才遇到庸才，只要互相取长补短，同样能成就伟业。良好的同事关系是生意不可缺少的根据地。经营不好根据地，向外发展纯粹是奢谈。得人心者得天下，得同事者得生意。

和同事交朋友的风险和好处如硬币的两面一样并存。你必须应对得法，才能游刃有余。

方法一：不同级别分别应对。

（1）新人入行，需要找对师傅。与人品好、威信高、心地善良的同事交朋友对日后的发展有很大帮助，可以通过工作接触仔细比较，并积极主动请教。

（2）同级之间，一旦发生利益冲突，不要急功近利，要多想想如果得到机会自己会有什么发展，多从长远的角度权衡利弊，尽量走公平竞争路线。忌讳拉帮结派，有一两个关系甚密的同事，遇到问题一起商讨足够了。

（3）面对上级分配的工作，首先要负责、认真，充分理解领导意图后，再去执行。千万不要依靠主观来决断，同时和老板保持恰当的距离，尽量不要在同事眼里产生巴结之嫌，影响与同事的朋友关系。

（4）对待下级，要给予一定的生活关怀，交代工作的时候要耐心细致，帮忙做些分析，让他们把你当作自己的朋友。

方法二：把握尺度公私分明。

（1）不要太介入同事的私生活。

（2）不要恶意传播绯闻，随时随地发表不公正言论，或者受到别人影响，轻信别人的挑拨等。

（3）任何侵犯公司利益、违反公司规章制度或者是法律不容许的事情，即便是碍于友情，也不要轻易陷入其中，一定要公事公办，工作第一，友谊第二。在公私分明的条件下，学会好好相处。

（4）平日里，与同事交朋友，要懂得参透对方心理，在谈话过程中，要给对方留有余地，做个含蓄的人，不要乱拿别人的过失开玩笑，也不要随便谈些不切实际的话题。这样，你们的友谊之树才能长青。

如何与律师交朋友

随着当今社会法律体制的健全和法律意识的推广，人们与律师打的交道越来越多。如果能有一个律师朋友，对于做生意来说，无疑是方便了许多。

与律师交朋友，就要考虑律师的职业特点：律师这个行当是无根无助的行当，一来要通过自我发展养活自己，二来还得背负着救世的名头。

在我国各行各业里，唯独这个律师行当有着太多的不同，没有任何保障，没有任何特权，至今的名分也很难从法律上确定下来，说是法律工作者，但用法律的语言救民救世却得不到认同；说是自由职业者但处处被限制。就法律来说，律师法的内容完全是管理律师的法而很少在权利上进行规定。许许多多的特殊性决定了律师必须要通过业务收入才能养身立命，要挣钱养命就得炼就挣钱的本领。

生意人同律师打交道，很多就是律师处理业务的过程。生意人和律师在着眼点和思维方式上有着很大的不同，生意人更多地从事情的"阳面"着眼，主要考虑的是利益、差价、有多少个点；而律师则更多地从事情的"阴面"着眼，主要考虑的是"利益、差价、有多少个点"背后可能背负的风险和责任。

由此可见，如果将生意人的着眼点和思维方式与律师的着眼点和思维方式充分地结合起来，将会更加完美地实现生意人的利益。因此，相互需要使得律师和生意人应当成为好朋友、好伙伴。

由于生意人是律师的业务对象，所以，同律师交朋友对你来说相对容易得多。

平时，你可以主动向律师朋友咨询与生意有关的法律来加深双方的交流。特别是有新的法律出台或重大法律的修改，让律师朋友分析会对自己的生意产生什么样的影响。

当发生经济纠纷时，可以让律师朋友及时提供相关法律服务，为自己赢得最大的利益。

如何与学者交朋友

在现代社会中，学者是知识和智慧的结合体。如果能和学者交上朋友，你就可以借用他们的知识和智慧拨正发展的方向，使自己的事业更上一层楼。

学者由于在知识文化上的素养十分高，所以想和他们交朋友是很难的。要想打动他们的心，并与之结交，你不妨从以下几个方面入手：

1. 诚心求教

人都有好为人师的本性。能够指点他人，以显示自己的高明对于每个人来说都是引以为豪的事。但有的学者对生意人有一定程度的误解，甚至有的学者自命清高，对“沾满铜臭”“不学无术”的生意人比较厌恶。你要是想借请教问题来拉近与学者的距离，就得在你所请教的问题上多多了解，最好能与学者在这个问题上能够进行探讨。如果你的见识能打动对方，那彼此交朋友就容易得多。

2. 多多赞颂

人对于自己所取得的成就都是很在意的。很多学者经过长期研究取得了成果，虽然得到了荣誉，但由于专业性太强却很少人能了解，因而在自己学术界之外名气不大。生意人如果在与对方的交往时主动提及对方的成就，对方自然会十分高兴地与你结交。

3. 共同爱好

学者也是人，虽然他们的知识和见解远超一般常人，但他们也有一般人的爱好。有的学者喜欢钓鱼，有的学者喜欢保龄球，有的学者喜欢书画。如果你能知道学者的业余爱好。在这个方面入手与其交朋友，那将更加容易。

4. 经人介绍

在现代社会，喜欢交际的学者也不在少数。你可以通过朋友的介绍来与学者结交，进而通过对方认识更多的学者。

在与学者结交的过程中，你要注意自身的修养，不要给对方粗劣的印象，以便使对方更容易接受你。

如何与名人交朋友

在心理学上有一种“趋势”心理，就是结交、崇拜、依附名人。这种心理绝大多数人都会有，只是不同人程度不同而已。只有与站在顶端地位的名人交往，他们的优点、做法才能引导自己向上。名人中固然有名不符实者，但毕竟大多数人确有本事和才能，倘若能吸取他们经验和观点中的精华，对你的生意必将大有裨益。

不过，想与名人有缘很难，名人不是那么容易就能结识的，特别是那些处于“金字塔顶端”的名人。这里介绍一些可以和名人交上朋友的方法：

如果你想与名人交朋友，首先要与名人“搭线”。

1. 提前了解名人的有关材料

这方面的材料要尽力广泛搜集，多多益善，力求全面详细。比如他的出生地、过去的生活经历、现在的地位状况、家庭成员、个人兴趣爱好、性格特点、处世风格、最主要的成就、最有影响力的作品（歌曲、著作……）、将来的发展潜力、他的影响力所及的范围。总之，凡是与他有关的材料，只要能搜集到的就尽力去搜集。当然，也许你搜集到的有些材料是关于他隐私的，那么就要特别慎重，切忌不能轻易传播出去，更不能作为日后“要挟”他的把柄，只能作为你全面地了解他的参考资料而已。

2. 托人引荐

这是比较常用的办法，一般托那些与社会名人交往密切的人作为中间人引荐，往往会起到事半功倍的效果。因为名人对与他交往密切者所引荐来的人，自会刮目相看，郑重地对待你。

找中间人需要注意的是：你要让中间人尽可能地了解你，并获得中间人的充分信任和欣赏，这样他才会有积极性去引荐。中间人对一个不太了解的人，或不太赏识的人，是不会轻易出面引荐的。贸然引荐，令名人不高兴，也会降低了他自己在名人心目中的“印象分”。

3. 自己主动结识

这也是较多结交名人心切的男女通常采用的办法，即“冒昧”地给名人写信、打电话，主动提出结识要求，这种方式也不乏成功的案例。

需要提醒一点的是：当你“冒昧”地给名人写信，而且又希望名流能回赐佳音，那么千万别忘记随信附上写好地址、姓名并贴足邮票的信封。

4. 容易结识名人的场所

对于影视明星、歌星、球星、巨富等名人来说，他们经常会出入一流的地方。这些一流的地方就是结交名人的理想场所，只要努力寻找，到处都有。比如高尔夫球场、高级宾馆的健身娱乐场所（游泳池、保龄球馆、咖啡厅）、一流的影剧院和音乐厅、高级商场等，甚至高级理发店、酒吧都有可能是名流人物出入的地方。

出入一流的地方，不知不觉就会培养出一流的习惯和气质，这就是所谓近朱者赤。常去一流的地方，可了解一流场所的规矩，也可体会到一流人物的生活方式。即使未结识上名流，能学到一些东西也是值得的。

5. 不要刻意寻访名流

一些名流不是你想结识就能结识上的，有时再费心机也是徒劳的。因此，不要刻意去寻访名流，本着自然的态度，随缘而定。有缘分的话，你也许会在意想不到的地方与之相识；没有缘分的话，就是近在咫尺也无缘相会。比如你想当场得到作家、歌星、球星、影视明星的亲笔签名并不难，但因此而与之相识恐怕就不那么容易了。

与名人结识，只是交朋友的开始。要想对方愿意同你交朋友，还要进一步争取。

6. 要有信心和诚意

名人的知名度和影响力取决于崇拜者的多少。一般来说，名人于自己的崇拜者是很客气、很欢迎、很感激的。如果想结交你所崇拜的名人，就要有“精诚所至，金石为开”的信心。比如，可以写信请教，因为写信很简便，名人又能收到。当然，你的信要有独特的地方，提的问题新鲜，甚至能启发他思考问题，能引起名人的兴趣，那肯定会得到满意的回答。托人介绍去结识名人，或者到有名人参加的交际场合去接近他们、结识他们，也是与名人主动交往的一种形式，更要表现出自己慕名而访的诚意。俗话说：“心诚则灵”，只要心有诚意，总有一天能得到名人的理解和青睐。

7. 不卑不亢，称赞不宜过分

跟名人打交道，不要拘谨也不要太直太露。举止言谈，要落落大方，不要给人以谄媚、讨好的感觉。每个人都会对名人怀有敬佩之情，如果很真实地表达你的钦佩之情，适当地奉承一下也未尝不可，但一定要让他感觉你的称赞是发自内心，发自肺腑的。因为他们听惯了吹捧话，甚至有些麻木，你再多而又俗套的吹捧也难以打动他的心和引起他的兴趣，要想衷心地赞美的话，不妨找些别人尚未想到的话题。

8. 以平常心对待名人

名人也是普通人，也有七情六欲，也有喜怒哀乐，也会有很多缺点，切不要把他们“神化”，风光的外表之下也许有不为人知的地方。你既要想到他同样可能有令人失望的地方，也要理解名人的苦衷，不要因为你写信、求见，受了名人的冷遇就横加指责、大肆嘲弄。要知道，一个名人的交际机会太多，崇拜者也很多，因此有可能顾不过来，可能造成某种失误、失言。如果你能体谅、支持他们，真心诚意地批评帮助他们，名人也会感激不尽的，甚至会因此跟你结为知己、至交。

9. 慎重选择话题

交谈前，一定要对你所崇拜的名人所从事的职业、专长有一定的了解。如果第一次给人留下了好印象，就为今后打交道打下良好的基础。交谈中，你的真本领会使名人刮目相看，甚至引为知己。初次交谈时间不要过长。切忌班门弄斧，不懂装懂，说些外行话。谈他的成就时，一定要多谈一些他最为得意的成绩，而不要“抓不到重点”。最好选择一些能显示出你对他关心的问题，如最近去了哪些地方、身体状况如何等。这些话体现了你一直在关心名人，处处为名人着想。

要保持谈话轻松，不要谈起那些令人沮丧的而且纯属你个人的事。不要告诉他你在生活中遇到的各种不痛快、你的疾病以及你所遭受的多种不公正，因为这些与名人无关的话题太沉重，太令人沮丧，又只属于你的私事。

10. 不要忽略“背运”的名人

名人之所以成为名人，一定有他一些特殊的才识、天赋，即使此时正走“背运”，你一定不要忽略，相反这正是结识他的绝佳机会。他走下坡路时，很多崇拜者会弃他而去，正当他深感世态炎凉、人情淡漠，你此时去结识他，多说一些相信他、鼓励他的话，会令他十分感动，所谓患难见真情，他一定会视你为知己，日后东山再起，你就是他的座上宾。

在与“背运”的名人结识时，当你们相互还不十分熟悉时，千万不要谈及他的近况，而是把话题集中在他过去显赫的成绩上。既能把他带到过去的辉煌时光从而受到鼓舞，又避免揭伤疤。当你们已十分熟悉后，再聊他现在的日子也不迟。

结交名人既是事业所需也是人之常情。所以，你无须畏缩，只需要拿出勇气和智慧来与名人交朋友，不断地从内在和外在两方面一起提升自己，缩短与名人的距离，与名人成为朋友，从而为生意“搭桥铺路”。

如何与异性交朋友

结交异性朋友是当今社会开放的一种新型的交际现象。过去那种男女授受不亲的时代早已过去，男女彼此平等交往共谋大业，展现了开放时代的开放精神。

异性之间有两种缘：爱情和友谊。男女双方对于爱情与友谊的看法，往往有些出入，两者的概念如果混淆不清，很容易使人走入误区，产生龃龉。尤其是比较小心眼的妻子，往往疑心生暗鬼，于是来个电话查勤、突击检查，甚至秘密跟踪，演出侦探小说般的话剧来。男人也有特别多心的，对在外做事的漂亮太太很不放心，整天猜想一大堆，疑心重重。其实，只要有信心，互相信赖，对于友谊和爱情之间的界限有明确的认识，也就不至于庸人自扰，自寻烦恼了。

友谊与爱情是不同的。现实生活中，对于存在爱情或友谊的双方，我们常常这样界定：正在恋爱的双方互称“男朋友”“女朋友”，而友谊交往的双方被称为“男性朋友”“女性朋友”。

应该承认，男女之间除了爱情和亲情的关系，还可以有一种真诚的友谊存在。结交异性朋友，将使自己受益匪浅。男女之间由于性别差异，因而有着迥异的性格差异。性格的互补，往往成为友爱帮助的互补，成为事业和生意相助的互补。这种帮助有时是同性朋友之间不可比拟的。

周涛是一位生意人，独身。此人性格豪爽，为人正派，学识渊博，谈吐幽默，因而有许多朋友——包括许多女性朋友。

前不久，他住院做手术。术后，朋友去看他，闲聊时，他谈起了异性朋友对他的帮助感受。他说，我得这场大病，多亏了朋友照顾。不然，无父无母无妻无子，可怎么办呀？有趣的是，从住院这件事中，我发现，贤妻良母其实是一种“专业”。

他说，比如做手术吧，医生问谁能签字？那天单位领导没来，我身边只是一群朋友。朋友就为难了：这要是手术失败了可怎么办？谁能负得起这个责任？我要自己签名，医生又说不行。这时我的男性朋友全部手足无措了——虽然他们平时可够聪明的。女性朋友呢，却站出来一位，她是我朋友的妻子，也是我的女性朋友之一。她跟医生说：“我来签字吧。我是他的女朋友。”你瞧，贤妻良母就是不一般，她们就知道应该怎么办，也敢于怎么办。

手术后，这种差异更是显露出来了。仿佛有了默契，每当我需要进食进水，女性朋友便主动上来关照；而男性朋友则跑前跑后，甚至抬我上厕所。这种社会角色的自动选择和承担，显然是出于一种习惯，而且人们觉得这很合理很正常。

周涛言谈之中，充满着对女性朋友帮助的感激和自豪。

有一次，朋友们在酒吧聚会，当然都是清一色的男人。大家一边品着咖啡，一边低声议论着时事、物价和奇闻趣事。可是这种和平舒缓的气氛没能持续多久，席间就有两个朋友因为对某个问题的看法不同而吵了起来，而且越吵越凶，朋友们劝说也不顶用，他们几乎要动起手来了。就在这千钧一发之际，他们的一位女性朋友来了。一见这阵势，就明白发生了什么事了，于是她和颜悦色地说："都怎么了？有话好说，坐下来慢慢谈嘛！"两位朋友一听，感到不好意思，便又坐下来，重新变成绅士，与刚才脸红脖子粗的争吵判若两人。

对于未婚青年男女，友谊可以发展为爱情。婚前多结交几个异性朋友，可以比较选择，原是合情合理的事。年轻时，在感情的汪洋中漂流探险，寻找理想的对象，留下一些浪漫的回忆，也是人生旅途的韵事。一旦结了婚，就得收住感情的帆，准备驶入爱的避风港，过风平浪静的生活。婚前的友谊是自由自在的、无拘无束的，婚后的爱情是独占的、专一的。

为保证友谊的神圣纯洁，保证家庭婚姻的和谐而不致产生误解，已婚男女与异性交往，应掌握好下列"钥匙"：

1. 不宜隐瞒，应该坦诚相待

已婚男女与异性交往，最好让对方知道。如果你的异性朋友不认识你的丈夫或妻子，你应介绍他们相识。若有单独的交往，也要告诉你的爱人，避免引起误会，影响夫妻感情。切忌背着自己的爱人，与其不相识的异性交往。

2. 应该热情大方

已婚男女和异性交往，和未婚男女的最大区别，在于这种交往是纯正的友谊而不包括丝毫择偶因素。所以这时的交往，应一扫少男少女的腼腆羞涩而落落大方。特别是在家中待客，对所有客人要一视同仁。

3. 不宜有非分之想，要洁身自好

年轻男女，才华出众、性格开朗、多才多艺、温柔美貌，这些都会引起异性的爱慕。即使是已婚男女，也会因此而引来异性的倾心。对此切忌两点：一戒虚荣轻佻，玩弄他人感情。视自己能以已婚身份而引起异性的思恋而得意非凡，并以此来抬高自己；或是向丈夫或妻子吹嘘，引起对方的猜疑、不快，甚至导致家庭破裂的悲剧；或是借此玩弄他人，引火烧身，最后弄得尴尬万分，以致造成严重后果。二戒见异思迁，把握不住自己的感情，禁不起新感情的诱惑，轻率地背叛自己的爱情。

至于怎样对待爱慕自己的异性，最简单的办法就是提醒他（她），你是有夫之妇或有妇之夫。此时，表明自己的态度要重于尊重他（她）的感情。因为这不只是你们两个人的事了，还牵涉到道德、法律、义务等各个方面，切不可掉以轻心。应晓之以理，因势利导，将其恋情转化为友谊。但这对双方的理智和毅力都要求很高，自信心不足的人，为了避免今后的纠葛，最好的办法是尽快地疏远、回避。

只要有信心，互相信赖，对于友谊和爱情之间的界限有明确的认识，也就不至于庸人自扰，自寻烦恼了。

结交异性朋友要有正常的理由和环境气氛。共同的兴趣和事业追求，是你同异性交往的自然理由，交谊活动是异性交往的理想场所。结交异性朋友时，一定要掌握分寸，异性交往毕竟不同于同性交往，要尊重对方的生理心理特点，切忌语言粗陋，任何失态的行为就会断送异性间的正常交往。

异性朋友的情谊往往非常珍贵，也非常真诚，只要你心地纯洁，胸怀坦荡，就会体验到异性友谊之花的芬芳。

如何与年轻人交朋友

现代社会日新月异，你只有跟上时代的步伐，才能在竞争中立于不败之地。年轻人是社会中最前卫、最容易接受新事物的群体，与年轻人交朋友，可以让你从中获取许多新的观念和新的知识，有时，对你的事业来说获益匪浅。

常言说："朋友不怕多。"不仅要有老朋友，还需要新朋友，尤其要与年轻人交朋友。年轻人朝气足，思想新，进取心强，敢想敢干。跟他们交朋友，能开阔视野，多长见识，转变观念，拓展思维，发展爱好，增添乐趣，焕发青春活力。

江山代有人才出，各领风骚数百年。一代新人胜旧人，年轻不仅仅是一种年龄的标志，更是一种青春阳光的心态。年轻代表着创新与希望，朝气蓬勃的活力和锐意进取的拼搏精神，代表着崭新的时代风貌。

谁走进了年轻人的精神与内心世界，就等于打开了年轻人丰富多彩的心扉，进而掌握了未来创新创业发展的主动权和良好机遇。年轻人中也不乏各界精英，你主动与年轻人中的精英交往，可能获得更大的收益。与年轻人交朋友，不仅可以焕发自己的活力，改变自己的精神状态，还可以学习他们的特长，增长自己的才干，更可以获取资源，为生意带来不可多得的良机。

但要想同年轻人交上朋友并不容易。一般来说，年轻人爱与同龄人打交道，觉得与其他年龄段的人没有多少共同语言。因此，与他们同龄的人还好说，要是年长的人与年轻人交朋友就得用点心思。

其实，与年轻人交朋友并不难。其中的关键是要了解他们，不能老是拿自己的想法去衡量对方。只要有共同的语言，即便是上了年纪的人也能同年轻人结成忘年交。

很多年轻人都有自己的个性，他们讨厌别人以教导的口气对自己说话。你与年轻人交往时，即便年长，即便事业有成也大可不必端架子，最好主动与他们打招呼。你如能谦虚地向年轻人学习请教，那么年轻人肯定会对你产生好感，比如说请他们教教你电脑的使用或操作等等。

当然，你和年轻人交朋友并不是没机会。比如说，参加由很多年轻人构成的旅行团，加入年轻人组建的俱乐部等。不要怕彼此观念上有差异，也不要怕年轻人不接受你。只要你主动，就会发现年轻人还是容易结交的。

如何与老年人交朋友

在你的朋友圈子中，老年人是必不可少的。老年人有其丰富的人生阅历，从某种意义上说是一种财富。如果能同老年人交上朋友，借用其经验对自己进行一定程度上的指导，对你的生意是有很大帮助的。

然而，这对于上了年纪的人还好说。对于年轻人，由于与老年人在思想、感情、思维方法和心理品质上的较大差异，双方的交往常被相互之间的心理障碍——“代沟”所阻隔。

年轻人要想和老年人交朋友，这种“沟”是必须要填平的。任何社会阶段都要靠各个年龄层次的人的相互作用来发展，这种作用既有选择性的继承，也有创造性的更替、继承与创新。老年与青年的矛盾，正是推动社会文明进步的动力。要解决好这些矛盾，要靠两代人的努力合作，而代际交际是沟通双方需要，实现能量互补的有效途径。

要同老年人交朋友，年轻人必须客观地、辩证地认识老年人与青年人各自的长短优劣之处，看到双方的不同的“互补”功能。

培根就曾这样论述过：“青年的性格如同一匹不羁的野马，藐视既往，目空一切，好走极端，勇于改革而不去估量实际的条件和可能性，结果常常因浮躁而改革不成；而老年人的考虑多于行动，议论多于果断。为了事后不后悔，宁愿事前不冒险。最好的办法是把两者的特点结合起来。”

你可以从老年人身上学到自己真正需要的那种坚定的志向、丰富的经验、深远的谋略和深沉的感情。而且，老年人有着丰厚的人际关系资源，可以为你提供广泛的人际关系“门路”。

要想成功的与老年人交朋友，就要知晓老年人的心理特征。一般有以下三个方面：

1. 失落感

发生在离退休早期阶段，老人从繁忙的工作岗位上退下来，回到家里，无所适从，常常要回到单位去看看，了解情况。当接班人工作顺利，对他们的建议持保留态度时，他们就有人走茶凉的感受，内心产生烦恼、愤怒、甚至敌意。失落感强烈者，一般发生在担任领导工作的老人中，他们以前的生活中前呼后拥，门庭若市，一旦退休在家，闲得发闷，产生强烈的无奈、无能的心理，害怕别人再不重视自己了。

对此，你可以帮助老年人给自己晚年生活做出计划，让对方学习自己过去喜欢又长期忽略的特长以陶冶性情，为平凡的老年生活锦上添花。

2. 孤独感

由于缺乏沟通技巧，退休以后，不愿意与人交往，常常离群独居，甚至与子女保持距离，内心又非常害怕别人不接受自己，出现了一系列的负性情绪行为，如自怜、自闭；孤独感强烈的老年人，常常是性格比较内向，不善于表达思想，又乏于交流、人际交往有困难者。

对此，你可以帮助老年人积极参加社区活动，扩大交往范围，从交往中体会快乐和幸福。

3. 忧郁感

有的老年人由于退休前工作不尽如人意，退休条件较差，退休后出现自我评价低，对前途感到渺茫等一系列的情绪表现，如痛苦、悔疚、责备、自卑甚至轻生的负性情绪。这种忧郁情绪常发生在性格脆弱、敏感多疑、善于内省、缺乏自信的老人中，他们倾向主观判断，忽略客观环境条件影响，一旦碰到问题，应对策略贫乏。

对此，你可以帮助对方积极地行动起来，参与到各种活动中去，在完成任务的过程中体会成就感，以保持心理健康水平。

要想成功地与老年人交上朋友，想他们之所想是对方愿意同你打交道的前提。

与老年人进行沟通不同于其他年龄段的人。如何与老年人交谈十分关键：

态度：要和蔼可亲，平易近人，脸上常带微笑，让老年人能感受到你的亲切感；

位置：不要让老年人抬起头或远距离跟你说话，那样老年人会感觉你高高在上和难以亲近，应该近距离弯下腰去与老年人交谈，老年人才会觉得与你平等和觉得你重视他；

用心交流：你的眼睛要注视对方眼睛，你的视线不要游走不定，让老年人觉得你不关注他，同性间可以摸着对方的手交谈；

语言：说话的速度要相对慢些，语调要适中。有些老年人听力比较弱，则须大声点，但还要看对方表情和反应，去判断对方需要；

了解情况：要了解老年人的脾气、喜好，可以事先打听或在日后的相互接触中慢慢了解；

话题选择：要选择老年人喜爱的话题，如家乡、亲人、年轻时的事、电视节目等，避免提及老年人不喜欢的话题，也可以先多说一下自己，让老年人信任你后再展开别的话题；

真诚的赞赏：人都渴望自己被肯定，有的老年人性格就像小朋友一样，喜欢表扬、夸奖，所以，你要真诚、慷慨地多赞美他，他就高兴，那谈话的气氛就会活跃很多；

应变能力：万一有事谈得不如意或老年人情绪有变时，尽量不要劝说，先用手轻拍对方的手或肩膀做安慰，稳定情绪，然后尽快扯开话题；

有耐心：老年人一般都比较唠叨，一点点事可以说很久，你不要表现出任何的不耐烦，要耐心地去倾听老年人的话。

总之，和老年人交朋友，你就要充分照顾到对方处于这个年龄段的特点，在交往的过程中体现出自己的诚意，老年人自然容易接受你。

如何与小人物交朋友

结交朋友，不要忽视小人物。小人物的地位、权力很小，但同样是不可忽视的。也许在不经意的时候，小人物就发挥出了他的大作用。所以，要学会跟小人物交朋友。

《红楼梦》中，当贾府破败，人人自顾不暇，树倒猢狲散的时候，小人物刘姥姥表现了她善良正直、有情有义的一面，对这些昔日富贵、今天落魄的人给予接济。

平时花在小人物身上的精力、时间都是有长远效益和潜在价值的。对于小人物，一定要拿出你的真心来对待。因为在不远的将来，小人物就很可能成为你生命中的贵人。

战国时候，齐国的孟尝君喜欢招纳各种人做门客，号称宾客三千。他对宾客是来者不拒，有才能的让他们各尽其能，没有才能的也提供食宿。

有一次，孟尝君率领众宾客出使秦国。秦昭王将他留下，想让他当相国。孟尝君不敢得罪秦昭王，只好留下来做权宜之计。后来，有大臣劝秦王说："留下孟尝君做相国对秦国不利。他出身齐国王族，在齐国有封地，有家族，他怎么会真心为秦国办事呢？"秦昭王觉得有理，便改变了主意，把孟尝君和他的手下人软禁起来，只等找个借口杀掉。

形势危急，众人苦苦寻思脱身之计。后有属下建议，秦昭王有个最受宠爱的妃子，他对这个妃子是言听计从，可以请她帮忙。孟尝君于是派人去求她救助。妃子答应了，但提出了一个条件："如果能拿齐国那一件天下无双的狐白裘做报酬，我就帮你逃脱。"这可叫孟尝君作难了，因为刚到秦国，他便把这件狐白裘献给了秦昭王。在为难之际，有一个门客说："我能把狐白裘找来！"说完翻墙而出。

这个门客最善于钻狗洞偷东西。他事先探知，昭王因为特别喜爱那件狐裘，一时舍不得穿，放在宫中的贮藏室里。于是他便借着月光，躲避过士兵的巡查，将这件狐裘偷出来。妃子见到狐白裘高兴极了，想方设法说服秦昭王放弃了杀孟尝君的念头，并准备过两天为他饯行，送他回齐国。

迟则生变。孟尝君一刻不敢耽误，立即率领手下人连夜偷偷骑马向东快奔，到了函谷关的时候天还没亮。按秦国法规，函谷关每天鸡叫才开门。孟尝君正在焦急万分的时候，只听见几声"喔、喔、喔"的雄鸡啼鸣，接着，城关外的雄鸡都打鸣了。原来，孟尝君的另一个门客会学鸡叫，而鸡是只要听到第一声啼叫就立刻会跟着叫起来的。守关的士兵于是打开关门，放他们出去了。

天亮了，秦昭王得知孟尝君一行已经逃走，立刻派出人马追赶，追到函谷关，孟尝君一行人已经出关多时了。

孟尝君凭借鸡鸣狗盗之徒的力量最终得以逃脱秦国的魔爪，说明即使是小人物，只要在关键时刻能够发挥作用，奠定胜局，一样是值得肯定的。我们在发展自身人脉的时候，对于小人物同样不能忽略。

电视剧《亮剑》里曾经说过这样一句话："永远不要忽视小人物的作用，有时候历史就是由一些不知名的小人物改变的。"确实，只要给了小人物一个舞台，他们就可能爆发出无穷的力量。

如果我们一味想去结交大人物可能会费力不讨好，不如就发扬我们的恻隐之心，多去帮助一些小人物。"贫贱之交不能忘"，这样，在你遇到困难的时候，小人物发挥的作用往往比那些权势之人要大得多。

正确地看待小人物包括：

首先，用发展的眼光看待小人物。世界是不断变化的，没有一成不变的事情，小人物也不会甘于永远充当"小角色"，或许有一天也会变成大人物，多一个朋友总比多一个敌人强。或许，当你处在消息闭塞中时，会有一个你意想不到的朋友，给你送来一则起死回生的消息，帮你力挽狂澜；当你处在仕途低谷时，会有人扶你一把；或者在你的单位进行民主评议的时候，你这个群众关系好的人所得的票数比别人多。

其次，结交小人物，使之"为我所用"。当你取得一点点成绩的时候，不要荣誉独享，要学会把鲜花送给身边的所有人，包括你心目中的小人物。要知道，有一天，你心目中的小人物可能会在某个关键时刻成为影响你的前程和命运的大人物。

再者，平时的时候就应该把关系做好，多给予他人一些尊重和关心。千万不要等到需要的时候，再去临时抱佛脚。那时候，成功的概率简直微乎其微。如果再遇到一个比自己圆滑的竞争对手，那么根本就没有一点成功的希望。

第8章
择友而交，交朋友要有含金量

交错朋友，殃及生意

俗话说：“画虎画皮难画骨，知人知面难知心。”在现实生活中，有这样一种人：他们打着“朋友”的幌子，专门坑害那些把他们当朋友的人，让人防不胜防。这种人对于生意人来说是一种大害。对此，你要炼就一双“火眼金睛”，将这些人从朋友中区分开来，为自己的事业保驾护航。

一只虱子常年住在富人的床铺上，由于它吸血的动作缓慢轻柔，富人一直没有发现它。一天，跳蚤拜访虱子。虱子对跳蚤的性情、来访目的、能否对己不利，一概不闻不问，只是一味地表示欢迎。它还主动向跳蚤介绍说：“这个富人的血是香甜的，床铺是柔软的，今晚你可以饱餐一顿！”说得跳蚤口水直流，巴不得天快黑下来。

当富人进入梦乡时，早已迫不及待的跳蚤立即跳到他身上，狠狠地叮了一口。富人从梦中被咬醒，愤怒地令仆人搜查。伶俐的跳蚤蹦走了，慢慢腾腾的虱子成了不速之客的替罪羊。虱子到死也不知道引起这场灾祸的根源。

虱子因交错朋友而死，人同样也会因交错朋友而被其所累。因此，在选择朋友时，你要努力与那些乐观、富于进取心、品格高尚和有才能的人交往，这样才能保证你拥有一个良好的生存环境，获得好的精神食粮以及朋友的真诚帮助。这正是孔子所说的“无友不如己者”的意思。

相反，如果你择友不慎，恰恰结交了那些思想消极、品格低下、行为恶劣的人，你会陷入这种恶劣的环境难以自拔，甚至受到“恶友”的连累，成为无辜受难的“虱子”。

那种可能使你变得庸俗低下，使你思想品德“滑坡”，或以哥们儿义气拉拢、迷惑你，没有原则，不讲是非，拉帮结派，甚至会堕入犯罪的深渊，这种所谓的“朋友”是万万交不得的，要及时断绝来往，避免被拉下水，使自己的生意遭受顶之灾，没有回头的希望。

交朋友要慎重选择

有一个没有亲属孑然一身的人，住在远离城市的荒僻的森林里成为一名隐士。由于十分孤单，他和一只熊认识了，不久就成了好朋友，谁都觉得不能分离，所以整天呆在一起。

有一次，在一个明朗的夏天，他们定了一个小小的计划，要到森林里草地上去溜达，还要翻山越岭地去远足。可是，因为人的力气总比不上熊，隐士在正午的炎热下跑累了。熊回头看到它的朋友远远地落在后面，心里充满了关切。它停下脚步来喊道：“躺下来歇一歇吧，老朋友，如果你想睡，何不打个盹呢！我坐下来给你看守，以防有什么意外。”

隐士感到有睡觉的必要，就躺下来，深深地打了个呵欠，很快就睡熟了。熊忠实地守候在朋友身边。

一只苍蝇落在隐士的鼻子上，熊连忙来驱赶。苍蝇又飞到隐士的脸颊上。“滚开！”真荒唐！苍蝇又落到朋友的鼻子上去了，而且越发坚持要留在那儿。熊于是一声不响，捧起一块笨重的石头，屏住气蹲在那儿。

“别吭气儿，别吭气儿！”它心里想道，“你这淘气的畜生，我这回可要收拾你！”它等着苍蝇歇在隐士的额角上，就使劲儿把石头向隐士的脑袋砸过去，这一下砸得好准，把脑袋砸成两半，熊的朋友就永远长眠不醒了。

紧急的时候得到朋友帮助是宝贵的，然而并不是人人都会给予恰当的帮助。千万不要交过分愚蠢的朋友，因为殷勤过分的蠢材比任何敌人都要危险。也许他们是好人，但是他们很有可能将你的生活或事业弄得一团糟，使你不得不花费很多时间来理顺自己的人生轨迹。

先观察，后交友

无疑，朋友是我们做生意重要的资源和力量，但这并不是说有了朋友就能做好生意，有些人因为交友不慎而给自己的生意带来了危害，因为朋友的背信弃义、相互攻击、拆台而感叹人间的苍凉！

因此，在交朋友时你要谨慎，要对对方多了解。人是很复杂的，了解一个人并不是一件简单的事。但只要你注意观察，就可以通过一个人的喜好来了解他的素质、修养和品德。

物以类聚，人以群分。只有性情相近、脾气相投的人，才能走到一块儿成为朋友。如果对方的朋友都是一些不三不四、不伦不类的人，他的素质也不会太高；如果他结交的都是些没有道德修养的人，他自己的修养也不会太好。有的人交朋友以性格、脾气取人，能说到一块就是朋友；有的人则以追求取人，有相同的追求就能成为朋友；有的人则因为爱好相同而走到一起。但无论如何，只有二人修养相当、品质差不多时才能成为永久性的朋友。所以，了解一个人的朋友也就了解了这个人。

想了解一个人，还可以观察他是怎样对待别人的。

人在得意的时候，特别爱诉说他与别人在一起交往的情景，他说的时候是无意的，不会想到他与被说人有什么关系，所以，一般比较真实。

如果对方当着你的面说自己如何占了别人的便宜，如何欺骗了对方等等，那你以后就得对他注意一点儿，有可能他也会这么对待你。

还有一种人比较圆滑，好像很会处世似的，往往是当面一套，背后一套，当着你的面说你如何如何好，别人如何如何不好。聪明的人就得注意这种人了，因为他在背后说人坏，就有可能在你背后说你坏。

而有一种人可能当面批评你，指出你的缺点来，却又在你面前夸奖别人的优点，你也许不愿接受他这种直率，但这种人却是非常可信赖的人。

另外，看一个人如何对待妻子、儿女、父母，就可分析出这人是否有责任感，自私还是不自私。

你可以通过他是否按时回家，有急事时是否想着通知家人，说起家人时感觉是否很亲切等等，从这些细节可以看出他对家人的态度。一个不把家人放在心上的人是不会把朋友放在心上的。这种人往往心里只装着自己，只关心自己的得失安危，根本就不会想到朋友。所以交往时要注意尽量不要与那些没有责任感或家庭观念的人结交。

结交终生受益的良友

交友，就要交肝胆相照、对自己事业和生意有帮助的良友。

何为良友？何为恶友？在以下几个方面仔细审查一下你和朋友是如何相处的便知：

其一，吃吃喝喝。有一种说法："朋友，朋友，抽烟喝酒。"朋友凑在一起，就是吃吃喝喝。一喝起酒来，便一醉方休，一高兴起来，便划拳行令，甚至酗酒闹事，醉卧大街。固然，朋友交往少不了必要的宴请，如某人升学、参军等大家聚在一起，举杯话别，相互勉励。但是，动辄吃喝则是一种庸俗的习气。还是古人讲得好："君子之交淡若水""友如作画须求淡"。

其二，玩玩闹闹。朋友在一起玩玩闹闹，也是正常的，有害于友谊的是那种庸俗的玩乐。何谓庸俗的玩乐，可以从这样几个方面看：首先，为什么要玩乐。如果把友谊同玩乐划等号——朋友之间就是为了在一起玩乐，那就是庸俗的习气。如果把玩乐放在从属的地位，朋友在一起玩玩，是为了调节一下气氛，为了休息一下筋骨，交流一下信息，这是正常的、有益的；其次，用多少时间玩乐。如果对打扑克、下棋、跳舞等娱乐活动入了迷，一玩起来就什么也不顾了，甚至通宵达旦，影响了第二天的工作，那就不好了；第三，怎样玩乐。在工作之余，朋友们登山、游泳、欣赏音乐等这种玩乐可以开阔视野、陶冶情操、锻炼意志，这与学习、工作的关系，犹如土地的轮作一样，是必要的、有益的。若是沉湎于不健康的活动里，如赌博、斗殴、寻衅等，就是不正常的、有害的。社会主义精神文明建设的逐步完善，为我们开辟了业余生活的广阔天地，我们应让高尚的情趣占领我们的业余园地，从中汲取健康的养料和丰富的知识。

其三，闲聊扯皮。谢觉哉同志在《交朋友的道理》一文中指出：朋友相聚，不谈工作、不谈学习、不谈政治，只谈些个人间私利私愤的事，这叫作“群居终日，言不及义”。有的人正是这样，聚在一起专谈一些庸俗的生活小事：谈女人，说脏话；讲吃讲穿，比派头，比阔气；互相奉承，比赛吹牛；海阔天空，不着边际，玩笑庸俗，打哈取趣；拉三扯四，搬弄是非……正常的友谊，就要被庸俗的闲聊扯皮蚕食掉了，朋友变成了“帮闲”。

假如你已不慎交上了不良的朋友，应采取敬而远之的态度，要知道：把一只烂苹果留在筐里，会使一筐的苹果都腐烂掉。

一个人择友一定要在“良”字上下功夫。固然，“金无足赤，人无完人”，我们选择的朋友，尽管会有这样那样的不足，但必须主流是好的。他能与你坦诚相处，道义上能互相勉励，当你有了成绩能与你分享，有了过错能严肃规劝你。这种真诚待人的朋友可称之为“挚友”，这种能指出你过错的朋友又称为“诤友”，这种能使你对真、善、美的事物更加向往，使你变得更高尚，更富有智慧的朋友，就是你应当寻求的，并使你终生受益的“良友”。与这样的朋友建立起健康而真挚的友谊，会成为你前进的动力。

结交身心健全的好友

交朋友，要结交懂得自尊自爱的朋友。因为一个人如果不自尊，便无法尊敬别人。近朱者赤，近墨者黑，假使我们所结交的朋友都是懂得自尊自爱的人，相信大家都会互相尊重的。

有自尊心且身心健康的人，通常都有很强烈的个人主义意识，不喜欢轻易附和别人的意见。但其具有诚实的本性，不仅能忠实于自己，也能忠实于朋友。

而且，他们为了保护自己，常常会表现出很强的自尊心，但这种自尊并不是我们一般所谓的“傲慢”，而且也丝毫不含一点“轻视”别人的意味，只是事事自己做主，不容他人插足而已。并且，这种人是无法忍受他人欺侮的，一旦有人欺侮他，就一定会遭到激烈的反抗！

另外，他们的心态一直很稳定，能与人愉快相处，以整体的观点来说，这种人是属于和蔼、意志高昂的类型，因此，很容易成功。他们一般的生活情形如下：

很强的事业心，而且也有经济独立的能力；

过着安定、快乐的家庭生活；

能尽情地享受生活乐趣及休假的闲情；

一般健康情况良好，很少生病；

常受到人们的尊敬及喜爱；

很清楚自己的能力，而且能将自己的感情表达给别人知道；

能享受过去及现在的生活，对于事业和未来也充满希望。

有自尊心且身心健康的人不仅能尽忠职守，为事业付出不懈的努力，而且也能在人生的过程中，享受到真正的乐趣。如果我们本身就是一个有自尊心且身心很健康的人，一定能够很轻易地分辨出别人是否和你具有同样的性格。

与身心健全的人交往，不仅可以使自己得到别人的尊敬，而且也可以促进自己的身心健康，提高品德修养。

结交肝胆相照的挚友

获得朋友的支持，最基本的前提条件就是要交对朋友。什么样的朋友才算真正的朋友？交上对你忠诚的朋友才算交对朋友。忠诚的朋友给你带来的是稳定的信任，你在任何时候都可以向他发出求救的信号。

谁要是找到了忠诚朋友，谁就是找到了珍宝。友谊不能买卖，也不能用金钱来计算朋友的价值。中国古代有一个这样的故事：

白敏中与贺拔惎是好朋友，两人同到长安（今陕西西安）参加科举考试。这年的主考官是王起。王起知道白敏中出身望族，文才皆上品，甚为赏识，有意取他为状元。但又嫌他与贫寒的贺拔惎交往过密，有点犹豫，便私下派人去劝说，暗示他："只要你不再同贺拔惎来往，王主考就取你为状元。"白敏中听着，皱起眉头，没有答话。恰好这时贺拔惎来访，家人把他打发走了。白敏中得悉大发雷霆，立即把贺拔惎追了回来，如实地将情况告诉他，并说："状元有什么稀奇的，怎么也不能不要朋友呀！"说毕，命家人摆起酒宴，与贺拔惎开怀对酌。

说客看在眼里，气在心里，回去便一五一十地回禀王起，并从旁怂恿："这小子舍不得贺拔惎，咱也不给他状元。"谁知王起一反初衷，既取了白敏中，又取了贺拔惎。原来白敏中宁要朋友不要状元的精神，融化了王起那颗浸透了世俗偏见的心。白敏中那真诚待人恪守信义的品格赢得了人心，令世人敬仰。

忠诚是友谊的标志，对朋友的忠诚说明你对自己交友的确认，你对朋友的忠诚也会换回朋友对你的倾心报答。

亚逊斯有一次来到了阿尔卑斯山下，遇到了几位天神。天神说："亚逊斯，你有过朋友吗？"亚逊斯说："有，他爱我胜过爱你们。"这句话激怒了天神们，他们决心杀掉亚逊斯的这位朋友，便询问这位朋友是谁。亚逊斯看出了天神们的用意，就隐瞒不谈。天神们拿出了各自的宝贝引诱亚逊斯，许诺他将有一位美貌无比的妻子，成为一个威严无比的国王，等等。所有这一切都未能打动亚逊斯的心。但神通无比的天神们还是抓到了亚逊斯的朋友，他们没有立刻杀死他。对亚逊斯的话，他们并不十分相信，于是以同样的手段去引诱亚逊斯的朋友，只要他同意背叛亚逊斯，他将得到他所要的一切，美色、财富、权势。和亚逊斯一样，这位朋友也丝毫未动心。天神们既羡慕又惭愧，没有一位天神去杀他们，悄悄地将他们放下了山。亚逊斯说："我们彼此忠诚、信任，没有什么比我们的友谊更重要。"

对不良朋友敬而远之

古时候，有个叫黄东生的人。他平日里不务正业，交了个狐狸精做朋友。狐狸精借助自己的法术天天带他去吃喝玩乐。一次，他和狐狸精去酒楼任意取酒客的酒食，狐狸精对一个穿黄衣服的人避得远远的。黄东生问狐狸精：“为什么不去取黄衣人的酒食？”狐狸精顺口说：“这个人很正派，我不敢接近他。”这时，黄东生恍然大悟，他想：狐狸精和我交朋友，一定是我已经走上了邪道，今后必须得正派才是。他才一转念，狐狸精就跑掉了。从此，他果然走上了正路。

黄东生的教训生动地说明了远离不良朋友的重要性。俗话说：“近朱者赤，近墨者黑”，就是这个意思。人与人之间彼此相处，必然在思想、言论、行动和各个方面相互影响，这种力量是不能低估的。

在日常生活中，特别是在你为生意而奋斗之初，你可能需要寻求朋友，但是，你要注意，不要结交那些对你有害无益的人，不要被拖入浑水之中。

我们的环境和朋友，对我们的一生有莫大的影响，可以说，交上怎样的朋友，就会有怎样的命运。

那种可能使你变得庸俗低下，使你思想品德“滑坡”，或以封建的哥们儿义气拉拢、迷惑你，没有原则，不讲是非，拉帮结派，甚至会堕入犯罪的深渊，这种所谓的“朋友”是万万交不得的。

与朋友断交，有几种方式，不同的情况可采用不同的断交方式，会起到较好的效果。

反目成仇型：断交以突变、公开决裂为特征。一旦朋友关系破裂，便会忘却过去的情谊，来个一百八十度转变，由朋友变成仇人，甚至互相对骂、揭丑、大打出手，把对方置于死地而后快，这是下下之策。

渐变冷却型：当发现对方不够朋友，不能再继续交往下去，他们并不公开争吵、决裂，而是逐步降温、渐渐疏远，使彼此的关系在较为平静的情况下由朋友降为路人，心照不宣地完成绝交过程。

友好分手型：双方在决定分手时，依然不失和谐气氛、相敬如宾，彬彬有礼，心平气和地告别昨天，并祝福未来，这是上策。

对于心中有鬼的朋友，采用第二种方式比较好，但是如果对方找后账，也不要怕他。要意识到你再也不能滑下去了，宁可得罪他，也不能犹犹豫豫，否则将给你带来更大的祸患。

给朋友分一下“等级”

有个颇有成就的生意人，朋友无数，三教九流都有，他也曾逢人夸耀，说他朋友之多，天下第一。后来有人问他，朋友这么多，他都同等对待吗？

他沉思了一下说：“当然不可以同等对待，要分等级的！”

他说他交朋友都是诚心的，不会利用朋友，也不会欺骗朋友，但别人来和他做朋友却不一定是诚心的。在他的朋友中，人格清高的朋友固然很多，但想从他身上获取一点利益，心存二意的朋友也不少。

“对方有坏意，不够诚恳的朋友，我总不能也对他推心置腹吧！”这位生意人说，“那只会害了我自己。”

所以，在不得罪“朋友”的情况下，他把朋友分了“等级”，有“刎颈之交级”“推心置腹级”“可商大事级”“酒肉朋友级”“点头哈哈级”“保持距离级”等。

他就根据这些等级来决定和对方来往的密度和自己心窗打开的程度。

“我过去就是因为跟人人都是好朋友，受到了不少伤害，包括物质上的伤害和心灵上的伤害，所以今天才会把朋友分等级。”他说。

朋友相交以“诚”相待，把朋友分等级看似无情，但听了上面那位生意人的话，使我们觉得分等级的确有其必要——为了保护自己免受伤害。

要把朋友分等级其实不容易，因为人都有主观的好恶，因此有时会把一片赤心的人当成一肚子坏水的人，也会把凶狠的狼看成友善的狗，甚至在旁人点醒时还不能发现自己的错误，非得到被朋友害了才大梦初醒。所以，要十分客观地将朋友分等级是十分难的，但面对复杂的人性，你非得勉强自己把朋友分等级不可。心理上有分等级的准备，交朋友就会比较冷静客观，可把伤害减到最低。

要把朋友分“等级”，对感情丰富的人可能比较难，因为这种人往往在对方尚未把他当朋友时，他早已投入感情；而且把朋友分等级，他也会觉得有罪恶感。

不过，任何事情都要经过学习，慢慢培养这种习惯，等到了一个年纪，自然热情冷却，不用人提醒，也会把朋友分等级了。

分等级，可像前述那位生意人那样分，也可简单地分为“可深交级”及“不可深交级”。

可深交的，你可以和他分享你的一切，不可深交的，维持基本的礼貌就可以了。这就好比客人来到你家，真正的客人请进客厅，推销员之类的在门口应付就好了。

另外，也要根据对方的特性，调整和他们交往的方式。但有一个前提必须记住，不管对方智慧多高或多有钱，一定要是个“好人”才可深交。也就是说，对方和你做朋友的动机必须是纯正的。不过人常被对方的身份和背景所眩惑，结果把坏人当好人，这是很多人都无法避免的错误。

如果你目前平平淡淡或失意不得志，那么，不必太急于把朋友分等级，因为你这时的朋友不会太多，还能维持感情的朋友应该不会太差。但当你有成就了，手上握有权和钱时，那时你的朋友就非分等级不可了，因为这时的朋友有很多是另有所图的，不是真心的。

朋友间要留点空间

人从小到大，都会交一些朋友，这些朋友有的只是普通朋友，但有的则是可称为“死党”的好朋友。

但是我们也常发现，一些“死党”到后来还是散了，有的是“缘尽情了”，有的则是“不欢而散”，无论怎么散，就是散了。

人能有“死党”是很不容易的，可是散了，多可惜啊！而“死党”一散，尤其是那种“不欢而散”，要再重新组“党”是相当不容易的，有的甚至根本无再见面的可能。

人一辈子都不断在交新的朋友，但新的朋友未必比老的朋友好，失去友情更是人生的一种损失，因此我们强调：

好朋友要“保持距离”！

这话是有些矛盾，好朋友才应该常聚首呀！保持距离不就疏远了？

问题就在“常聚首”！很多“死党”就是因为一天到晚在一起，所以才散了。为什么呢？

人之所以会有“一见如故”“相见恨晚”的感觉，之所以会有“死党”的产生，是因为彼此的气质互相吸引，一下子就越过鸿沟成为好朋友，这个现象无论是异性或同性都一样。但再怎么相互吸引，双方还是会有些差异的，因为彼此来自不同的环境，受不同的教育，人生观、价值观不可能完全相同。当二人的“蜜月期”一过，便无可避免地要产生摩擦，于是从尊重对方，开始变成容忍对方，到最后成为要求对方！当要求不能如愿，便开始背后挑剔、批评，然后结束友谊。

很奇怪的是，好朋友的感情和夫妻的感情很类似，一件小事也有可能造成感情的破裂。我有一位朋友，他和租同一栋房子的房客成为朋友，后来因为对方一直不肯倒垃圾，他认为受到不公平的对待，愤而搬了出去，二人至今未曾往来。

所以，如果有了“好朋友”，与其太接近而彼此伤害，不如“保持距离”，以免碰撞！

人说夫妻要“相敬如宾”，自然可以琴瑟和谐，但因为夫妻太接近，要彼此相敬如宾实在很不容易。其实朋友之间也要“相敬如宾”，而要“相敬如宾”，“保持距离”便是最好的方法。

何谓“保持距离”？简单地说，就是不要太亲密，一天到晚在一起；也就是说，心灵是贴近的，但肉体是保持距离的。

能“保持距离”就会产生“礼”，尊重对方，这礼便是防止对方碰撞的

“海绵”。

有时太保持距离也会使对方疏远，尤其是现代社会，大家都忙，很容易就忘了对方。因此，对好朋友也要打打电话，了解对方的近况，偶尔碰面吃个饭，聊一聊，否则就会从“好朋友”变成“朋友”，最后变成“只是认识”了！

也许你会说，“好朋友”就应该同穿一条裤子，彼此无私呀！你能这样想很好，表示你是个可以肝胆相照的朋友。但问题是，人的心是很复杂的，你能这么想，你的“好朋友”可不一定这么想。到最后，不是你不要你的朋友，而是你的朋友不要你！更何况，你也不一定真的了解你自己，你心理、情绪上的变化，有时你也不能掌握！

所以，为了友谊，为了人生不那么寂寞孤单，好朋友应保持距离！

别成朋友“杀熟”的对象

在我们社会，对朋友的信任和对陌生人的不信任，一直就是硬币的两个面。这种信任使得人们对朋友的防范之心大为降低，从而导致很多人商场失利原因恰恰是被朋友所“杀”，因为不是朋友不会上当。

在中国，有一句话叫作“熟人好办事”。不论怎么说，它都代表着一种很重要的信任结构。在人与人的交往中，从近到远，从亲到疏，从熟悉到陌生，不可否认，总会表现出不同层次的信任度。有什么事，我们总是先找最近、最亲、最熟的人诉说，然后寻求解决的办法。家庭成员之间、同事之间、同学之间、朋友之间、邻居之间相互交往的事实也证明，熟识本身就是一种重要的道德基础和信任资源。人们在日常生活中，之所以非常重视熟人之间的关系，就在于它可以增加人们处世的安全感和对他人的信任感。因为是熟人，熟人就有个“面子”问题，撕破了“面子”谁都不好看呗！真是被熟人所“杀”没商量。

被熟悉的朋友当头狠宰一刀的事不胜枚举，还有些虽然称不上狠宰一刀，但也不能说是“温柔一刀”！被熟悉的朋友所“杀”，因为多年的交情，面子上不好揖破，只能“哑巴吃黄连，有苦说不出”。

其实，要想避免被熟悉的朋友所“杀”，也不是没有办法，也不是说你所有熟悉的朋友都不可信。做生意嘛，哪能离开朋友的支持和帮助？不过，现在既然实行的是市场经济，在经济活动中就要以市场经济的原则和杠杆来规范和约束自己，切忌感情用事，轻信他人，以致上当受骗。为了防止被熟悉的朋友所“杀”，你应当做到以下几条：

1. 要熟知对方的人品和实力

人品即人的品质、道德，古人云：德为上。远离道德不好的生意人。了解对方的人品，最根本的方法就是要看是否有过损害别人利益的劣迹。不能认为过去还可以，就盲目相信，人是随着环境变化而变化的。另外一定要了解对方的实力（偿还能力），不仅仅是听其言（吹），更重要的是观其行（真）。

2. 要严格遵守规章和制度

规章和制度是经济活动的“铁杠杆”“高压线”，碰不得。同时，它又是防止被“杀”的防身术。企图绕过规章制度、自作聪明的一切错误做法，最终都是一害企业，二害自己。

3. 顶住利益的诱惑

做生意是为了赚钱，天经地义。但当对方以高额利益或重金诱惑时，或以超乎寻常的手法贿赂时，往往就会同时设下陷阱，对此要十分警惕。时刻记住“天上不会掉馅饼”这个真理。

现代社会以诚信为重，仍不可避免一些人为了经济利益铤而走险背叛信用。因此，我们不可不防人，尤其对身边的朋友不可不防。

俗话说：“害人之心不可有，防人之心不可无。”对待朋友也同样如此。你不能光顾及朋友的面子而降低自己的防范心。否则，不仅得不到方便还会深受其害，使自己的生意蒙受损失。

生意场择友6标准

事实上，人们都在有意无意地选择朋友。区别在于，是清醒地、自觉地选择朋友，还是盲目地、不自觉地选择朋友，把什么作为择友的标准。由于时代不同、社会不同、人与人不同，择友的标准也就不尽相同。在我国几千年的文明史中，有无数名家学者对择友标准问题进行过探讨和实践。这里，针对生意场的交际规则，提供6大择友标准。

1. 志同道合

晋人傅玄《秋胡行》讲："清浊必异源，凫凤不并翔。"意思是，水有清有浊，因为它的源头不一样，野鸭和凤不会在一起飞翔。说明志趣不同的人，无法在一起相处。《论语·卫灵公》讲："道不同，不相为谋。"意思是，人们的政治主张不同，就不必相互商量事情。清人顾图河《息交》讲："惟当同心人，可与论金铁。"意思是，只有志同道合的人，才能结成牢不可破的友谊。

2. 品质要好

《孟子·万章下》讲："友也者，友其德也。"意思是，交朋友，因为朋友的品德而去交他。《论语·季氏》讲："友直、友谅、友多闻，益矣；友便辟、友善柔、友便佞，损矣。"意思是，同正直的、诚实的、见闻广博的人做朋友，是有益的；同虚伪应酬的、假意随和、花言巧语的人交朋友，就有害了。

3. 知心

晋人谢灵运的《相逢行》讲："巢林宜择木，结友使心晓。"意思是，鸟儿巢林应当有所选择，交朋友理应对对方了解。汉《古歌辞》讲："结交在相知，骨肉何必亲。"《郭嵩焘日记·联语》讲："结交贵知心。"汉人扬雄的《法言·学行》讲："朋而不心，面朋也；友而不心，面友也。"意思是，交朋友而不能真诚相待，以心相见，就是貌合神离的朋友。

4. 可靠

《鸡鸣偶记》讲："道义相砥，过失相规，畏友也；缓急可共，死生可托，密友也；甘言如饴，游戏征逐，昵友也；利则相攘，患则相倾，贼友也。”大意是，要结交那些能够指出自己过失、患难与共的人，不要结交那些只知道吃喝玩乐的人和背叛友谊的人。

5. 比自己强

清人申涵光的《荆园进语》中讲：“凡弈棋与胜己者对，则日进；与不如己者对，则日退。取友之道亦然。”意思是，与棋艺胜过自己的人下棋，就能天天进步；与棋艺不如自己的人下棋，就会日见退步。交友之道也是如此。

6. 交友不怕贫

宋人刘过的《同许从道登圜翠阁》中讲：“结交有味贫何害？薄酒虽村饮亦豪。”意思是，所交的朋友只要知心，即使贫穷又有什么不好的呢？朋友虽然朴实无华，同他一起畅饮薄酒也觉得很有意思。唐人高适有一首《赠任华》诗：

丈夫结交须结贫，
贫者结交交始亲。
世人不解结交者，
唯重黄金不重人。
黄金虽多有尽时，
结交一成无竭期。
君不见管仲与鲍叔，
至今留名名不移。

以上这些择友的标准，可以作为我们择友时的参考，但取舍要根据个人的实际情况而定。

Part 4
拓展交际圈，拓宽生意圈

交际圈决定你的生意圈，仅仅建立交际圈是不够的，还要不断扩大自己的交际圈。如果只满足于原来的交际圈，生意就会局限在一个小圈里，难以做大，不能得到新的进展。

拓展交际圈是做大做强生意的必经之途。你的交际圈子要不断地延伸扩大，朋友圈子要不停地建立构筑，这样你才能让朋友越来越多，人脉越来越广，你的生意之路才能越走越宽。朋友遍天下，生意遍天下。拓展交际圈，生意滚雪球！

第9章
好形象是跻身圈子的入场券

形象决定生意成败

也许你还不知道，你只有10秒钟的时间给别人留下自己的第一印象。你会认为这不公平，你想别人应该认识真实的你。这也许不公平，但却是不可改变的事实。根据西方学者雅伯特·马伯蓝比教授研究出的“7/38/55”定律，旁人对你的观感，只有7%取决于你谈话的真正内容；而有38%在于辅助表达这些话的方法，也就是口气、手势等；却有高达55%决定于你的外表，可见外表是内在与外界沟通的桥梁。

1962年，在英国伦敦一个著名贵族举办的豪华宴会上，一名中年男子出尽了风头，他优雅的举止、迷人的言谈，不但令在场的所有女士都对他倾心，而且所有男士也都对他抱着极大的兴趣和好感。人们私下里纷纷相互打听，都想认识他，并和他成为朋友。而那位男子，在这次宴会上也收获颇丰，不仅签下了40多单生意，还找到了他的终身伴侣。这名男子就是英国著名的房地产新秀柯马·伊鲁斯。

他凭借自己优秀的形象，征服了整个伦敦的上流社会，随后，金钱和好运向他滚滚涌来。

其实在12年前，柯马·伊鲁斯就来过伦敦，并出席了一个由商会举办的小型聚会。

那时的柯马·伊鲁斯还是个小人物，开了一家小水泥厂，整天勤奋地忙来忙去，根本无暇顾及自己的形象。为了扩大生意，他千方百计弄到了一张商行聚会的邀请信，想混进去多结一些人际关系。可一进入聚会大厅，他就立即知道自己走错了地方。大厅装饰得金碧辉煌，男士们个个西装革履、彬彬有礼，女士们个个华衣锦服、温文尔雅。柯马·伊鲁斯低头看看自己，一身满是补丁且有着厚厚油腻的工作服，大胶鞋，乱发，简直像个乞丐。这时几位女士过来了，故意将酒洒在他身上，并趾高气扬地给他小费。侍从过来询问他，他讲明自己的身份，可是没人相信。而他拉一个认识他的人做证时，那个人不承认认识他，而说他是路边的鞋匠，于是他被当成混进来的鞋匠给赶了出来。

怒火过去之后，柯马·伊鲁斯开始考虑自己为什么会受到这种待遇。自然，凭他的头脑，一下子就想明白了。他回到家乡后的第一件事就是参加了一个礼仪培训班，并高薪聘请了私人形象顾问。

不要成天只知道忙于工作，而忽视了自身良好形象的培养。因为良好的形象可以在生意上助你一臂之力，使你的终日劳碌能结出丰硕的果实。如果不注意自己的形象，那么很有可能，你的生意将毁于你的形象。这绝不是危言耸听！

好形象助生意如虎添翼

一位华裔投资商有一次对人说："我怎么也不能相信那个穿着旅游鞋、牛仔裤，头发如同干草，说话结结巴巴的小子会向我要500万美金的投资，他的形象和个人素养都不能让我信服他是一个懂得如何处理商务的领导人。"

形象是生意成功的一个重要的助推器，成功的外表形象为你生意的成功起着推波助澜的作用，也可以破坏或阻挡你事业的顺利发展。

一旦你的外表、你的穿着打扮给人深刻而良好的印象，许多契机就会自然而然地产生。否则，形象将成为你生意路上的绊脚石。

形象对个体的凝聚力而言，主要表现为其吸引他人关注、信任、支持的程度。

英国的维珍集团总裁布兰森“同志”就把这招用到了极致：布兰森个人那种高扬个性、爱出风头的个人形象使他和他的企业在相对比较保守的欧洲文化中相当耀眼和突出。更为重要的是，布兰森的这种定位恰恰迎合了欧洲人需要适当张扬个性，适当改变旧有古老文化传统的内在心理愿望和需求。如果不是这样，布兰森和维珍集团那如此杂乱的多元化经营必定难以制造出如此惊人的成功。

形象制胜观念不仅是时代内涵的体现，而且也是人类未来价值取向的导向和前瞻。这种观念一旦形成、确立，就会转化为一种巨大的力量，即一种推荐力、吸引力和感召力。它能帮助个体在社会竞争中更加充分地实现自身价值。

在今天艺术与生活、传统与现代相互交融的时代，在人们日益注重形象、追求时尚、彰显个性的新世纪，不容置疑，形象就是财富，形象就是实力，是你取胜的有力保证。

所以，要打开生意的大门，形象设计就是开门的这把钥匙，不但要努力维护形象，更要懂得包装自己，这样，成功的机会就会更加垂青于你。

好形象是你的宝贵资源，它令你在做生意的道路上如虎添翼，在人群中凸显出高贵的自我。形象可以决定发展，形象可以创造效益。良好的形象，千金不换。

穿出生意人的形象

世界著名的伦敦商学院的“风险基金投资”课程曾请了英国著名的风险基金经理来讲授风险基金是如何选择投资项目的，他在讲到投资者对项目的评估时说：“我们实际上是在对人进行投资。一个一流的人才，可以把一个三流的项目做成一流，而一个三流的人才可以把一个一流的项目做得不入流。”他们对人的评估只能通过短暂的接触，这时外在形象及交流的能力就是产生良好印象的最重要的因素。出色的形象会帮助你在商务交流中少走弯路，并减少不必要的挫折。

仔细观察一下就会发现，近几年，随着年龄的增大，比尔·盖茨穿西装出现的次数越来越多，而一身随便的休闲装或是一身工作服再配上那个大眼镜的形象已很难见到了。所以，有人说比尔·盖茨已经成熟了。

其实，比尔·盖茨也非常注重自己的形象，他曾经请专家对自己的形象进行设计、包装与宣传。比如，1991年，他将要在拉斯维加斯发表演讲，但是，演讲并不是比尔·盖茨的长项。为了使自己以更好的形象出场，使自己的演讲产生巨大的影响与传播力，比尔·盖茨专门请来了演讲博士杰里·韦斯曼为自己的演讲做指导。比尔·盖茨演讲时，熟悉他的人都非常吃惊：比尔·盖茨一改往日懒散随意的形象，穿了一套昂贵的黑西服。他那尖锐的嗓音虽然无法改变，但丝毫没有影响到他的演讲。结果，这场主题为“信息在你的指尖上”的演讲传遍美国，获得了巨大的成功，而比尔·盖茨的形象魅力值也迅速得到提升。

英国历史上第一位女首相撒切尔夫人，是一位对别人的衣着毫不关心，却对自己的衣着非常在意的人物，她对自己的化妆、服饰等都非常讲究。在她身上，没有一般女人的珠光宝气和雍容华贵，只有淡雅、朴素和整洁。少女时代的她就十分注重自己的衣着，但并不标新立异、哗众取宠，而是朴素大方、干净整洁。从大学开始，她受雇于本迪斯公司，她那时的衣着给人一种老成的感觉，因而公司的人称她为“玛格丽特大婶”。每个星期五下午，她去参加政治活动时，都头戴老式小帽，身穿黑色礼服，脚蹬老式皮鞋，腋下夹着一只手提包，显得持重老练。虽然有人笑话她打扮土气，但她却有自己独到的见解：这样的打扮能在政治活动中取得别人的信任，建立起威信。她的衣服从不打皱，让人觉得井井有条是她一贯的作风。从服饰方面注意自己的仪表形象，对玛格丽特事业的成功的确起到了一定的作用。

强调衣着的重要性，并不是要你像英国花花公子博·布鲁梅尔那样，一年仅做衣服就花 4000 万美元，扎一个领结也要花上几个小时。穿衣应该量入为出，与身份相称，这既是一种责任，也是对形象的维护，也是最实际的节俭。

人靠衣服马靠鞍

俗话说“人靠衣服马靠鞍”。着装艺术会直接反映出一个人的修养、气质与情操，往往能在别人认识你或你的才华之前，已向别人透露出你是何种人物，因此在这方面稍下一点功夫，定会取得事半功倍的效果。

首先应该讲究配色艺术。色调是构成服装美的重要因素之一。对于色调的搭配和选择，每个人都有自己的好恶，它能反映出一个人的年龄、性格、爱好、职业习惯等等。对于服装的色调来说，整体的协调就是美。心理学研究表明，色彩能引起人的情绪变化，对人的心理影响很大。一般来讲，红色热烈，橙色兴奋，黄色鲜明，绿色清新，黑色沉静，蓝色庄重，紫色神秘，白色纯洁。以红色为代表的色系能引起人们兴奋、热烈情绪的色彩称为“积极的色彩”，以蓝色为代表色系则给人以沉着、平静感觉的色彩称为“消极的色彩”。就色彩本身而言，协调的搭配法是同类色相配或近似色相配，这样使人看着顺眼、舒适、平和；而大胆、创新的搭配法则是强烈色相配或是对比色相配，这样使人看上去醒目，与众不同。不同的色彩搭配法，所产生的效果也会截然不同。所以，你应该根据不同的场合需要，来选择适当的色彩与搭配方法。

其次是款式的选择。一个善于用服饰装扮自己的人，在选择服装时，对款式的要求是很严格的，它既要适合自己的体型，又要与自己所追求的风格统一起来。要想使衣着具有沉稳、高雅的风度，那么衣服的款式一定要以简洁大方为原则，流畅的线条、简洁的样式，配以高级的面料，定能达到满意的效果。如果一件衣服上混杂了太多的色彩，或使用太复杂的图案，只会使人感到累赘而不洒脱；花边、蕾丝繁多的服装只会使人感到“小家子气”。

衣着也要讲究天时、地利、人和。合乎场合的打扮可以使你在工作上无往不利。正式的工作环境中，自然应选择庄重、文雅的服饰。即使平常喜欢穿着随意、不修边幅的人，在庄重的交际场合，衣着打扮也不要随随便便，那样会使人产生不尊重别人的感觉。相反，在一些轻松、愉快的交际场合，或业余文娱活动中，则可选择活泼、鲜艳、式样随意一些的服饰，使人感到富有生活情趣，不拘一格又充满活力。

穿着得体犹如一支美丽动人的乐曲，一首由关系密切却相映成趣的乐章所组成的交响曲。基调贯穿全曲，使得每一乐章都特点鲜明，却又一脉相承。如果你想成为自己圈子里的明星，就得用心去塑造你的形象。它会使你符合身份又能左右他人的感觉，使你在任何交际场合都能轻松自信、游刃有余。

设计你的形象招牌

好的形象有三分源自外表，而有七分是源自内心的。内在形象是通过言谈举止等外在行为表现出来的，它是一种最高尚的美，包括一个人的道德品质、精神境界、思想意识和志趣情感等方面。如果你把内在的自我、言谈举止同经过修饰的容貌和外形综合在一起，你将发现你的整体形象一定会比天生的样子更富有魅力。

如果你对自己的设计感到不满意的话，不妨请别人帮你设计一下。事实上，所有大企业家和政坛上的政治家、舞台上的艺术家一样，他们的言行举止都是经过设计的。

日本著名企业家松下幸之助在日记中曾记录了这样一件事：一次，他去理发时，理发师十分尖锐地批评他的仪容：“你是公司的代表，却这样不注重仪容，别人会怎么想？连你都这么邋遢，你公司的产品还会好吗？”理发师还建议，为了公司的形象，松下应每次都专门到东京来理发。松下听了理发师的话，觉得很有道理，以后就非常重视自己的仪容，并要求所有松下的员工都这样做。

公司领导者或员工在各类交际活动中所展现出的形象，很容易使公众联想到他们所在公司的整体形象以及他们的产品质量如何，而他们所展现的这种形象又有助于企业发展壮大。

一位美国企业家坦然承认："如果你认识昨天的我，那么你就会说今天的我与昨天简直判若两人。因为我现在的一举一动都经过了精心的设计。如果说我们的企业设计有什么标志性的作品的话，那首先就是我。"

另一位日本企业家也说道："我在走向经理岗位之前，公司对我进行了精心的形象设计与培训。因为我要代表一个企业，我必须抛弃原来大众所不认同的东西，比方说一些有个性的习惯等。我为此与形象专家们共同练习了三个多月。"

通过精心的设计与练习，丑小鸭也会变成白天鹅的。但是提升形象不仅要把外表装饰得很体面，重要的是借外在表现内涵，而内涵的提升就需要一个长期不断的修炼过程。你必须从自己本身的条件出发，尽最大的努力，充分发挥自己的特质。外在条件永远是你的助手，只有你才是你自己形象的真正主人。

虽然你天生算不上漂亮，但是你仍然要保持整洁，塑造良好形象，比如整洁的外貌、得体的衣饰等。

给别人最好的视觉效应

在人际交往中，人们发自内心的好恶亲疏，往往是根据见面之初对仪容的基本印象"有感而发"的，这种对他人仪容的观感除了先入为主之外，在一般情况下还往往一成不变，其作用可谓大矣。

科学研究结果表明，个人感受到的对方仪表的魅力同希望再次与之见面的相关系数远远高于个性、兴趣等同等的相关系数。

在与交际的过程中，人的外表形象往往会起到潜移默化的奥妙作用。端庄、美好、整洁的仪表，能使对方产生好感，从而有益于交际活动的开展。

因此，注重仪表，塑造出自己最佳的形象是每个人必须认真做到的。总的来说，塑造良好的个人形象应该做到以下几个方面。

1. 保持仪表整洁

要求仪表仪容整洁、干净，面容、头发、脖颈、耳朵、手、服饰等方面都要照顾到。特别是面容，它是一个人最突出的代表部分，面容是否洁净，皮肤是否保养得当，看上去是有生气、有汹涌，还是灰暗、死气沉沉，都直接关系到他人对你的印象。一个有教养的人绝不是那种不修边幅、蓬头垢面的人。

所以面容应该润泽、光洁，耳朵、脖颈应当干干净净。头发要松软亮泽、发型整齐，肩背上不要有头皮屑。手也很重要，一个仪表风度不凡的人，绝不会长着又黑又长的指甲。一般来说，男性不宜留长指甲；女性如果留长指甲，一定要修剪整齐，并保持洁净。

2. 身上无异味

身体的异味是令人反感的。首先要注意口腔卫生，不要有口臭。与人交谈时，如果口中散发出难闻的气味，会使对方很不愉快，自己也很难堪，即使自己的形象多么美好都会大打折扣。

因此，有口臭时要查明原因及早治疗，同时要早晚刷牙，饭后漱口，多喝水，多吃清淡食物。如果吃了味道强烈的食物，可在口内嚼一点茶叶、红枣、花生等，以消除异味。最简单的方法就是嚼口香糖，但要注意，在别人面前大嚼口香糖是不礼貌的行为。

如果有狐臭或脚臭，应该及时治疗或使用药水，经常洗澡、洗脚，勤换内衣。

3. 服饰干净整齐

服饰穿戴在任何情况下都要保持干净整齐。注意衣领袖口或其他地方有无污渍。服装应该是平整无皱褶的，扣子齐全，不能有开线的地方。内衣、外衣勤洗勤换。皮鞋应该保持鞋面光亮。男性尽量少戴饰品，女士即使戴饰品也要显得简洁大方。

优雅举止为你和生意加分

可以毫不夸张地说，一个人的行为举止，就是他展现在别人面前最真实的名片。

如果一个人站着时双手插在双肋，别在身后，或交叉在胸前，就会给人一副气势汹汹、吊儿郎当的样子。坐着时，跷着“二郎腿”，用手托下巴，掏耳朵、挖鼻孔，身体前仰后合、左右摇晃等，则给人一副坐立不安的样子。走路时歪走横行的走法总被人看不入眼，受到指责。

因此，无论是参加聚会还是到客户家里拜访，自己的一举一动都在人家眼里，因而，平时的举手投足都要注意，尽量给人一个落落大方、彬彬有礼的良好形象，这是你赢得他人好感、促成生意的一大要素。礼貌的举止行为是一种教养，更是无形的财富，举止行为不仅影响着交际，也影响着事业和工作。优雅的举止为你的形象加分，也为你的生意开道。温文尔雅、从容大方、彬彬有礼已成为现代生意人的一种文明标志。

1. 走姿

从礼仪角度讲，行走时应步伐稳健、步履自然，给人留下宽容大度、矫健、轻快的感觉。即“走如风”，显示飘逸的风采。

行走时，步态应该自然轻，目视前方，身体挺直，双肩自然下垂，两臂摆动协调，膝关节与脚尖正对前进方向。行走的步子大小适中，自然稳健，节奏与着地的重力一致。与女士同行，男士步子应与女士保持一致。

总之，走相是千姿百态，没有固定模式，或矫健或轻盈，或显得精神抖擞，或显得庄重优雅，只要与交际场合协调并表现出自己的个性的步伐，就应该是正确的。

走路时应注意的事项：双臂摆动幅度不可太大，约为 45 度左右，不要左右摆动。应保持身体的挺直，切忌左右摇摆或摇头晃肩。膝盖和脚踝都应轻松自如，以免浑身僵硬。多人一起行走时，不要排成横队，不勾肩搭背。遇急事可加快步伐，但不可慌张奔跑。

总之，走路要体现自己的风格，给对方留下美好印象。

2. 站姿

古语说“立如松”，即是说人的站立姿势，要像青松一般端直挺拔，这是对男子站立美的要求。对于女性而言，应当“立如芍药”，即追求婷婷玉立的风貌。

无论男女站立时，都要直立、挺胸、收腹、提臀，把重心落在两个前脚掌，眼睛平视，双臂自然下垂或者在体前交叉。站立时要注意克服僵直、呆板，要注意放松颈部、肩部，使关节能自由转动。

而两腿交叉站立的姿势给人以轻浮之举，手插腰间含有进犯意识的姿势，也不可双手插入衣裤中；双臂交叉抱于胸前，容易给人以嚣张的感觉。

3. 坐姿

古云“坐如钟”，即表现端庄之美。入座要轻稳，腰部要挺直，上身要正直，不要“瘫倒在椅子上”。手自然放在膝上或椅子的扶手上，头平衡、目平视，给人一种从容稳当的风度，需要侧坐时，上体与腿同时转向一侧。

切忌不要猛起猛坐，弄得座椅乱响，造成紧张气氛。无论何种坐姿，都切忌两膝分开，两脚呈八字形，也不要脚跟朝外，呈内八字形。当两腿交叠而坐时，切忌脚尖朝上露出脚底，晃动足尖、双腿，显得目中无人。

4. 表情

一般而言，表情是人内心的思想感情的脸部外化，这种外化是通过面部肌肉的运动来实现的。随着人内心情感的波动，人的表情会有多种呈现，如喜、怒、哀、乐等。但在人际交往中，表情应以喜、乐为主调。

人类的面部表情以笑容和眼神最为丰富，同时给别人传情达意。

笑容——是一种语言，人的面部表情千变万化，笑是最常见的。在面对陌生人时，微笑无疑是最富有魅力的。

眼神——眼睛是心灵的窗户，眼神往往可以表达出声音难以表达的意义和情感。

在面对他人时，得体的眼神，应该是目光正视对方：好似“看而不见”，即把自己的目光放虚一些，好像用回光环绕对方整个人似的，这样，对方就能感受到你的关切之情。

切忌不要死死地盯住对方某一部位，使人发怵。要纠正不礼貌的目光，如眼神总是朝上、朝下或移向他出，更不能猛然间扫人一眼或上上下下仔细打量。

控制好你的眼神

能否博得对方好感，眼神可以起主要的作用。言行态度不太成熟的人，只要他的眼神好，有生气，即可一俊遮百丑；反之，即使能说会道，如果眼睛不发光或眼神不好，也不能博得客户的青睐，反而会落得“光会耍嘴皮子”的下场。

不论你如何强烈地反驳对方都必须笑容满面，如果不笑就无法保持温柔的眼神。在生意人的“辞典”里，不应该有嘲笑的眼神、怜悯的眼神、狰狞的眼神或愤怒的眼神等字眼。只有一些需要克服的不当眼神：

1. 不正面看人

不敢正面看人可表现为不正视对方的脸，不断地改变视线以离开对方的视线，低着头说话，眼睛盯着天花板或墙壁等没有人的地方说话，斜着眼睛看一眼对方后立刻转移视线，直愣愣地看着对方，与对方的视线相交时立刻慌慌张张地转移视线等等。

大家都知道，怯懦的人、害羞的人或神经过敏的人是做不成生意的。哪怕你只有那么一点毛病也必须立刻改掉。不妨在和家人朋友谈话时，下功夫用眼睛盯着对方来进行训练，使自己能以平常心说话。

2. 贼溜溜的眼神

如果有一双贼溜溜的眼神可就麻烦了。有的人因职业关系访问客户时有目的地带着一副柔和的眼神，可是一旦紧张或认真起来则会原形毕露，瞪着一副可怕的贼眼，反把客户吓一大跳。

带有贼溜溜眼神的人仅在从事销售工作时注意还不够，必须时时刻刻注意自己平时的日常生活，养成使自己的眼神温和的习惯。如果想从根本上解决的话，对一切宽宏大量是治疗这种眼神的唯一办法。

3. 混浊的眼

上了年纪的人眼睛混浊是正常现象，但是有的人年纪轻轻的却也眼睛混浊布满着血丝。这样的人给人一种不清洁的感觉，甚至被误认为此人的人格也是卑下的。作为一位商务人员来说这是非常不利的情况。

只要不是眼病，年轻人的眼睛本不会混浊。眼睛混浊的年轻人往往是由于睡眠不足和不注意用眼卫生所引起的，因此，一定要注意睡眠和眼睛卫生。

4. 冷眼

心眼儿冷酷无情，眼睛也给人一种冷冰冰的感觉：有的人心眼虽然很好，可是两眼看起来却冷若冰霜，例如理智胜过感情的人、缺乏表情变化的人、自尊心过强的人或性格刚强的人等往往有上述现象。这种人很容易被人误解，因而被人所嫌弃，若从事商务活动则不会有所成就。

因此，上述这类生意人应对着镜子，琢磨如何才能使自己的眼神变得柔和、亲切及惹人喜欢，同时也要研究一下心理学。如果对自己的矫正还不太放心，可请教一下朋友。

5. 直愣愣的眼

出差访问客户时，环顾四周是件非常重要的事。眼不斜视直愣愣地朝着对方的办公桌走去，是没有经验的表现。那应该怎么办呢？首先，要环顾一下四周，视线能及的人就走上前去打个招呼，远的就礼貌地行个注目礼。

客户单位的主管、一般的工作人员即使与你的业务并无直接关系，也要诚心诚意地向他们打招呼。这样不但可以提高你的声望，而且在某些情况下他们还会给你意想不到的帮助。

另外，和很多客户说话时行注目礼也是很重要的事，要一边移动视线交互看着全体人员的脸，一边说话。一般来说大家比较注意发言多的客户，而往往忽视了不发言的人，这就有点失礼了。对一言不发的人也要注意到，这样一来气氛就大不一样了。

好形象吸引眼球和财富

所谓注意力，是指人们关注一个主题、一个事物、一种行为和多种信息的持久尺度。我们可以把人们关注信息和事物中的接收端提取出来加以量化，这种量化会形成一大笔无形资产，因而就具有价值。现在世界上信息量是无限的，而注意力是有限的，有限的注意力在无限的信息量中会产生巨大的价值。

而构成“注意力”的本质要素是什么呢？那就是“形象”。因为有“形象”才有“注意力”，有“形象”才有“注意力效应”，进而才可能因有“注意力”而产生经济效益。

已转战西班牙皇家马德里队的英国“足球金童”贝克汉姆，不只靠“脚”吸金，他的肖像权更是许多厂商的“兵家必争之地”。有消息称，美国迪士尼公司打算以1800万英镑（约2.2亿元人民币）的高价，买下他的肖像权，让贝克汉姆化身为卡通超人。

由此，我们有必要谈一谈“注意力”。诺贝尔经济奖获得者赫伯特·西蒙说：“随着社会的发展，有价值的不再是信息，而是别人对你的注意力。”也就是说，进入网络时代后，信息既不稀缺，也并不难以获得，此时稀缺的是注意力。

高德·贝博说：“获得注意力就是获得一种持久的财富。在新经济下，这种形式的财富使你在获取任何东西时都能处于优先的位置。财富能够延续，有时还能累加，这就是我们所谓的财产。因此，在新经济下，注意力本身就是财富。”

注意力形成经济，争夺眼球形成竞争，英特尔的前总裁葛鲁夫认为：整个世界将会展开争夺眼球的战役，谁能吸引更多的注意力，谁就能成为下世纪的主宰。

那么，如何支配一个人的注意力，如何防止注意力的涣散，如何吸引注意力，如何使注意力发挥最大效益呢？

不以“形象”为前提，“注意力”是无从谈起的。从这个意义上说，“注意力经济”应该作为“形象经济”的注解，一个人或一个组织能获得大量的注意力资源，无疑会大大提高其生产力水平。

也就是说，一个人要获得大量的注意力，形象塑造无疑是最有效的途径。形象塑造的目标就是直击社会公众的“眼球”，形成强烈而持久的“视觉”冲击力。加强形象塑造对一个组织和个人的生存、发展具有深远的战略意义，明白此点的人和企业将会成功，反之则会失败。

第10章 做圈子中处处受欢迎的人

你是个受人欢迎的人吗

有谁不希望让人喜欢？应该不会有人希望别人都讨厌自己吧！可是，让人喜欢好像并不是那么容易。你每天所接触的人，老板、同事、客户、家人、朋友，人人都喜欢你吗？恐怕未必吧！就连自己心爱的人，男女朋友、丈夫妻子，有时我们也不免怀疑，他们是不是真的喜欢自己。

“喜欢”是一种微妙的感觉，它和爱情一样，往往没办法用言语表达出来，而只能凭心灵去体会。因此，是不是受人喜欢就变成一种直觉，你是不是受人喜欢，只有你自己才能体会得到，没有人会鲁莽地告诉你，他们心中真正的感受。奇妙的是，我们心中总是清清楚楚地知道，谁是受欢迎的人物；更遗憾的是，这个人往往不是自己。仔细想想，人们喜欢的对象，大半都具备有相同的特质，不论在什么场合，总是某些类型的人特别讨人喜欢。我们会说：“他在任何地方，都能谈笑风生。”“别人总是喜欢围在他的身边。”“只要他一出现，气氛就愉快多了。”

这些备受欢迎的人，大半都具备几个特点：

第一点是亲切。爱摆架子的人，人人看见都会敬而远之。能够随时随地放下身份地位，和其他人愉快相处，这样的人才让人由衷喜爱。不论是大官、大老板、大人物、大明星，乐于接近周围的人，随时保持快活的心情，愿意说些家常话，这种和自己家人一样的亲切态度，往往使人乐于接近，而且发自真心地受到吸引。

第二点是开朗。每天开开心心的人，谁见了都会喜欢。脸上带着笑容，与他见面也会觉得自己变愉快，这种乐观态度不自觉地就会感染到身旁的人，大家不由自主地就会想接近他。

第三点是热心。在团体中热心的人，总会得到别人的尊敬。很多人为了一些小事，怕麻烦，只会一味地推托，总是觉得为什么是我来做，总是怕吃亏，这样的人是不易受欢迎的。热心的人，在大家正需要帮忙时，会挺身而出；有时会不计较自己损失的利益来造福大众，这样的人，我们往往会对他的所作所为受到感动，而敬重他。

第四点是幽默。会说笑逗大家开心的人，去哪儿都占上风。人人都喜爱开心果，谁爱愁眉苦脸呢？或许他们背后有满腹苦水，但是面对大家时还是把欢笑带出来，谁能不爱他们呢？

第五点是好看。丑陋的人里面，也有讨人喜欢的，不过生得好看，到处都占一点便宜吧！这是不可否认的事实。诗人说："美是永恒的喜悦。"喜欢美好的事物，本来是人的天性，美丽的人，到处被人簇拥着，也就是这种天性的反映。外表、打扮、穿着能让人觉得赏心悦目，也是吸引人的重要条件。

而另外两个很重要的条件就是"人缘"与"亲和力"。总是会有一些人生来就带有一种特质，人缘就是特别好，大家提到他时就会有不一样的反应，所以如果你拥有一身好的条件，但人缘不好的话，还是失败的。而一些大官、明星，如果没有亲和力，只会摆架子，那样的人，虽然地位高或者知名度高，还是不算成功的。

上述的特质，都是受欢迎的人的特质，你做到了哪些点呢？

以魅力个性感染周围人

魅力是别人对你的看法，他们通过你的外在表现、你的行动与思想，对你产生了喜欢以致某种带有神秘色彩的感情，所以魅力本身是一种感情。而别人对你的感情是与你对他们的感情密切相关的。如果你的感情特征是积极的、友善的、温和的、宽容的，那么你一定会魅力大增；反之你就会成为一个不受欢迎的人。所以一个人的个性在很大程度上影响了他的人际交往。

那么什么样的人是富有魅力的人呢？什么样的性格可以造就魅力呢？西方心理学家曾提出了一种说法，称之为“令人愉悦的个性”。如果你拥有令人愉悦的个性，你往往会使自己的魅力大增。人的情感和表现是复杂的，并非所有的性格都是令人愉悦的，有一些性格令大部分人感到不喜欢、讨厌，甚至是难以容忍。

比如，人们一般不喜欢消极的、极端化的性格特征，人们对报复性的、敌意的性格特征更是感到厌恶；但一般人们都喜欢富有热情的、积极向上的、友善的、亲切温和的、宽容大度的、富有感染力的性格。所以，如果你能够培养出为大部分人所喜欢的正面性格，那么你成功的可能性就大大增加了。

一般地说，令人愉悦的个性包括以下几种方面的性格特征：

1. 富有热忱

很多人不能成功，是因为他们缺乏热忱。他们缺乏对人、事、物的热情关注，甚至对争取成功也缺乏热忱，这样他们当然无法成功。你是否对某些事情充满热忱？你是否特别关注于某个学科？你是否希望自己在某个领域有所建树？是否有些知识和问题在不断地吸引你的注意力？你是否热衷于学习钻研某项技术，并全身心的投入其中？如果你不是这样的，那么你就要有所改进。你要记住：一定要培养自己对人、事，对学习新事物的无限热忱。如果你能逐渐做到这一点，那么你就是一个潜在的成功者。

在人与人交往中，每个人都喜欢谈论自己最擅长的东西，展现自己的魅力所在。所以你与他人友好交往、建立良好人际关系的前提，是尊重并倾听他人所谈论的话题，因为这些话题往往能体现出他的优势与价值，但这对你来说，往往又是学习和吸取新知识的大好机会。你要对任何人感兴趣，而不是只关注你现在认为最重要的人物，而且最好能一直保持下去。如果你无法做到这一点，那么你在其他方面的优势就要大打折扣。你真正地去注意别人，这比对他说些恭维的话要更有益处。你要学会去关心别人正在做的事情，这对他人来说，意味着你很重视他的工作与成就，而这对你本身来说也是一个学习新知识的机会。

培养热忱的一个重要方面是对事物的兴趣。当你每天起床的时候，你是怎么想的呢？“新的一天开始了，我又可以做更多事情了。我很高兴。”还是“一天又开始了，又要去上班了。真烦！”如果你长期保持后一种状态，你的成功几乎就没有什么希望了。你之所以讨厌上班，可能是因为你不喜欢你现在的工作，也可能你完全缺乏做事的热忱。如果是第一种情况，你就应该换个喜欢的能调动你热忱的工作了。即便新的工作给你带来的直接收入要少一些，你还是要这样去做，因为你会在新的工作岗位上不断学习新知识、不断进步，直至成功。

除此之外，对事物的热忱还会有助于你激发带动其他人，使他们觉得你是一个精力充沛、充满活力的人，这也可以大大地提升你的形象与魅力。所以拿破仑·希尔经常告诫人们，“要努力表现并提高你的热忱”。热忱是令人愉悦的个性的一部分，热忱可以改变你的人生。

2. 亲切随和

许多关于魅力的书籍都强调一个伟人大都有一种神秘感与威严，这有一定道理。威严固然令人敬畏，但亲切随和则更会使所有的人喜欢。随着社会的进步、教育的普及、身份的平等化，这种个性成功的可能性越来越小。因此，在一个自由平等的社会，让他人喜欢你，远比让他人敬畏你更有价值。让别人喜欢你，可以为你带来合作机会，为你带来一笔笔交易，为你带来商业利益；而让别人敬畏你，能给你带来什么呢？

威严也许是专制社会中成功的个性，但在现代社会中人们认为成功的个性之一是亲切随和。亲切随和的最大好处是对人平等，给人以尊重感。如果你不尊重别人，总以强者自居，若想与别人建立起一种良好的关系，这几乎是不可能的。尊重他人是人际关系最重要的一条原则。亲切随和的人往往更能广交朋友、善结人脉，总能获得他人的好感与认同。

"你为什么喜欢与他在一起？"

"与他在一起让我会感到很轻松，他很随和。"

我们经常听到这样的对话。这就说明亲切随和是令人愉悦的个性。所以，如果你希望自己培养令人愉悦的个性，就要做个亲切随和的人。

3. 温和谦恭

我们在生活中经常会遇到这样一些人，他们对他人的看法总是很尖刻，容易急躁，一生气便暴跳如雷，或者是与人交往时经常咄咄逼人、盛气凌人，或固持己见、立场不容他人辩驳。大家恐怕都不会喜欢这样的人，更谈不上令人感到愉悦了。这种人的共同特征是缺乏温和的性情与谦恭的心态。

温和谦恭的性情表明一个人极富涵养，非常成熟，对人和物都有全面的看法。而与之相反的品性，比如急躁、易怒、不安、尖酸刻薄、锋芒毕露等等，都说明这类人离高尚的境界还有很大的距离，也很难获得他人的同情和帮助，从而也较难获得成功。成功者在性格上的特点往往是不骄不躁、心平气和，他们在任何复杂问题面前都能保持清醒的头脑，不被烦躁不安的情绪所支配。即便他们受到了恶意的攻击，也能心态平和，因为他们知道，谦虚温和与泰然处之是对付恶意攻击的最好办法。当他们的观点看法被人彻底否定时，他们也能耐心地听取别人的看法，而同时保持一种友好的姿态，并要求自己有则改之，无则加勉，不断提高自己的涵养和性情。

如果你在一切场合，都能做到性情温和、彬彬有礼，这会为你奠定成功的基础。在令人愉悦的个性中，绝对找不到傲慢、自大和唯我独尊的影子。在任何时候都不要愤怒，愤怒没有任何价值；在任何时候都不要急躁不安，急躁不安也不会给你任何助益。成功者有一颗清醒冷静充满信心的头脑，但他们一般也有一颗谦恭的心。金无足赤，人无完人。在任何社会，我们都找不到全能全智的人。在现代社会，个人的知识与纷繁复杂的社会生活相比，尤其微不足道。所以，每个人都会在很多领域是知识上的盲人，而谦恭可使你无须掩饰自己的无知与缺陷，还会使你学到很多更有价值的东西。

4. 富有感染力

如果你做到了前面所讲的三条，你就是一个很受欢迎的人了。但如果你还能做到这一条，就会使你更具魅力。你是否注意到，成功者的重要特点是他的个性富有感染力。每到一处，他都善于用自己的行动和语言打动别人，否则他怎么给别人留下深刻的印象呢？所以，你要努力培养你的感染力。

那么，怎样才能培养感染力呢？是什么构成感染力的基础呢？是什么东西能感动你自己？你要观察那些使你深受感动的人，他们的一举一动、一言一行。这里既有性格的因素，又有语言的技巧。但是有一点是相通的，感染力的基础是共鸣，是一个人能力因素和情感因素的完美结合。

一些成功的人之所以具有感染力，是因为他们懂得大部分人所关心的事物，他们能细心地观察每个人的利益、态度与感受。

一个人的正义感、同情心往往是感染力之源。在日常生活中，一个人的感染力更多是来自于情感方面。所以，一个具有感染力的人，也是一个具有道德影响力的人、一个正直善良的人、一个对他人的痛苦具有同情心的人。

"性格塑造人"，同样也是性格塑造成功。热忱、亲切、随和、谦恭、温和、宽容、感染力这些优秀的品质，构成了你令人愉悦的个性，从而有助于你获得他人的善待，建立一张宽广结实的人脉关系网。

提升信任度的交际技巧

人们都愿意与值得信赖的人交往，要想与人持续交往，务必要给对方留下值得信赖的形象。如何塑造让别人感觉你值得信赖的形象呢？

1. 不要刻意隐藏缺点，要知道缺点是"欲盖弥彰"

百货公司偶尔会举行次品大拍卖。一旦这种大拍卖展开，每天都会吸引许多的人前往抢购，为什么次品也会这么受欢迎呢？

人的心理通常是隐恶扬善的，所以他们会想尽办法的去掩饰缺点，宣扬优点。因此，一旦有人明白地指出自己产品的缺点，反而会让人觉得这家公司很诚实而对它产生信赖感（当然价钱低也是吸引人抢购的原因之一）。

做人的道理也是一样。将自己的缺点明白地表示出来，往往会得到别人的信赖。但这并不是说要将自己的缺点一五一十地全都说出来，这样做不但得不到上述的效果，反而会收到破坏自己形象的反面效果。

那么应该怎么做效果才会最好呢？我们可以透露自己的缺点，但不能太多，顶多透露一两项无关紧要的缺点就行。有少许小缺点的人，给人的感觉往往是“虽然有少许缺点，但大体上很好”。这样的人往往更能获得别人的信赖。

2. 知之为知之，不知为不知，是知也

有一次美国加州大学一位教授讲课。课上教授提出他做的老鼠实验的结果。此时有一位学生突然举手发问，提出了他的看法，并问这位教授假如用另一种方法来做，实验结果将会如何。会场的听众都看着这位教授，等着看他如何回答这个他根本就不可能做过的实验。结果这位教授却不慌不忙，直截了当地说“我没做过这个实验，我不知道”。

同样的情况若发生在东方某位教授身上，情形可能就会完全不同。他一定会绞尽脑汁，说出“我想结果会是……”的话。

一般人都有不想让别人看出自己弱点的心理，因此，很难开口说“不知道”。但有时承认不知道，反而可以增加别人对我们的信任。

因为直截了当地说不知道，会给人留下非常诚实的印象，并且敢说不知道，其勇气也是别人所佩服的。因此对于这种人所说的其他答案，别人会认为一定是千真万确的才会说，因此对他也就会更加信任。

3. 直截了当地承认过错，可以表现自己的坦诚

考试差的小孩，往往会不敢直接回家，或者是回家后找一大堆理由，尽量推卸考不好的责任。

其实，我们向人道歉时，最好的办法是直截了当地说出对自己不利的一切。这样原本想对你发动攻击的人，就会丧失攻击的动机，因为这正表现了你的诚实。事实上，这比找一些借口支吾其词地向人解释来得有效且勇敢。

因为支吾其词，往往会给人逃避责任的印象，更会给人极不好的印象，并且还会给对方有“他根本就没有真正认错的诚意”的感觉。相反地，若直截了当地认错，就可以增加自己的信誉，让对方有不妨让他再试一次的意思。由于道歉当时态度的各异，往往会给人截然不同的感受，这一点我们务必要牢牢记住。

4. 提前 10 分钟到达约会的地方

与人约会要守时，是尽人皆知的道理。但若是由自己主动邀请的约会，那我们就必须比约定的时间提前 10 分钟到达，以表现出自己的诚意。

不迟到是一种守信的行为，因此可以给人留下诚实的印象，进而对这个人产生信任感。

但最重要的不是守时，而是不让对方等。因此就算我们准时到达，但若对方已先我们而到，就失去了意义。因此我们应该比预定的时间提早到达，以便等待对方的到来。

另外，我们有时参加一些重要的集会，会让我们觉得很紧张。此时若能稍早到达约会的地方，让自己先适应一下环境，那多少可以消除我们的紧张感。

5. “请你听我说”听起来比“我要告诉你”谦虚得多

想让对方对我们产生信任感，最主要的一点，就是要消除对方的警戒心。

而在谈话时，最重要的一点就是要让对方觉得他是主角。“我要告诉你”是以说这句话的人为“主”，因此对方的感受往往不如“请你听我说”来得悦耳！这不但是以对方为“主”，并且还可以表现自己的谦虚，是件一举两得的事。

6. 满足对方不经意间流露出的愿望

有位任职于某企业的经理，曾讲述了一件令他很感动的事。他说有一位任职于他客户公司的年轻职员，有一天拿了一瓶他们家乡的土特产酒来送给他。经追究其原因才知道，原来不久之前，在他们一起喝酒的时候，这位年轻的职员向他表示，他们家乡所酿的土特产酒味道不错。结果这位经理就不经意地向他表示，方便的话，哪天就送他一瓶。这位年轻职员果真没忘记他们之间的约定，把酒送来了。这种诚意着实使他深深地感动。

一般来说，不信守约定被认为是件不好的行为，但喝酒时所定的约定却是例外，因此若能遵守喝酒时所定的约定，将会让人刮目相看。

事实上，想让人留下深刻的印象，“意外感”所占的比例往往是相当大的。

因此，若想让人留下深刻的好印象，就必须遵守一些非正式的约定，这样对方将会因感到意外而留下更深刻的好印象。

获得他人好感的交际策略

交际中如何获得别人的好感呢？交际心理学的专家们建议可以从下面8个方面入手：

1. 呼叫对方的名字

欧美人在说话时，常说：“来杯咖啡好吗？莱克先生。”“关于这一点，你的想法如何？莱克先生。”频频将对方的名字挂在嘴边。这种作风往往使对方涌起股亲密感，宛如彼此早已相交多年。其中一个原因是他感受到对方已经认可自己了。

在我们的社会里，晚辈直接呼叫长辈的名字，是种不礼貌的行为。但是，平辈之间借着频频呼叫对方的名字，来增进彼此的亲密感，应是个非常有益于彼此交往的方法。

2. 记住对方所说的话

一位心理学家应邀去演讲，不料主办方却问他：“请问先生的专长是什么？”他颇为不高兴地回答：“你请我来演讲，还问我的专长是什么？”

招待他人或是主动邀约他人见面，事先多少都应该先收集对方的资料，这是一种礼貌。换句话说，表现自己相当关心对方，必然能赢得对方的好感。

记住对方说过的话，事后再提出来做话题，是表示关心的做法之一，也是说话的策略之一。尤其是兴趣、嗜好、梦想等事，对对方来说，是最重要、最有趣的事情，一旦提出来作为话题，对方一定会觉得很愉快。在面试时，不妨引用主考官说过的话，定能使主考官对你另眼相看留下深刻的印象。

3. 多提善意的建议

当一个人关心你时，只要这份关心不会伤害到自己，并且对方还提了一些善意的建议，你当然会欣然接受，对这个人产生好感。那么，反过来你对别人若也如此，别人也会同样对你产生好感。

满足他人自尊心最佳的方法就是善意的建议。对方是女性时，仅说“你的发型很美”，只不过是句单纯的赞美词；若是说“稍微剪短，看起来会更可爱”，对方定能感受到你对她的关心。若是能不断地表示出此种关心，对方对你必然更加信任。

4. 偶尔暴露自己一两个小缺点

有时坦率地暴露缺点，反而会迅速获得对方的信任，给对方留下一个正直、诚实深刻的印象。

只是暴露自己的缺点并不是毫不保留地将所有的缺点都暴露出来，如此做，反而使人认为你是个毫无可取之人，因而丧失了你的信任。

暴露的点只要一两个就可以了，可使他人把这一两个缺点和其他部分联想在一起，因而产生其他部分毫无缺点的感觉。但这绝不是狡诈，只是交际的策略和需要，因为也没有人会拿自己的缺点和别人交往。“这个人有点小缺点，但是其他方面挑不出毛病来，是个相当不错的人”，类似上述的想法就能深深植入他人的心中。

5. 指出对方的服装或饰物上的小变化

每个人都希望被人关心，并且对于关心他的人，会很自然地产生好感。因此若想让对方对自己产生好感，最好的方法就是积极地表现出你真正地在关心对方。因此，我们对于对方的服装或随身饰物等，要随时注意，稍有变化就赞美他几句，这样往往可以让对方感到愉快！

6. 夸赞他的各种潜力

对于关心我们的人，除非他的关心会伤害到我们，否则对方的一切我们大都不会计较。

尤其是当对方关心与我们自尊心有关的问题时，我们往往会对他产生好感。

那么怎样的问题，才是与自尊心有关的问题呢？其实，夸赞对方的各种潜力，就是很好的方法。例如与其说“你的发型很好”，不如说“若再剪短一点会更可爱！”这样说，对方就会觉得你真正地关心他，自然会对你留下好印象。

增加亲密感的交际之道

在交际中，应当努力建立彼此的亲密感。以下的技巧有助于你增加和别人亲密感。

1. 常用“我们”这两个字可以拉近彼此间的距离

我们在听演讲时，对方说“我认为……”带给我们的感受，将远不如他采用“我们……”的说法，因为采用“我们”这种说法，可以让人产生团结意识。人的心理是很奇妙的，同样的事往往会因说话的态度不同，而给人完全不同的感觉。因此善用“我们”来制造彼此间的共同意识，对促进我们的人际关系将会有很大的帮助。

2. 若与对方有共同点，就算再细微的也要强调

“你家住哪？”“噢，那个地方我以前常去，附近是不是有一家卖香烟的杂货店？”像这样，为了缩短与对方之间的距离，只要是可以拉近彼此距离的话题，就算再细微的也要强调。

人与人之间一旦有了共同点，就可以很快地消除彼此间的陌生感，产生亲近的感觉。这样不但可以使对方感到轻松，同时也具有使对方说出真心话的作用。

事实上，我们每个人都具有这样相同的心理。例如两个陌生人一旦发现彼此竟然曾就读同一所小学，顷刻间就会产生“自己人”的感觉，立刻会打成一片。

找一些共同点强调一下，往往会收到意想不到的效果。

3. 将与自己关系密切的人名，写在电话记事簿的首页，会让他欣喜万分

当你到一位交往很久的同事家做客，你们尽兴地谈完准备回家的时候，他对你说：“这些文件待会儿再送到您家”，顺手打开他的电话记事簿，准备确认你的电话号码与住址。突然间你发现，你的名字竟然被写在第一位！老实说，你当时一定非常高兴！

每个人对“自己”都非常敏感，因此一旦发现自己受到与众不同的待遇时，不是感到非常兴奋就是感到非常愤怒！如果将与自己关系密切的人名，写在备忘录的首页，往往可以让对方感到高兴，而收到意想不到的效果。

4. 记住对方“特别的日子”（如结婚纪念日、生日等），可以给对方增加好印象

相信许多人若不是太太提醒，往往会忘了自己的结婚纪念日。如此健忘，太太当然会怀疑他是否还真的爱她。

推销技术高明的推销员，就会善用这项人们常会忽略的事，来达到加强对方对自己的好感的目的。例如他们会在对方的生日，打个电话祝他生日快乐，或者当对方的结婚纪念日快来时，寄一张贺卡。虽然这都只是一个小小的动作，但却会有意想不到的好效果。

5. 见面时间长不如见面次数多

据说必须靠拜访客户来争取业绩的工作，最有效的工作方法，就是经常到客户那里去坐一坐。它的道理就类似我们读书时，同样是读 12 小时，但连续读 12 小时，其效果绝对不如一天读两小时，连续读 6 天的效果好。

人际关系的培养，主要是要让对方觉得自己亲切而留下好印象。而逐次给对方留下的好印象，将比集中一次让对方留下的好印象更不易被淡忘。若想与人建立亲密的关系，见面的时间长不如见面的次数多。

一句幽默，让你“亮”起来

具有适当的幽默感，不仅能给你的生意带来极大的好处，而且会使你的交际更有乐趣。幽默可以消除紧张情绪，创造一种轻松愉快的交际气氛，从而使你的生意更为成功。它同样也是塑造成功形象的一个因素。每当面临选择时，绝大多数人都愿意与那些有幽默感的人打交道。

幽默是润滑剂，能使僵滞的人际关系活跃起来；幽默是缓冲装置，可使一触即发的紧张局势顷刻间化为祥和；幽默是一枚包裹着棉花团的针，带着温柔的嘲讽，却不伤人。幽默也充分显示出幽默者和被幽默者的胸襟和自信。

我们常有这样的体味，在会场或课堂上，一席趣语可使笑语满堂，气氛和谐而轻松，增加了接受效果；在友人间的笑谈中，一则笑话，常令人捧腹不止，在笑声中交流和深化了感情；在旅游登山时，一句幽默，引出一阵嘻嘻哈哈，顿使人倦意全消，鼓劲前行。可见，幽默与笑是情同手足的姐妹。上乘的幽默是鼓劲的维生素，是交际的润滑剂，是智慧的推进器。

幽默是一种特殊的情绪表现，它可以淡化人的消极情绪，消除沮丧与痛苦。幽默具有幽默感的人，生活充满情趣，许多看来令人痛苦烦恼之事，他们却应付得轻松自如。这是因为他们掌握了幽默这一适应环境的工具，学会了面临困境时减轻精神和心理压力的有效方法。

幽默可以淡化人的消极情绪，消除沮丧与痛苦。具有幽默感的人，生活充满情趣，许多看来令人痛苦烦恼之事，他们却应付得轻松自如。用幽默来处理烦恼与矛盾，会使人感到和谐愉快、相融友好。

幽默的形式有多种多样，既有愉悦式、哲理式幽默，也有解嘲式、讥讽式幽默。为了达到幽默的礼仪效果，对同志、对朋友宜多用愉悦式幽默和哲理式幽默，对自我、对友人也可根据情况适当运用解嘲式幽默，对待敌人、恶人则要用讽刺性幽默，以便在幽默讥讽中，给对方以鞭挞。

在提到幽默感的同时，必须强调，它只能像任何其他事情一样，运用得当。通常情况下幽默确实可以帮助你打开僵局，但在某些特定场合也许会适得其反。掌握“火候”非常重要。否则，就可能弄巧成拙。例如，这样向一位很有身份的潜在的顾客进行推销就十分荒唐：从后面拍一下他的肩膀，问道：“嗨，伙计！听说过那个女旅行推销员的笑话吗？”再比如当你的生意正经历着困难而走下坡路时，你不会欣赏你的律师跟你开什么破产的玩笑。

在当今复杂的社会中，许多人灰心丧气，精神萎靡。因为压力和紧张情绪比以往任何时候都普遍，所以恰当的幽默就显得越来越重要。它经常是缓和尴尬局面的最好办法。如果你天生就有幽默感，那一定要发扬它；如果你幽默，那么就要学习和掌握幽默技巧。幽默是一种重要说话技巧，也是生意场上不可缺少的沟通和交际手段，人们会乐于与幽默十足的人相处共事。

树立圈内的好口碑

建立良好的口碑，是建立人脉圈的关键。口碑对一个人的价值不言而喻。美国学者古德曼的结论是：“留住一位客户的价值，远高于处理一项投诉所需要的花费。”留住的客户，就是“回头客”“老主顾”。影响这些“回头客”“老主顾”的，就是“口碑”。

良好的口碑能够提高你的公信度和影响力，口碑效应的回报可最终表现为好的机遇不断，一路上有贵人相助，公信度增强，生意蒸蒸日上等。俗话说，“金杯银杯，不如口碑”，说的就是口碑对于个人和企业的价值所在。若想进入一个成功的人脉圈，就先给自己打造一个良好的口碑。

何玉萍的职务是保险代理人。在她从业 8 年多的时间，获得了近 40 项荣誉。与其他保险代理人的滔滔不绝、巧舌如簧不同，何玉萍说她口才不好，她能取得这么多的荣誉，主要来源于她的人脉。

做保险代理，一开始建立客户资源是最艰难的，何玉萍却似乎没有经历太多的“磨难”。“当时比较胆小，还不敢直接向陌生人推销保险，所以只能从身边的朋友开始。”何玉萍说。最开始，她先去她姐姐的单位做了几次拜访，就很顺利地签下了几单。“我在读书的时候，就常去姐姐单位玩。每次到她们宿舍，看见水瓶没有水了，我会去帮着打水；地上有垃圾，我会顺手扫掉。也许就是觉得我很本分很真诚吧，15 年后做了保险，她们就毫不犹豫成了我的第一批客户。”

何玉萍是个率真的人，在跟客户交往的过程中，她愿意和对方分享自己的经历和感觉。就是这样的个性，无形中拉近了跟客户之间的距离，为她赢得了好口碑。

有一次，有位投保不到半年的客户出了一次车祸。接到他妻子电话通知后，何玉萍急忙提着一篮水果就奔向了医院。“这位客户人真的不错，当时看着他浑身缠着绷带，我都不知道该怎么去安慰他才好。由于他只买了寿险，发生这次意外不属于理赔范围之内。我当时觉得很过意不去，都怪之前没有强烈建议他买附加意外保险。”幸好这位客户非常通情达理，丝毫没有责怪的意思。但第二年续保时，客户还是选择了退保。何玉萍非常理解，很爽快地帮他办好了退保手续。结果这一来一去的，双方反而成了朋友。如今，这位客户已再度在何玉萍这里投保，缴费已有三年了。

类似的事例很多，很多投保人在成为何玉萍的客户之前，先成为她的知心朋友。有不少通过朋友推荐的客户，后来反而跟何玉萍走得更密切，以致朋友找朋友，还得从何玉萍处了解最新“动态”。现在，何玉萍手中已经有 1000 多名客户，其中很多都是靠朋友们口口相传的口碑赢得的。

销售保险是一个很具有挑战性的工作，难就难再缺乏人脉资源。而一旦建立起了良好口碑，各种人脉圈也就向你敞开了大门。何玉萍的成功即得益于她在销售过程中所树立的良好口碑。

口碑不仅能提高你在人脉圈中的形象，还能为你的生意提供极大的帮助。好口碑让你的名字和形象不胫而走，深入人心，为你赢得意想不到的生意机遇，带来源源不断的财源。

做圈子里的“明星”人物

在日常的人际交往中，人们希望出现令人愉悦的场面，而能够制造欢乐气氛的人则更受欢迎。以下方法可帮助你成为圈子里的活跃人物。

1. 夸张的赞美

老朋友、新同事见面后，不免介绍寒暄一番，这是个极好的活跃气氛的机会，借此发表一番“外交辞令”，把每个人的才能、成就、天赋、地位、特长等做一种夸张式的炫耀与渲染，这可使朋友们感到自己深深地为你所了解、所倾慕。尤其是利用这种方式把朋友推荐给其他人，谁也不会去计较其真实性，但你却张扬了朋友们最喜欢被张扬的内容。这种把人抬得极高，但没有虚伪、奉承之感的介绍，会立即使整个气氛变得异常活跃。

2. 引发共鸣感

朋友相聚，最忌一个人唱独角戏，大家当听众。成功的交际应是众人畅所欲言，各自都表现出最佳的才能，做出最精彩的表演。为达到这一目的，就必须寻找能引起大家最广泛共鸣的内容。有共同的感受，彼此间才会各抒己见，仁者见仁，智者见智，气氛才会热烈。所以，你若是交际活动的主持人，一定要把活动的内容同参加者的好恶、最关心的话题、最擅长的拿手好戏等因素联系起来，以免出现冷场。

3. 有魅力的恶作剧

善意地有分寸地取笑、调侃朋友并不是坏事，双方自由自在地嬉戏，超脱习惯、道德，远离规则的界限，享受不受束缚的“自由”和解除规则的“轻松”，是极为惬意的乐事。恶作剧具有出人意料的效果，它起于幽默，导致欢笑。人们在捧腹大笑之际，会深深地感谢那个聪明的快乐制造者。

4. 寓庄于谐

商务交际中需要庄重，但自始至终保持庄重气氛就会显得紧张。寓庄于谐的交谈方式比较自由，在许多场合都可以使用。用风趣、诙谐的语言，同样可以表达较重要的内容。当年毛泽东主席在接见国民党谈判代表刘斐先生时说：“你是湖南人吧！老乡见老乡，两眼泪汪汪。”这番话顿使刘斐先生的紧张情绪减去了一大半，打消了拘束感，紧张的会谈气氛也因此缓和了下来。

5. 提出荒谬的问题并巧妙应答

生活中，总是一本正经的人会给人古板、单调、乏味的感觉。交谈中，不时穿插一些朋友们意想不到的、貌似荒谬而实则极有意义的问题，是很好的一种活跃气氛的方法。也许会有人时常问你一些荒谬的问题，如果你直斥对方荒谬，或不屑一顾，不仅会破坏交谈气氛、人际关系，而且会被人认为缺乏幽默感。

学会提出引人发笑的荒谬问题并能巧妙应答，有助于良好交际气氛的形成。

6. 带些“小道具”

朋友相聚，也许在初见面时打不开局面，而陷于窘境，也许在中间出现冷场。这时，你随身携带的小道具便可发挥作用。一个精致的钥匙链可能引发一大堆话题；一把扇子，既可用作帽子，又可题诗作画，也可唤起大家特殊的兴趣。所以说，小道具的妙用不可小瞧呢。

7. 制造一些无伤大雅的小漏洞

漏洞是悬念，是“包袱”，制造它，会使人格外关注你的所作所为，精力集中，全神贯注。待你抖开“包袱”之后，人们见是一场虚惊，都会付之一笑。

8. 不妨“伤害”一下对方

经验证明，彼此毕恭毕敬未必就没有矛盾，而平日吵吵闹闹的夫妻可能会更亲热。朋友间也是如此，若心无芥蒂、毫无隔阂，开句玩笑，贬低一番对方，互相攻击几句，打几拳、给两脚，并不是坏事，反倒显得亲密无间。交际中，心无戒备、偏见，不带恶意的攻击与伤害，会使朋友、同事更加无拘无束。诙谐、戏谑中的“君子风度”，最能活跃气氛。

当然，若要商务交际的气氛理想，除在形式上做文章外，最主要的还是内容的新颖、别致。内容本身充满活力，活动才会活泼、欢快。

别让自己毁在小习惯上

生意场上，总有那么一部分人不合群。如果你仔细观察，就能发现那些不受欢迎的人。这些人的行为举止上的不良习惯，会影响自己的交际形象，阻碍人们与之交往，进而影响生意的进行。

1. 死板、性格不开朗

性格不开朗的人让人觉得死气沉沉，没有朝气，一副阴郁的样子。客户一看就扫兴，心情也会随之阴郁起来，在这种心理状态下，他是不会产生买你商品的念头的。在开拓市场过程中，面对众多客户往往要做多遍自我介绍，在这种情况下，客户会厌恶地说："又是这小子，像人欠他多少钱似的。"阴郁性格的人，在生意场中是不受欢迎的。

2. 说话小声小气、口齿模糊不清

有的人说话声音太小，像蚊子叫，说出的话对客户没有一点感染力，这样往往会使生意泡汤。应养成大声说话的习惯，当然，不能矫枉过正，变成大吼大叫。

3. 过于拘谨

过于拘谨虽算不上是什么令人讨厌的缺点，但在当今激烈的市场竞争中，它也绝不是什么优秀的品质。这种人往往会引起客户的不信任或瞧不起，因此很难把事业发展得很好。

4. 轻率

说话太轻率的人，各种话语随口而出，是很容易出差错的。因为这种人话说出口时，自己也往往心中无数。因此，说话时心中应有准备，不能信口开河，胡说八道。

5. 老奸巨猾

有的人初见面就给人一种老奸巨猾的感觉，眼皮向上翻、皮笑肉不笑、点头哈腰、夸夸其谈等均在其列。也许实际接触一段时间之后，上述印象就消除了，觉得这个人挺诚实。但是，消除误解需要不少时间，在这段时间里，损失已经不少了。因此，为了不引起对方的误解，在举止方面一定要多加注意才好。

6. 皱眉头

现实生活中爱皱眉头的人很多，这种人让人一见就心里不舒服。这个习惯可以说是生意场上的一个大忌讳，因此一定要革除。如果要纠正的话，你必须时时刻刻提醒自己舒展眉头，即使在紧张或生气的情况下，也要强迫自己不皱眉头。

7. 傲慢

有的年轻人，因自己事业已有小成而自鸣得意，因此，在对待一些中小客户时，说话随意，总想显现出自己比对方优越，但这样只会伤害客户的自尊心，而影响自己的事业。

第11章

经营交际圈，生意滚雪球

圈子对了，生意就成了

每个人都有他自己的交际圈，如我们的家人、亲人、朋友……他们是我们生活圈中重要的部分，当然可能还包括我们的老师、同学、校友等等；同时也有自己多年来形成的生意圈、工作圈。

有的人可能一生都属于某个圈子。有的圈子只存在于人生中的某一个阶段，或某一个时刻，或某一个方面。有的人一辈子都置身于我们的圈子之外，同样我们可能一生都在别人的某个圈子之外。有的人同时游走于许多圈子，他刚刚在一个圈子里谈诗书仁义，转眼又在另一个圈子里谈吃谈喝。有的人不喜欢圈子太大太多，只想有一个小圈子。

有人说，生活就是钻圈子。亲戚圈、同学圈、邻里圈、职场圈、兴趣圈……不管你有意无意，那些和你有着共同利益或志趣相投的人，正组成一个又一个圈子，包围着你，带给你快乐和方便，也带给你安全和满足。每个人都在各个圈子里扮演不同的角色，而每天的生活正是从一个圈子到另一个圈子的往返过程。圈子都具有一定的稳定性，不会轻易允许其他人进入。

人生中的圈子就像泡沫，这个圈子或许消失了，我们和他人之间可能又会形成一个新的圈子。圈子的构成也总是呈现一种变化的状态，今天有人进入了这个圈子，明天又有人离开了这个圈子。

每个人在自己的生活圈子中，伴随着快乐和烦恼，生离或死别。只要我们和身边的人仍处在一个圈子中，他们就和我们有着密切的关系。

朋友也是有阶段性的，多年不见的老友虽然见了仍然很亲切，可实际上已经从你的核心圈子里淡出了。现代社会的人口高流动性，迫使我们“人不如故”的观念也要发生变更。那么，理想的朋友圈子应该是怎样的呢？有人解答，圈子的核心部分，应该是少数彼此了解和信赖的知己；同时，最好还能有一个相对松散、更为宽泛的社交网络，日常联系不多，但必要时也能建立合作，这就叫“朋友多了路好走”。

一般来说，一个人的工作圈和生活圈，中间可能有部分交叉，但基本上是由两类不同的人组成的。同样，你也会为别人的工作圈和生活圈所覆盖。生活圈和工作圈构成了一个人的人脉圈。

在为你的生意奋斗的历程中，一定要建立你自己的黄金人脉圈。著名的二八法则说明，在茫茫人海中，对你的成功起着至关重要影响的人，永远是那 20% 的高端人脉资源。

建立生意人脉圈，你必须靠积累，每天的积累，要有每天进步一点点的恒心和持久的毅力。培养人脉圈或许不像播种、收获那么简单，但这是经营生意的必经之途！

经营生意就是经营人脉圈

美国人有句名言：20 岁靠体力赚钱，30 岁靠脑力赚钱，40 岁以后则靠交情赚钱。人脉圈是个巨大的资源，而这份资源，并不仅仅指那些拥有势力及财力的人物，更多的是指身边无数的人。

23 岁，对于大多数女士来说，往往是刚刚走出大学校门步入职场的时候，但萧萧却已经是某知名公关公司的经理了。

萧萧拥有一大帮记者、编辑朋友，娱乐、经济、体育记者都有，如果需要举办活动，她的人脉资源可以从主持人、明星延伸到政府部门的工作人员。人生中的第一份工作，无疑为萧萧打开了一扇通向成功的大门，也为她积累了第一桶“金”——人脉圈的无形资产。

让萧萧真正体会到人脉圈资源的巨大价值，却是源于一件小事。她说：“当时有一个朋友在策划一个记者招待会，准备一个产品的新闻发布会，但是他自己和媒体不熟悉，就托我帮忙联系相关的记者。”这是萧萧第一次强烈地感受到市场对于公关服务的需求。有需求就有市场，这令她萌发了创立公关公司的念头。

可想而知，创业的初期总是困难重重。萧萧说：“公司一共几个员工，我们每天的工作就是寻找客户。一开始是查黄页，打电话给 4A 广告公司，或者直接上门游说。虽然努力工作，但收效甚微。这些公司如果没有预算，没有相关的活动经费，是根本不会考虑我们的任何建议。而且对于不知根不知底的公司，客户不敢用。”

一次偶然的机会，萧萧的一个朋友在一家外资公司工作，这位朋友告诉她，公司需要做些媒体公关，但是没有太多的预算。直觉让萧萧明白这是一个难得的机会，虽然只是写写新闻发布稿，和媒体记者联络的琐碎事情，萧萧还是十二分用心去做好每件事情，不放弃任何给别人留下好印象的机会。

第二年，萧萧便争取到了第二个客户。经过了无数的坎坷与波折，公司逐渐步入了正轨。萧萧的事业是以人脉开始的。如果没有朋友们的帮助，在事业发展的道路上势必要遇到许多的困难和挑战。

你的人脉如何，你的事业就如何。你的人脉在哪个圈子，你的事业就在哪个圈子。比尔·盖茨说：一个人永远不要靠自己一个人花 100% 的力量，而要靠 100 个人花每个人 1% 的力量。如果你能积聚你的人脉圈中每个人 1% 的力量，其效果必然会非同凡响。

打造你的人脉圈，其实就是在为你的生意打基础。当你的生意起步时，有人给你捧场；生意受挫，会有人相助；生意顺利，人脉圈资源能够锦上添花。经营你的生意，更多意义上是在经营你的人脉圈。如果你的人脉圈能够长期得到维护和拓展，你的生意也一定会蒸蒸日上！

开展你的“圈地运动”

作为在群体中生存的个体，你的朋友圈子一定要不停地构筑，才能让朋友越来越多，你的路越走越宽。要想拥有自己的圈子，就得开展属于你的“圈地运动”。

有米才能成炊，圈子要靠自己一点点编织才能成形。号称“台湾第一报人”的高信疆先生，在创办《人间副刊》之际，没有人愿意为其投稿，只能自己“造米下锅”。但他坚持不懈，每天写20封信，不管认识不认识，不管能否接到回音。坚持的结果是，“米多锅少”，于是他一再扩大版面，成就了以副刊带动整个报纸的辉煌。而他自己的圈子也同时成了规模。

你也可以推而广之，每天发20封电子邮件，不怕陌生、不怕不熟。联系多了，自然他们就成了你的“圈”中之人了。

圈子不能一成不变，像盖好的楼房，需要第二期、第三期的开发。在打造关系网的过程中，已经认识的人很重要。你目前的联络网是编织你未来关系网的原料。他们都有自己的熟人，而他们所熟识的人又有自己的熟人。现在，上面提到的高先生虽然说现在已无暇每天写20封信，但他依然规定自己每天至少给新老朋友打5个电话，所以他的圈子还在不断地扩大。你的圈中人不可能只认识你一个，不妨互通有无，带着各自的朋友扩大联盟。这样交叉着，你的圈子就很容易扩张，你的获得就永远新鲜。

物以类聚，人以群分，这个“分”当然有其特定的标准和要求。但当这个标准或要求太具有功利性时，圈子有时就会变成阻碍人迈出脚步的套子。这时，圈子便不知不觉变成了圈套。不让圈套套住你的最好办法，就是拥有几个不同的圈子。怎样做此“运动”呢？涉猎广泛一些，展示自己不同的侧面，就很容易拥有不同的圈子。

同新圈子中的人打成一片

每个人都有一个相对熟悉的交际圈，或以地域为标志，如邻里之间、单位范围内等；或以人群为界限，如同性之间、同事之间、同龄之间、同学之间等。在这个熟悉的交际圈中你可以挥洒自如、游刃有余，堪称交际高手。但一旦走出这个熟悉的交际圈，你还能达到这样的境界吗？做生意过程中，要办形形色色的事，要想各种事情都办得顺利，需要你不断扩大交际面，学会与圈外的诸色人等打交道。

1. 开放心态

交际圈外总不如圈中那么熟悉、随意，多会让你感到陌生、僵硬、别扭。当交往把你推到交际圈外时，你应打破怯懦畏缩心理，以积极开放的心态面对一切，这样你就能放松自己，展现出热情挥洒的风貌，让人认同、欣赏、接受。例如，小陈在原单位时交际得体，很有人缘，后来他被抽调到市文明委。进入新的交际圈，小陈却笨拙起来，显得特别别扭、窘迫。幸好有人给小陈及时传经送宝：进行心理放松，让脸上绽放笑意，主动向别人示好。那意思就是开放心态，不封闭自我，主动热情地面对全新的交际局面。小陈听了这些话茅塞顿开，之后的一切随即都变得有章法了。

2. 有效接触

交际圈外与圈内具有很大的差异，不像圈内有更多的相同点和一致性。这就要求你善于寻找彼此的接触点，比如工作上相通一致的地方、共同的爱好追求、性格上的一致、观点上的相近等。观察细致一点，如衣服品牌相同、知道了同一见闻、认识同一熟人等，都可作为交际的接触点。有了接触点，便形成有一定内涵的合适的交往关系。例如，一位夏老师带领学生到某单位见习，起初她找不到与圈外人交往的感觉，说出的话文绉绉、酸溜溜的，一举一动都显得与企业员工格格不入。后来她注意到这些人都很注意企业形象和产品广告等问题，而她恰好在此方面也是内行。于是她便以此为内容与他们谈企业公关，谈广告设计，谈宣传报道。这样她与员工有了共同话题，水到渠成地有了更深入更广泛的交往，与新的交际圈融为了一体。

3. 随行就市

新的交际圈有新的特点、新的要求，想介入其中，你必须调整固有的交往习惯和方式，适应它，这样才会为新的交际圈所接纳。而且对对方独特的交际方式，即使不适应，也不能采取冷淡、抵触的态度，要包容一切，取悦对方。油漆工小杜专做私房装修活儿，一干就是10年。虽然年纪轻轻，却算是个老油漆工了。他的活儿如源头活水，让他应接不暇。人们奇怪他的活为什么如此之多，小杜却说："其实手艺是一部分，交往是另一部分。与东家关系处融洽了，就会对你感到满意。"人们问交往的诀窍，小杜说："做变色龙。"小杜的话是调侃的口吻，但道出了事实。可以说与小杜打交道的东家形形色色，但他都能适应对方、接纳对方，绝不以一个油漆工的思维方式和行为习惯去衡量人、对待人。比如对一位领导，他注重言行的严谨、简约、礼貌；而同一位演员交往时，他表现得活泼、热情、随意，有时还说几句俏皮话，对对方一些独特的，在他一时看来不可理喻的言行，他总是表现出浓厚的兴趣。正是这种"随行就市"的交际方式，让小杜处处得人缘，处处如鱼得水。

4. 保持本色

问题往往是辩证的两个方面：一方面你应调整自己，适应对方，另一方面你又不能丧失自我，毫无个性。从根本上说，你无论面对的是怎样一个交际圈，是高品位的，还是低俗的，是充满权力色彩的，还是平凡普通的，适应靠的是你的技巧，本色却要一以贯之。只有保持本色，你才会显示出特有的交际魅力。某市委宣传部新闻科长老魏是一位专职摄影记者，长期以来在他身上形成了一种行政干部、记者、文人相杂糅的个性和气质。他的工作决定着他要同不同类型的人打交道。与同行相比，他的口碑最好，更受欢迎和尊重。原因何在呢？除去他很会"合群"以外，就是同时保持了自己的本色。你瞧他那装束，随意的一副记者模样；还有那说话、办事的方式，都显示出自己的独特气质，折射出特有的风采。其实适应并不是迁就、依附，保持本色，就是立定自我，这才能形成特有的魅力，在交际中取得主动地位。

5. 探索规律

交际无论圈内圈外都有其自身规律，懂得并遵循这些规律，你的交际就显得得体、适宜，反之难免无所适从，左右碰壁。有时这些规律复杂而微妙，这就要求你在具体情况下探索和体会特殊交往规律。比如与领导交往一般要注重保持距离。而有些领导是个性比较随意的人，或者在某种情况下，某个时段内，领导心情好，容易接纳人，你就要见机改变方式以便获得好感。刘君有一个朋友小乔，这方面就做得很好。就拿与女性交往来说吧，像小乔这样的男青年多半见了女青年不是笨手笨脚，就是冒冒失失；不是让女青年失望，就是让她们厌烦。而小乔却总结出与女青年交往的“套套”来：陪她们聊天，女人最爱聊天，尤其是她们感兴趣的话题，一聊就没个完。营造与她们交往的浪漫气氛，女青年们爱幻想、好憧憬，来些浪漫情调，她们自会陶醉、迷恋。另外要守住与女青年交往的禁区，注意交往的分寸，别让她们怀疑你有非分之心。当然小乔也是因人而异、区别对待的。对爽直的，他显得更坦诚；对那些不爱交往的，他点到为止；对对他持欢迎态度的，他乐此不疲。由于小乔牢牢地把握了与异性交往的规律并能因情求变，所以他不仅能在与同性交往中挥洒自如，而且能在与异性交往中收放自如。

6. 不畏挫折

要维护和扩大“关系网”，不可心急。联络真正的“人尖儿”，一次不行就再来一次，并不断地总结经验。如果是盲目地向前冲，只会使人离你越来越远，你的积极进取在别人眼里可能是“不择手段”“没头没脑”的。最糟的情形，还可能是使你想亲近的人纷纷躲避。要建立真正的关系，并不能像“攻城略地”一般，可持续发展的“关系”，应该是长久而稳固的。正如一位企业办人士所说的：“我从不相信在3分钟内就能称兄道弟的朋友。如果要起用一个人来做重要的事，我一定要找一个信得过的人。”

对一个新的交际空间，自然会伴随着更多的挫折和失败，这是对你的考验，你是畏缩不前、一蹶不振，还是毫不动摇、继续再来呢？既然挫折自然而然，你对待挫折也就该见怪不怪。关键是从中汲取教训，总结经验，化作动力。一位老师，在教研上颇有成就。本来许多人都想结交他，但他与所有的人都格格不入，独来独往，特别孤立、窘迫。据说在他的小交际圈中，他却能说会道，左右逢源。为什么出现这种截然不同的情况呢？当然是他不善于与圈外人交往。其实，他也很想与圈外人交往，也曾努力过，但自从碰了几次壁后，便封闭了自己，以致弄到现在这副模样。另外一个张老师本来也是一个一到交际圈外就张皇失措的人，但他面对一次又一次的挫折，从不气馁，以培养在交际圈外的交际能力。时隔数年，在一家教育报举办的论文评比颁奖会上，张老师与与会的领导、师长以及编辑、专家等社会各界人士谈笑风生，应付自如，让人不禁感叹其既能做学问，又善交际。张老师能有今天的情形，该是在多少摔打中才锻炼出来的！

出席聚会，增加曝光率

立志创业做生意的人，要不断地建立新的人缘，通过新的人缘扩大自己的世界，扩大视野。

那么，怎样才能建立起新的人缘呢？为此，要有具体的行动。一言以蔽之，即积极地走出去，扩大与人交往的机会。睡着和等待，人缘是不会从对面走过来的。要主动参加各类聚会，增加自己的曝光率。

公司以外的各种各样的聚会要率先出席。不仅是公司，自家当地聚会也要参加，不要嫌麻烦。如果有不同行业的交流会之类，也要主动地参与筹划。加入有关兴趣的圈子也是极好的机会。

有的人因为性格内向特别回避这种聚会，其实这里是鞭策自己的场合，必须以坚强的意志克服自己的厌倦情绪，积极地参加。要有坚强的意志，具备“要当创业者”“要更加富有”的愿望。但只在内心包裹着这样的愿望是做不了创业者，不会富有的。因此，必须克服厌倦情绪。有的人自认为属于人缘广的人，但实际上性格很内向。由于内向，回避与人的交往，做不了创业者，所以硬是强迫着创造了善于交际的自己。试着多参加交际活动，会发现人生实际上是很快乐的。想把内心封闭起来的躯壳，一经行动便会被打破。一经打破，其后自会容易得多。

参加各种聚会时，要注意以下几点，才能真正起到改善交际的作用。

1. 互相“舔伤口”那样的聚会不要参加

那种一边声称学习、交流，一边喝酒互诉牢骚，以求互相安慰的聚会，有百害而无一利。知道后要赶快溜走。

2. 努力做聚会的领导者

如果只是满足于做一般成员，就会总是一种小小的存在，不能建立起人缘。当然，有发言的机会时要常常积极地发言，提出各种方案。第二次聚会自己要首先邀约。总之，要使自己的存在得到好评，自己获得实质上的领导人地位。

3. 给予胜过获取

只求获取，没有给予的人会使人讨厌。给予了自然就会轮到获取的机会。比如各种学习聚会，与其去受教育，不如抱着去教导的心情参加，结果不是能获得更大的益处吗？

主动给自己拉票

有一位大富翁说：“我之所以能有今天的成就，单靠自己的力量是办不到的，而是得力于我广泛的社交圈子和良好的人际关系。我社交圈子里的朋友三教九流都有，例如文化界、教育界、学术界、商业界……真是应有尽有。”大多数成功的生意人很少单单依靠个人的能力，通常都得力于交际圈子广泛和拥有良好的人际关系。这种交际圈子和人际关系是一项很重要的生意资源和财富。

交际圈就如一张网，每个人就是网上的一个点，要想让这些孤立的点活动起来，就必须与其他的“点”联合，与他们接触，只有这样，才不会成为一个“死点”。接触的“点”越多，活动的范围就越大，社交的圈子就越广泛。而圈子越大，网上的“点”就越多，一旦一个“点”动起来，其他“点”也就会相应地动起来，由此产生持久的互动效应，使整个圈子的“点”都“活动”起来，这就是为什么社交圈子广泛、朋友多，才好办事的根本原因。

然而，有的人生活圈子很小，除了老婆孩子和少数几个亲戚，其他的社会关系可谓是“凤毛麟角”，所以他们的朋友通常不多，在关键时候能帮上忙的朋友就更少了。这些人不善于交际，不懂得如何扩大社交圈子，不善于结交新朋友。他们不会有目的地主动接近一个人，如果这样做，他们会脸红、结巴，被人家看低的同时自己也会觉得尴尬没用。久而久之，他们宁愿守着自己的小圈子，而不去延伸大圈子，甚至自己的小圈子也正在逐步缩小，最后慢慢地让自己“脱离了群众”。

因此，你若想获得人们的帮助，就要主动与人交往，扩大你的交际圈，在众人中树立人缘。

是否有人缘，大大地左右着你生意的成功与否。所以要想改变，就必须从现在起建立人缘，建立高层次的人际圈。那么，怎样才能建立起新的人缘呢？为此，要有具体的行动。一言以蔽之，即要积极地走出去，扩大与人交往的机会，为自己拉票，让更多的人了解你、知道你，愿意与你交往。

与人交往时，要提醒的是，要尽力避免同那些会阻碍自己成功的人打交道。比如心态消极的人，总是试图改造别人的人，苛刻挑剔的人，浪费时间的人。同时，也拒绝那些不守承诺的人，猥琐、不诚实或自私自利的人，以及那些总是作威作福、不可一世的人。

与圈中人保持密切联系

建立“人脉圈”的前提，不是“别人能为我做什么”，而是“我能为别人做什么”。在回答对方的问题时，不妨补上一句，“我能为你做些什么？”

保持联系是建立成功人脉圈的另一重要条件。

当《纽约时报》的记者问美国前总统克林顿，是如何保持自己的政治关系网时，他回答说："每天晚上睡觉前，我会在一张卡片上列出我当天联系过的每一个人，注明重要细节、时间、会晤地点以及与此相关的一些信息，然后输入到秘书为我建立的关系网数据库中。这些年来这个习惯帮了我不少忙。"

要与你的人脉圈中的每个人保持密切的关系，最好的方式就是创造性地运用你的日程表，记下那些对你来说至关重要的日子，比如生日或周年庆祝等。在这些特别的日子里准时和他们通话，哪怕只是给他们寄张贺卡，他们也会高兴万分，因为他们知道你心中想着他们。

观察他们在组织中的变化也不容忽视。当你的人脉圈成员升迁或调到其他的组织去时，你应该衷心地祝贺他们。同时，也把你个人的情况透露给对方。去度假之前，打电话问问他们有什么需要。

当他们处于人生低谷时，打电话给他们。不论你的人脉圈中谁遇到了麻烦，你都要立即打电话安慰他，并主动提供帮助。这是你支持对方的最好方式。

充分地利用你的商务旅行。如果你旅行的地点正好离你人脉圈中的某位关系成员挺近，你可以与他共进午餐或晚餐。

只要是你人脉圈中成员的邀请，不论是升职派对，还是他女儿的婚礼，你都要去露露面。

至少每三个月调整一下你的关系网。要多问问自己："为什么要保留这个关系？"如果你没有定期更新或增加新人，你的关系网络就会老化，其威力会大大减弱。

时刻关注对网络成员有用的信息。应定期将你收到的信息与他们分享，这是很关键的。

在一个优秀的人脉圈中，关系网络是双向的。如果你仅仅是个接受者，无论什么网络都会疏远你。搭建人脉圈时，要做得好像你的事业生涯和个人生活都离不开它似的，因为事实上的确如此。

搭建你的核心人脉圈

良好的人际圈能开拓你的视野，让你随时了解周围发生的事情，并提高你开拓市场、捕捉机遇的能力。

成功搭建人脉圈的关键是选择合适的人建立稳固的关系。

人脉圈对生意的成败具有极大的影响，生意能否成功在很大程度上取决于你拥有多大的影响力和人脉资源，与合适的人们建立稳固的关系圈对此至关重要。

当你对职业关系有所意识，并开始选择你认为对自己有帮助的人时，你必须放下那些关系网中的额外包袱，其中或许包括那些认识已久却对你的职业生涯毫无益处的人。当然，你们仍然是朋友，只是你不用浪费宝贵时间去维系这种老关系。

良好、稳定人脉圈的核心必须由10个左右你所信赖的人组成，这10个人可以是你的朋友、家庭成员以及那些在生意上与你联系紧密的人。

这些人构成你的影响力内圈，因为他们能为你创造一个发挥特长的空间，而且彼此都是朝一个方向努力。这里不存在勾心斗角，他们不会在背后说东道西，并且会从心底希望对方成功。你与他们的合作会很愉快。

当双方建立了稳固关系后，彼此形成一种强大的凝聚力。他们会激发对方的创造力，并不断从对方身上得到灵感。为什么要将影响力内圈人数限定为10个人呢？因为这种牢不可破的关系需要你一个月至少维护一次，所以10个人就足以用尽你所有的时间。

另外，你必须与至少15个人组成的后备力量保持一定的联系，以作为你10人内圈的补充。假如内圈中有一位退休或移民国外，那15人组成的后备军即派上用场了。其实，只要你每月定期和他们取得联系，可以通过电话、传真、聚会、电子邮件或信件，这个团体的人数都会超过15人。

Part 5
做中国式的人情生意

人情是维系情感和关系的纽带，是促进生意和商务的催化剂。“冷庙烧热香，急时有人帮”“锦上添花，不如雪中送炭”，这些广为流传的至理名言，告诉我们人情在交际和事业中的重要性。为人办事要懂人情世故，而做生意的学问一半就蕴藏在人情世故中。

怎样积累人情？怎样利用人情？很难完全套公式。人情运用是一种艺术，运用之妙，存乎一心，用心领会，融会贯通，就能化腐朽为神奇，达到“买卖完成，仁义又在”的最高境界。

第 12 章

投资人情就是投资生意

播种人情，收获回报

钱钟书先生曾经有一段时间困居上海孤岛写《围城》，这段时间里他生活很窘迫。当时是他的夫人杨绛操持家务，正所谓“卷袖围裙为口忙”。那时他还不是非常有名，他的学术文稿没人买，于是他开始写小说，创作小说的动机里就多少掺进了挣钱养家的成分。

他一天 500 字的精工细作，速度虽然不是很快，却又绝对不是商业性的写作速度。就在这个时候，黄佐临导演拍摄上演了杨绛的四幕喜剧《称心如意》和五幕喜剧《弄假成真》，并及时支付了酬金。这就像一场及时雨，使得钱家渡过了难关。时隔多年后，黄佐临导演的女儿黄蜀芹之所以独得钱钟书信任，得到钱先生的许可拍摄电视连续剧《围城》，实际上是因为她拿着老爸的一封亲笔信的缘故。

钱钟书是一个有情有义之人，别人为他做了事帮助过他，他一辈子都不会忘记。

要想人爱自己，己须先爱人。如果你时时刻刻存有乐善好施、成人之美的心思，就能为自己多储存一些人情的债权。这就如同养成“储蓄”的好习惯，这不仅仅能够让你自己受益，甚至会让你的子孙后代受益，正所谓“前世修来的福分”。黄佐临导演在当时可能没有想得那么远、那么功利化，但多年后的事实却给了他作为好施之人一个不小的回报。

那么，究竟怎样去获得人情，并无金科玉律可循。

对于一个身处窘迫境地的穷人，你一枚铜板的帮助就会使他握着这枚铜板忍受极度的饥饿和困苦，或许还能奋发图强干一番事业，开创出属于自己的富有的天下。

对于一个放荡不羁的浪子，你的一次促膝交心的帮助可能会使他建立做人的尊严和自信，或许能够使他在悬崖前勒马，随后奔驰于希望的原野，最终成为一名威武的勇士。

就算在平常的日子里，对一个正直的行为送去一个可信的眼神或者伸出自己的双手都会是极大的支持，这一眼神无形中可能就是正义的强大动力。对一种新颖的见解能够报以一阵热烈的赞同的掌声，这一掌声无意中可能就是对革新思想的巨大支持。

就是对一个陌生人很轻易的一次帮助，可能也会使那个陌生人突然感悟到善良的难得和真情的可贵。说不定当他再次看到有人遭到难处时，他会很快从自己曾经被人帮助的回忆中汲取勇气，并伸出援助之手。

买一只人情原始股

一个人没落失势时，陷入众人漠视的状态，原来交往密切的人都离他而去，如果你此时伸出援助之手，与之交往，他就会心存感激，铭记一辈子。人类的习惯之一，乃是朝着优秀出色的人身边靠拢，能与事业有成的人缔结关系，便可以巧妙地利用对方那股气势，这是理所当然的一种心理。然而在这种情况下交朋友，通常无法培育出可靠的人际关系。由于万事顺利、春风得意的人，人人都想与其结识，都想与其交上朋友，一方面他顾不过来，另一方面他也无法与巴结他的人成为真正的朋友。

反之，如果与那些暂时不得势的人交往，并成为好朋友，那就完全不同了，就像买股票一样，买了最有价值的原始股。

你的朋友当中，有没有怀才不遇且暂时不得势的人？如果有的话，不要疏远和冷落他，应该伸出热情之手，给予帮助和关心。一旦他日后否极泰来、时运亨通，他第一个记起来的就是你，他第一个要还人情的当然是你，到那时你找他办事情，他肯定也会伸出热情之手的。

从人生的角度来看，人们不可能一帆风顺，挫折、背运是难免的。当人们落难的时候，正是对周围的人们，特别是对朋友的考验。远离而去的人可能从此成为路人，同情、帮助他渡过难关的人，他可能铭记一辈子。所谓莫逆之交、患难朋友，往往就是在困难时期产生的，这时形成友谊是最有价值、最令人珍视的。

有一位领导失了势，他昔日的一些朋友和下属都离他而去，他的心情很苦闷，一度丧失了生活的信心，动了自杀的念头。这时，他的一个下属，不怕受连累，主动来见他，给他带来诚挚的问候，并开导他轻生的思想要不得，同他一起分析局势。下属的鼓励使他认识到前途是光明的。他终于坚持了下来，后来这位领导重新出山后，十分感谢这个下属，并把他手下最重要的部门交给了这位下属，在自己退休后帮助这位下属坐到了自己当初的位子上。

从一定意义上说，对待落魄、失势者的态度是对一个人交际品质的考验。因为人在处于悲惨的境遇中时，往往会显得脆弱、无助，在这个时候你向他抛出的橄榄枝，就好像溺水者等待的救命稻草一样，在这种情况下建立起来的人际关系是稳固牢靠的。在选举中，成功者与失败者就是得势与失势最明显的例子。在获胜者的办公室里，素昧平生的人也会纷纷涌去，落选者的办公室则无人问津。仔细一瞧，有时甚至连失败的候选人的支持者，也转而投靠到获胜者的一方，这是十分落魄的境地。在选举失败时，人人离去的情景更令人感到凄凉。在此时如果有人站在失势者一边，失势者自然会备感欣慰。如果能得到一番诚挚的勉励，就会产生再度向前迈进的勇气和信心。

在这种情形下建立的关系，不会因为少许挫折即告崩溃。在现实世界里，荣枯盛衰亦是常伴之物。既有逐步攀升的人，也有失足没落的人。得意的人身边自然有一大批人包围着，落魄的人身旁则无人靠拢。

“三十年河东，三十年河西”，一度失势的人在某种机缘下再度翻身爬起来的例子并不在少数。如果等到失势的人再度成功才去攀附结交，则为时已晚。就像买原始股票赚大钱一样，在别人失势时伸出援手，在他得势时，就能获得丰厚的回报。

与不得势的人交往更要掌握尺度和分寸。在人际交往中，并不是每一个不得势的人都值得你去交往，值得你去帮助。有些不得势的人，无论你怎样去帮他，也不会给你带来任何好处。谁会愿意花钱去买那些不会增值，有可能贬值的股票呢？

比如有些失势的人，他犯了大错误或者有了无法弥补的过失，根本就没有东山再起的可能，这时你若与他交往，给他施与援手，还要冒一些风险，受到他对手的指责和忌恨，这种得不偿失的事当然还是不要去做为妙。与不得势的人交往，有很大的学问，具体情况要具体对待，有时还要现实一点。对那些没有希望时来运转的失势者，再帮也无益。而对那些一旦时来运转就能帮你出力办事的失势者，就要适时拉他一把，帮他脱离困境。

如果你认定某个不得势的人将来必定是个成功人物，只是暂时的不得势，将来会大有作为，那你就该多多交往，或者乘机进以忠言，指出其失败的原因，鼓励他改过向上。如果自己有能力，更应给予适当的协助，甚至给予物质上的帮助。总之，发挥自己的能力，看准人才，掌握命运。

冷庙烧热香，生意有人帮

你是否发现：虽然经常应酬，但很难兼顾方方面面的朋友。日子一长，许多原本牢靠的关系就会变得松懈，联系少的朋友之间逐渐淡漠。当生意遇到某种困难时，想找以前的朋友帮忙，却突然想起自己本来早就应该去看他的。现在有求于人家才去找，会不会太唐突了？会不会遭到朋友的拒绝？

在人际交往的过程中，有财有势、声名显赫的人总是门庭若市，而落魄潦倒者、失败者门前则是门庭冷落。但是事实上，在这些“香火”旺的“庙宇”门前“烧香”或许能够得到回报，但是在“冷庙”前烧香你获得的回报可能会更大。

刘邦在发迹之前，只是一个小小的亭长，官微人轻，生活落魄。但是，这个当时的“冷庙”，同样有人烧香。据说，刘邦常向王媪、武负二人赊酒喝。一次，刘邦喝醉，卧不能起。武负、王媪看见刘邦身体上面有龙出现，觉得很奇怪。以前刘邦每次来买酒，便在酒馆中畅饮，二人按酒价数倍记账。在二人见刘邦醉卧而有龙出现的怪事以后，年底算账，这两家酒馆撕了账单，不再向刘邦索债。

刘邦的老丈人吕公有相人之术。有一次在沛县县令举行的酒宴上，吕公与时任泗水亭长的刘邦相遇。吕公见刘邦气度非凡，相貌稀奇，在客人都散去之后，对刘邦说：“我从年少的时候，就好给人相面。我相过的人太多了，但是没有一位像你的相貌这样高贵，愿你多多自爱！”吕公又自作主张，将吕雉嫁与刘邦。

后来，刘邦当上了皇帝，证实了吕公眼光之准。吕雉成为了皇后，吕公后被刘邦封为临泗侯，吕雉的哥哥吕泽和吕释之随刘邦参加楚汉战争，因功分别受封为周吕侯和建成侯，一家人全都跟着大富大贵。

在我们的人生中，重要的是要有一颗以诚待人的心，无论人贫穷还是富贵，都要宽以待人，乐于助人。广施善缘，困难的时候才能有贵人相助。

中国人讽刺临事用人的做法，最常用的话就是：“平时不烧香，临时抱佛脚。”有事之时找朋友，人皆有之，无事之时找朋友，你可曾有过？朋友间相处来往，你平时即使再忙，也别忘了沟通感情。

关系就像一把刀，常常磨才不会生锈。与人相处，最基本的原则就是：不要与朋友失去联系，不要等到需要获得朋友帮助时才想到对方，要经常保持联系和沟通。要在朋友困难的时候适时帮一把忙，特别是对那些落魄的朋友更要给予关照和帮助。日后如果你遇到困难的时候，别人会记得你的恩情，对你慷慨相助。

锦上添花不如雪中送炭

明代凌濛初的《初刻拍案惊奇》中评说“只有锦上添花，哪得雪中送炭”，俗话亦说“富在深山有远亲，穷在闹市无人问”，揭示的是当时的人情淡薄、世态炎凉。

锦上添花与雪中送炭都是与人为善的方式，但其效果却不一样。锦上添花，往往是在人得意的时候。人们常说“春风得意马蹄疾”“得意忘形”，你添的那朵花价值千金，可能此时也不会在他们的心中占有多少的分量，也许只是换来别人对你的一笑，甚至仅仅就是记得有你这么一个人。

而雪中送炭则是另一种情况。当别人因种种原因遭遇困境，陷入低谷，自己解脱有一定困难，急需他人安慰和帮助时，这时人们的表现就可能不同了：有的人害怕引火烧身，避之唯恐不及；有的人置以往的情分于不顾，翻脸不认人；有的人甚至助纣为虐，对你落井下石。当你已经叫天天不应，叫地地不灵的时候，有人对你伸出了援助之手，帮你解脱困境，这样的雪中送炭之情，几乎要等同于再生父母之恩了。你一定会铭记于心，一旦自身境遇好转，有机会了就会给他回报。

蒲松龄的《聊斋志异》中描绘有许多狐狸报恩的故事，如书生在狐狸遇到劫难时挺身相救，后来狐狸修炼成仙，变成美女报答等等，就是这一情况的精彩写照。在生活中也会有这种情况：一个人若是陷入困难之时，是最需要别人帮助的时候，如果你对“他”或“她”伸出援手，对方会感激你一辈子。有人说，相对于锦上添花而言，雪中送炭的投入可能更少，回报率却更高。但事实上，这种功利性的换算不科学，而且更有投机的嫌疑，这样的“雪中送炭”是为人所不齿的。

一天，一个贫穷的小男孩为了攒够学费正挨家挨户地推销商品。劳累了一整天的他，饥饿难当，但摸遍全身，却只有一角钱。他决定向下一户人家讨口饭吃。当一位美丽的年轻女子打开房门的时候，这个小男孩却有点不知所措，他没有要饭，只乞求给他一口水喝。那位女子看到他饥饿的样子，就倒了一大杯牛奶给他。男孩慢慢地喝完牛奶，问道：“我应该付多少钱？”年轻女子微笑着答道：“一分钱也不用付。我妈妈教导我，施与爱心，不图回报。”男孩说：“那么，就请接受我由衷的感谢吧！”说完，男孩离开了这户人家。此时的他不仅自己浑身是劲儿，而且还看到上帝正朝着他点头。

数年之后，那位女子得了一种罕见的重病，当地医生对此束手无策。最后，她被转到大城市医治，由专家会诊治疗。当年的那个小男孩如今已是大名鼎鼎的霍华德·凯利医生了。

他也参加了医治方案的制订。当看到病历时，一个奇怪的念头霎时间闪过他的脑际。他马上起身直奔病房。来到病房，凯利医生一眼就认出来病床上躺着的正是当年那位免费给他牛奶的人。

他回到自己的办公室，决心一定要竭尽所能来治好恩人的病。从那天起，他就特别地关照这个对自己有恩的病人。经过艰苦的努力，手术成功了。凯利医生请护士将医药费通知单送到他那里，在通知单上，他签了字。

当医药费通知单送到这位特殊的病人手中时，她不敢看。因为她确信，治病的费用将会花去她的全部家当。最后，她还是鼓动起勇气，翻开了医药费通知单，边上的那行小字引起了她的注意，她不禁轻声读出来：“医药费，一杯牛奶。霍华德·凯利医生。”

霍华德·凯利在最困难的时候得到了那位女士真诚的帮助。当他自己取得成功的时候，他并没有忘记当初向他伸出援助之手的人，带着一颗感恩的心，他用真诚和财富回报了那位女士。

在生活中，如果我们想对身边身处困难的人伸出援助之手，是件很容易的事。遗憾的是我们在自己得意的时候，往往不能够体会出别人的困难，有些人甚至不会花功夫去了解；有时候干脆佯作不知道。但是，你怎样对待别人，别人也会怎样对待你。一旦你处境不顺，恐怕就难以找到援助之手了。

有付出才能有所回报。经常体察一下别人的需要，关心你周围的朋友，帮助他们脱离困境，这些都是雪中送炭的表现。与其锦上添花，不如雪中送炭，患难见真情，患难时候表现出来的友谊才是最真挚、最可贵的。

无事也登“三宝殿”

中国人串门落座之后常爱说这样一句话：“无事不登三宝殿。”言外之意是有事相求了。其实这正是台下功夫不到家的一个明显例子。会处世的人常常无事也登三宝殿，平日里很注意与人保持联系——哪怕是一个电话也好，让别人知道，他们在自己心目中占有一席之地，如果非到有事才找人，未免显得太过功利主义，惹人反感。一个很久未与你联系的昔日朋友，突然打电话请你帮他贷笔巨款，恐怕你感到的不仅仅是为难，还有极大的不快吧？

八小时之外常到朋友家做做客以加强联系和沟通，看来还是非常有必要的。不过也要提醒你一句：要把握一定的分寸，懂得做客的学问。免得落个乘兴而去，败兴而归。

（1）预约的拜访要严格遵守时间，别忘了“浪费别人的时间等于谋财害命”，预约的拜访不能准时赴约，要提前打电话通知，即使责任不在自己，也要道歉。

（2）主人向自己介绍新朋友时，一定要站起来，以示谢意，同时一定要在第一次介绍中记住对方的姓名，免得谈话里不好称呼。对一些自己不认识的长辈或领导同志，要主动站起来，先自我介绍，让对方了解自己。介绍自己要亲切有礼，态度要谦虚，不能自我吹嘘。

（3）在朋友家中做客，受欢迎的人绝不是大大咧咧地径直坐到座上，而应等主人说过才能就座；等人时，不要左顾右盼，主人奉茶之后，先搁下来，在谈话之间安静稳重最为礼貌。

（4）在进朋友家门之前，要先看鞋上是否带泥，擦掉泥之后，先行敲门再走进去。雨具、外衣等要放到主人指定的地方。如果主人较自己年长，那么主人没坐下，自己不宜先坐下。自己的交通工具如自行车要锁好，放在不影响别人通行的地方，如果放的位置不好或忘锁而被盗，不仅自己受损失，也给主人带来麻烦。

（5）要知道吸烟属于个人嗜好，有人喜欢有人讨厌，抽烟时一定要征得主人的同意，特别是女主人的同意，因为间接吸烟也危害他人的健康。如果主人家未置烟灰缸，多半是忌烟的。如果掏烟打火，让主人匆忙替你找烟灰缸，是不尊重人的举动。

当然，朋友应酬中没有永远的主人，也没有永远的客人，做个懂礼之客固然重要，做个能得体待客的主人也要紧得很。事先得知朋友来访，要提前准备好茶具、烟具。客人进门后，要热情迎接并请上座。如果客人是从远道而来，要问问是否用过餐。对一般客人，在饭前只给烟茶就可以了，茶壶可以放在桌子上，对尊敬的客人或领导、长辈、朋友，要在另外的屋里把茶倒好送进去，每次倒茶要倒八分满，宜于客人饮用。

如果是“不速之客”，也要起立相迎。室内来不及清理，应向客人致歉。不宜当着客人的面赶忙扫地，弄得满屋灰尘。接待时，要问明来意。比如说：“你今天怎么抽出空来了呢？”对方如答：“有事要麻烦您。”可又不一下子直说出来。就不要立即追问，恐怕是因为还有家中其他人在场，难以启口。那就不妨改变一下接待方式。

总之，在拜访朋友和接待朋友时，都要注意必要的礼貌，只有这样，你的朋友才能维持得长久，你的关系才能稳固而可靠。

人情投资宜走长线

做生意不可急功近利。友谊之花，需持续不断浇灌；人情之果，须经年累月养护。

善于放长线钓大鱼的人，看到大鱼上钩之后，总是不急着收线扬竿，把鱼甩到岸上。因为这样做，到头来不仅可能抓不到鱼，还可能把钓竿折断。他会按捺下心头的喜悦，不慌不忙地收几下线，慢慢把鱼拉近岸边；一旦大鱼挣扎，便又放松钓线，让鱼游窜几下，再又慢慢收钩。如此一收一放，等到大鱼筋疲力尽，无力挣扎，才将它拉近岸边，用提网兜拽上岸。

人情投资也是一样，只有长线投资，耐心等待，才会有收获回报。

有一位小公司的老板靠承包那些大电器公司的工程谋生，起初他的日子也过得很是困难。但后来在一位高人的指点下，这位穷老板很快掌握了制胜的秘诀。与一般企业家的不同之处是：他不仅奉承公司要人，对年轻的职员也殷勤款待。

谁都知道，这位穷老板并非无的放矢。事前，他总是想方设法将电器公司中各员工的学历、人际关系、工作能力和业绩，做一次全面的调查和了解，认为这个人大有可为，以后会成为公司的要员时，不管他有多年轻，都会尽心款待。这位穷老板这样做的目的是为日后获得更多的利益做准备。

这位老板明白，10个欠他人情债的人当中总会有几个能给他带来意想不到的收益。他现在做的“亏本”生意，日后会利滚利地收回成本。

所以，当自己所看中的某位年轻职员晋升为科长后，他会立即跑上去庆祝，并送上礼物，同时还邀请他到高级餐馆用餐。年轻的科长很少去这类场所，因此对他的这种盛情款待自然倍加感动，心想：我从前从未给过这位老板什么好处，并且现在还没有掌握重大交易的决策权，这位老板真是位大好人！无形之中，这位年轻科长自然产生了感恩图报的意识。

正在受宠若惊之际，这位老板却说：“我们公司能有今天，完全是靠贵公司的抬举，因此，我向你这位优秀的职员表示谢意，也是应该的。”这样说的用意是不想让这位职员有太大的心理负担。

这样，当有朝一日这些职员晋升至处长、经理等要职时，还记着这位老板的恩惠。因此在生意竞争十分激烈的时期，许多承包商倒闭的倒闭，破产的破产，而这位老板的公司开得越来越火，究其原因就是由于他平常关系投资多。

综观这位老板“放长线”的手段确有他“老姜”的“辣味”。这也揭示了求人交友要有长远眼光，尽量少做临时抱佛脚的买卖，而要注重有目标的长期感情投资。同时，放长线钓大鱼，必须慧眼识英雄，才不至于将心血枉费在那些中看不中用的庸才身上，以免日后收不回成本。

投我以桃，报之以李

“投我以桃，报之以李”，《诗经·大雅·抑》中的这句话，道出了人际关系中的酬报原则。

在社会交往中，任何人都免不了帮别人的忙，也免不了让别人帮忙，正所谓：人人为我，我为人人。

但或许很多人都有这样的感受，在朋友往来中，当求助于对方时，出于朋友关系，他们表面上很爽快地答应了下来，可真正做起来时，却会拖拖拉拉，或借故推托。

为什么呢？在朋友的眼中，当彼此之间并没有很近或很深的血缘关系时，无须加以特别照顾。

因此，在利用自己的朋友关系之前，何不先让人家利用一回，让对方欠下一个人情，或者干脆说，让对方小小地利用一回，欠下一个小小的人情。继而，在“投桃报李”社会道德的约束下，在情谊的基础上加上恩情，何愁所求之事不成？

有一天，辛格和一个旅伴穿越高高的喜马拉雅山脉的某个山口，他们在雪地里艰难地走着。忽然，辛格看到前面雪地里有一个人躺在那里，看样子像是被冻僵了，辛格想停下来帮助那个人，但他的同伴说：“我们现在想过这座雪山都已经很困难，如果我们再带上他这个累赘，我们就会丢掉自己的命。”听到这话以后，辛格觉得有点失望，但他不能丢下这个人，让他死在冰天雪地之中，于是他决定带这个人一起走。

当他的旅伴跟他告别时，辛格把那个人抱起来，放在自己背上。他使尽力气背着这个人往前走。渐渐地，辛格的体温使这个冻僵的身躯温暖起来——那人活过来了。

过了不久，那个人恢复了行动能力，于是两个人并肩前进。当他们赶上那个旅伴时，却发现他死了——是被冻死的。原来，辛格背着人走路加大了运动量，保持了自身的体温，和那个人一起抵御了寒冷。而他们的旅伴却因为缺少能量被冻死了。

帮助别人的同时，就是在帮助你自己。今天你送人家一个人情，日后说不定哪天你会换来一个回报。

有一篇叫《慷慨的农夫》的短文，说的是：美国南部有个州，每年都举办南瓜品种大赛。一位经常获得头奖的农夫，获奖之后，毫不吝惜地将得奖的种子分送给街坊邻居。有人不解，问他为何如此慷慨，不怕别人的南瓜品种超过他吗？农夫回答："我将种子分送给大家，方便大家，其实也就是方便我自己！"原来，邻居们种上了良种南瓜，就可以避免蜜蜂在传递花粉过程中，将邻近较差品种传染给农夫的南瓜。这样，农夫就能专心致力于品种的改良。否则，他就要在防范外来花粉方面大费周折而疲于奔命。

农夫的这个回答是对"与人方便，自己方便"的最好注解。

"投桃报李"是一种互逆的过程，就是说，除了可先"投桃"后得到亲戚的"报李"，也可先让亲戚"报李"后再"投桃"。求助于亲戚时，在亲情互相信任的基础上，可先允诺"投桃"，从而得到对方的"报李"。

小恩小惠，笼络人心

有些聪明的生意人很善于利用人们无功不受禄、无劳不受惠的为人原则。所以，经常给对方施些小恩小惠，这样一来，对方的心理得到了满足，就很容易相处，从而为生意打开了方便之门。

尤其在商场中，略施小惠往往会影响到重大的生意。有一次产品推广会上，主办人对所有来的客户均赠送20块钱的纪念品。该公司的负责人认为：因为每个人都喜欢贪小便宜，可是他们又绝不愿平白无故地接受别人的东西，因此他们就会以尽义务的态度来参加销售会，甚至会敞开胸怀来倾听对方的解说，唯有如此，他们才会觉得受之无愧。

而一切结果也正如他所说的，"那些平白接受了小惠的人往往会假意告诉自己和那些推销员，他们是因为真正对商品感兴趣，才来参加这次推广销售会的。”只不过区区20块钱，使原来怀疑的大众变成了积极的听众。

因此，我们也可以把这种方法运用到生意上。在我们与对方的关系还不太熟的时候，先请客吃顿饭，或先送一些小礼物给对方，这样结交对方的成功率就会大大提高。

小恩小惠的方法只用于增加感情上的交流，这种办法有时会获得良好的效果。不过要注意，必须经常改变方式，交替使用，方可制胜。

张志超是一家公司的图书销售员，有一天，他去书店查看一下图书的销售情况。在这个过程中，他注意到有一个年轻人拿着一本书看得津津有味。

于是，张志超走到年轻人面前，跟他攀谈起来。交谈了一会儿后，张志超就感觉到这个年轻人与众不同，他对文字方面的理解很有独特之处，而且对文字的运用能力也超出一般人。

张志超很想结交这个年轻人，当看到年轻人手里的书时，张志超有了主意。他把营业员叫来，说："这本书是我们公司出的，我想把它送给这个人，你看怎样办理手续？"营业员让张志超拿出证件，然后打了一个电话，说："可以了，不用交费。"年轻人很高兴，两个人又聊了一会儿。分手的时候，年轻人已经把张志超当成好朋友了。

大部分的人都有这种心理，无故受人恩惠时就感觉欠对方人情，所以，只要对方不提出过分的要求，通常都会很愿意帮助对方的。

略施小惠要做得自然得体，如果一下子给予对方很大的好处，对方一定会疑惧你可能要求更大的回报而回避。所以施小惠时，要顺其自然，使对方可以大方地接受。久而久之，略施小惠的影响力便可发挥出来。

运用"略施小惠"的策略时，在技巧上要特别注意一点：态度要自然，不要让人感觉到做作。否则，不但讨人厌，说不定还会得罪人。天下最愚蠢的事，就是让"资产"在无形中变成"负债"。如能做到"运用之妙，存乎一心"时，略施小惠，将会让人难以抗拒。

多聚人情，慎用人情

人情好比存款，不能滥用。人们常说，好钢要用在刀刃上，人情也是这样，尤其对于普通人来说，能够帮助你的或能够保护你的人是有限的，要好好珍惜。

“人情世故”总是夹杂着真诚与虚伪的成分。虽然是一种形式，却是维系人与人之间关系必不可少的，因此，除非离群索居、遗世独立，否则任何人都无法摆脱“人情世故”的纠缠。也许你不喜欢这种形式上的东西，但既然身处社会，此事就万万不能疏忽。

人情世故虽然不一定能为你立即带来多少好处，但多施恩泽，助人为乐，即使你是一个穷人，没有多少的资源，但有时无意随手帮的忙，都有可能在今后的日子里得到回报。

对于大多数生意人来说，本来可用的“资源”就非常少，在社会上的地位往往处于最基层。要想为自己创造一个良好的生存环境，就必须把功夫下在平时，所以平时，你就要注意多聚人情。因为人情就像银行存款一样，你存得越多，可领出来的钱就越多，存得越少，可运用的资源就越少。福泽深厚的人总是有贵人相助，并不总是因为运气好。你越是乐于助人，解人之困于危难，在危急的时候就越有人来帮助你渡过难关。所谓“人助者天助之”，就是这个道理。

有些人喜欢用“人情”来办事，以显示自己的人脉之广，以此来炫耀自己。但要知道“人情”是有限的，你若和别人只是泛泛之交，你能要他帮的忙就很有限，因为他没有义务和责任帮你的忙。

如果你一次又一次地要他帮你的忙，结果可能是你们之间的感情开始转淡，接着别人对你避之唯恐不及，要么就是别人认为你这个人不通人情世故，那么有可能进一步发展的情分就此中断了。这是因为你的人情存款只有那么一点点。

要好好地把握友谊的亲密度，不可太浅，也不可太过，否则只会适得其反。好朋友见面和交往的机会当然比其他人要多得多，可是任何事都有个“度”，超越这个界限你得到的就是相反的结果。

所以请朋友帮忙要注意，第一，弄清楚你和对方的情分如何，再决定是不是找他帮忙；第二，即使对方曾经欠你情，你也不可抱着讨人情的心态去要求对方帮忙，因为这有可能引起对方的不快，特别是喜欢斤斤计较的朋友，你们交情再深，也不可轻易找他帮忙；第三，人情要有适度的回馈，也就是要懂得“还人情”。

充实自己的人情账户

有一位出版商，他平时很注重人际关系的建立，不论是大人物还是小人物，他都不吝花费地和他们建立良好的关系。有一位与他素未谋面的作家因为急需一笔钱，去向他借钱，他二话不说就掏出两万元。他广泛建立人际关系的结果是，到处都有人帮助他，他也因而得到了很多好书稿，自然就财源滚滚。

这个出版商就是用在银行存钱的方式来充实自己的人情账户的。充实自己的人情账户，“先存再提”说来有些“现实”，有“利用”“收买”的味道，但若从另一个角度来看，和别人建立良好的人际关系本来就有这样的好处，不能光用“现实”的眼光来看。而这些人际关系，必成为你一生中最珍贵的资产，在必要的时候，会对你产生莫大的效用。

你在感情的账户上储蓄越多，就会赢得更多的信任。当你遇到困难，需要帮助的时候，就可以利用这种信任。你即便犯有什么过错，也容易得到别人的谅解；即便没把话说清楚，有点小脾气，对方也能理解。

但在此基础上，最重要的就是自己要乐于助人，关心他人，不断增加和充实自己感情账户上的储蓄。如果说建立相互信任、相互帮助的人际关系有什么诀窍的话，那么这就是唯一和最有效的诀窍。与此相反，那种不肯增加储蓄而只想大笔支取的人是无人理会的，这样的银行账户是根本不存在的。你毫无储蓄，到需要用钱时，也就必然无钱可用，只有欠债了。

但欠债总是要还的，到头来还是要储蓄。这就是社会与人生的大海上互助互利、收支平衡的灯塔。

互助互利不仅指物质利益，而且还有精神利益。被求助的一方不一定非要你给他什么帮助和好处不可，而且人际交往的互利互惠也不同于做买卖那样必须等价交换、立刻兑现。但作为求助者最好能让对方了解助人也会助己。

你请某人来帮助粉刷装修住房，说好干半天，他可能干了不到一个小时就走掉了；你拜托某人为你办理开办什么公司的手续，他也许只起了牵线搭桥的作用，具体的手续还要你自己去四处奔波……遇到这类情况，千万不可埋怨，不可责怪对方说话不算数。因为事实上人家已经帮了一点忙，这就值得你表示肯定和感谢。你感谢对方帮忙一小时，下回他可能会帮忙两小时，你感谢人家为你办手续探明了路线，下回他也许会一帮到底。

自己乐于助人，多主动帮助别人，会不断增加感情账户上的储蓄。如上所述，求人与被人求，是一笔人情账。尽管人情账无法精确地计算，但是也应当心中有数。

在找对方办事时，对方常常并不情愿为你白忙乎，他希望你也能帮他做些事情，有的甚至希望在他办事之前，你得先为他办成。如果你了解对方这种心理，主动满足他的欲望，他就会很痛快地帮助你。有时对方没有什么需要帮忙的事情，此时你要让对方精神上得到满足，表现出对对方的崇拜和尊敬，不断地夸奖对方的能力。

如果你与对方关系很密切，求他帮忙时，他提出条件来，那你也要多为对方考虑，尽量多为对方解决一些困难。不论关系多密切，你总求人家，而没有回报，时间久了也就不行了。

如果你找别人帮助的是一件名利双收的事，那对方也希望从中得到一些名或利。如果对方什么都得不到，而你却名利双收，对方就会在心理上失衡。现在的人对口头许诺不感兴趣，所以，你最好要提前满足对方的欲望。如果不能做到这一点，也一定要守信用。如果你不能履约，以后再求对方就难了。

人脉需要不断地积蓄

人脉就好像银行的账户一样，你存进的越多，存得越久，收获的利息就越多。只要你在人脉的账户上有储蓄，在你遇到困难、需要找人办事的时候，自然就会有人来帮助你。你送朋友一个人情，朋友便欠了你一个人情，他一定会想办法回报你的，这是人之常情。

中国人最讲究量入为出。为了应付某种急需，一般人即使省吃俭用也要在银行里存一笔钱。因为有了这样一笔储蓄，心里就踏实，就可以在关键的时候拿出来抵挡一阵。同样的道理，要想找人办事，你就应该在人脉账户上先进行储蓄，有了这种人脉储蓄，找人办事的时候就容易多了。

如果你的人脉账户上没有什么储蓄，到需要用人情的时候，自然也就无情可用了。因此，在人脉账户上千万不能出现负数，一旦出现了负数，人情债欠得太多，找到别人办事的时候，人家也就会有想法，一次两次无偿帮助你，还可能觉得情有可原，但久而久之，别人也就会不乐意了。

只有平时主动帮助别人，把人情做足，充实你的人脉账户，你的人脉账户上的储蓄才会越来越多，越来越够用。现实社会里，很多人都有一本或数本的银行存折，如果你年初存 5000 元，到了年底，你会发现存折上不止是 5000 元，因为还有利息！人际关系也是如此，关键在于平时对人情的储蓄，那种“平时不烧香，临时抱佛脚”的做法是万万不可取的。

人是有感情的动物，因此在人际交往与人际关系中必须重视情感投资，不断增进感情。这样，你就可以聚积信任度，与他人保持和加强亲密互惠的关系。

人情做足才有杀伤力

人情是中国人维系群体的最佳手段和人际交往的主要工具。但你要是以为好心都有好报，做完了人情必能换来交情，就未免太过迂腐了。有人为朋友两肋插刀，最后却落得骂名或倾家荡产、反目成仇的事并不少见。

当然，做人情做出祸事来的，只是极少数，但人情白做了，弄得双方都不愉快的事，随时可能发生。所以，人情要做，但事前要权衡利弊，有害自己的尽可能不要做，有弊的少做。朋友的人情，不但要做，而且一定要做足。

做足，包含两个含义：一是要做完；二是要做充分。

如果你的一个朋友求你办什么事，你满口答应："没问题。"但隔了几天，你给他一个半上落下的结果，对方虽然口头上不说什么，但心里肯定会说："这哥儿们，真不够意思，做就做完，做一半还不如不做，帮倒忙。"

做人情只做一半，叫帮倒忙，越帮越忙，非但如此，还会影响信任度。说话不算数的人，谁都不愿意结交。人情做一半，叫出力不讨好。

人情做充分，就是不仅要做完，还要做好，做得漂亮。如果你答应帮别人办某种事，就要尽心去做，不能做得勉勉强强。如果做得太勉强了，即使事情成了。你的态度也会让对方在感情上受到伤害。

比方说你买了一本好书，朋友来借，你先说："我刚买的，还没看完呢，你想看就先拿去吧。"

其实前面的废话又何必说呢？最后的结果是借给人家了，你不说也是借，说了还是借，与其说些废话还不如痛痛快快借给他。书总是你的嘛，还回来你尽可以看一辈子，何不把人情做圆满呢？

应牢记：人情要做足。人情做足了自然会赢得朋友的万分感激，让对方记挂你一辈子。

唐朝皇帝李隆基亲自为他手下的一个将领煎药，在吹风鼓火时，烧着了胡须，当侍从们赶来时，他莞尔一笑，说："但愿他喝了这药病就好了，胡须有什么可惜的呢？"

一个皇帝为他的手下亲自煎药，这真是天大的人情，把人情做得如此之足，怎不叫属下以死相报呢？人情的杀伤力可谓大矣！

把人情做足，好人做到底，你就要想朋友之所想，急朋友之所急。在朋友最困难、最需要帮助的时候，给朋友一个人情，杀伤力更大。

赢得顾客的心能赚大钱

人都是有感情的，如果你能用自己的关怀来赢得顾客的心，让对方把你当作自己的朋友，做起生意来自然财源广进。

在泰国，有一家华人经营的东方饭店几乎天天客满，不提前一个月预订是很难有入住机会的，而且客人大都来自西方发达国家。泰国在亚洲算不上特别发达，但为什么会有如此诱人的饭店呢？大家往往会以为泰国是一个旅游国家，而且又有世界上独有的人妖表演，是不是他们在这方面下了功夫。错了，他们靠的是真功夫，是非同寻常的客户服务，是依靠赢得顾客的心来赚大钱。

约克先生是一位美国公民，他因公务曾经经常出差泰国，并下榻在东方饭店。第一次入住时良好的饭店环境和服务就给他留下了深刻的印象，当他第二次入住时几个细节更使他对饭店的好感迅速升级。

那天早上，在他走出房门准备去餐厅的时候，楼层服务生恭敬地问道："约克先生是要用早餐吗？"约克先生很奇怪，反问："你怎么知道我的名字？"服务生说："我们饭店规定，晚上要背熟所有客人的姓名。"这令约克先生大吃一惊，因为他频繁往返于世界各地，入住过无数高级酒店，但这种情况还是第一次碰到。

约克先生高兴地乘电梯下到餐厅所在的楼层，刚刚走出电梯门，餐厅的服务生就说："约克先生，里面请。"约克先生更加疑惑，因为服务生并没有看到他的房卡，就问："你也知道我的名字？"服务生答："上面的电话刚刚下来，说您已经下楼了。"如此高的效率让约克先生再次大吃一惊。

约克先生刚走进餐厅，服务小姐微笑着问："约克先生还要老位子吗？"约克先生的惊讶再次升级，心想："尽管我不是第一次在这里吃饭，但最近的一次也有一年多了，难道这里的服务小姐记忆力那么好？"看到约克先生惊讶的目光，服务小姐主动解释说："我刚刚查过电脑记录，您在去年的6月8日在靠近第二个窗口的位子上用过早餐"，约克先生听后兴奋地说："老位子！老位子！"小姐接着问："老菜单？一个三明治，一杯咖啡，一个鸡蛋？”现在约克先生已经不再惊讶了，“老菜单，就要老菜单！”约克先生已经兴奋到了极点。

上餐时餐厅赠送了约克先生一碟小菜，由于这种小菜约克先生是第一次看到，就问：“这是什么？”服务生后退两步说：“这是我们特有的小菜。”服务生为什么要先后退两步呢，他是怕自己说话时口水不小心落在客人的食品上，这种细致的服务不要说在一般的酒店，就是美国最好的饭店里约克先生都没有见过。这一次早餐给约克先生留下了终生难忘的印象。

后来，由于业务调整的原因，约克先生有三年的时间没有再到泰国去，在约克先生生日的时候突然收到了一封东方饭店发来的生日贺卡，里面还附了一封短信，内容是：亲爱的约克先生，您已经有三年没有来过我们这里了，我们全体人员都非常想念您，希望能再次见到您。今天是您的生日，祝您生日愉快。约克先生当时激动得热泪盈眶，发誓如果再去泰国，绝对不会到任何其他的饭店，一定要住在东方饭店，而且要说服所有的朋友也像他一样选择。约克先生看了一下信封，上面贴着一枚六元的邮票。六块钱就这样买到了一颗心。

当你用富有人情味的服务与客户交流的时候，会让对方从心理中对你产生认同感。在这种情况下，生意上的事自然就十分顺利了。

第13章 和气生财，财生和气

挡人财路，断己财路

一位著名的企业家在做报告，一位听众问："你在事业上取得了巨大的成功，请问，对你来说，最重要的是什么？"企业家没有直接回答，他拿起粉笔在黑板上画了一个圈，只是并没有画圆满，留下一个缺口。他反问道："这是什么？""零""圈""未完的事业""成功"，台下的听众七嘴八舌地答道。他对这些回答未置可否："其实，这只是一个未画完整的句号。你们问我为什么会取得辉煌的业绩，道理很简单，我不会把事情做得很圆满，就像画个句号，一定要留个缺口，让别人去完善。"

留个缺口给他人，并不说明自己的能力不强。给别人让路的智慧，是一种更高层次上带有全局性的圆满。《周易》的最后一卦叫"未济"，其意与此颇有相通之处，即让水向下流，让火向上升。

一些人似乎有一种通病，就是见不得别人好，如果别人不如自己，却发了大财，就更觉得心里不平衡，甚至产生挡人财路的想法。

与其挡人财路，还不如自己另找财路。绝大多数人都是为钱而工作，这无可厚非，因为生活需要钱，没有钱便无法生活了。即使生活已经无忧，钱也是人人喜爱的东西，这是人类最基本的欲望之一，所以挡人财路是一件很危险的事情。

所谓“挡人财路”就是“阻挡别人赚钱、获取利益的机会”。“挡人财路”行为的发生有以下几种情形：

1. 争夺

当资源有限时，因为你拿多了，我就拿少了，你全部拿了，我便没有了。为了保障自己的利益，便用各种方法去争夺对方的机会。

2. 嫉妒

纯粹是嫉妒，看你拿得多，或是我虽然也拿得不少，但你拿得比我更多，于是我就起了嫉妒心，让你什么也拿不到。

3. 贪欲

没有什么原因，只是认为自己拿得不够多，便挡对方财路，看能不能将之据为己有。

4. 报复

某人和我有怨，争取到机会便挡他财路，虽然自己也得不到，但却满足了报复心。

挡人财路的原因和手段有很多，但后果都只有一个——引起对方的憎恨。有的立即做出反扑的动作，有的则“君子报仇，十年不晚”，至少你和对方已有了嫌隙。当然，如果对方不知是你所为则另当别论，但想做到人不知，鬼不觉，确实不容易。

所以，为人处世的原则之一就是给人让道。别人有机会升官加薪，不管你心里感受如何，最好不要去从中作梗。你若因为报复、嫉妒而去挡人财路，这事迟早会外露的。别人在外兼差，只要不影响你，你就装作不知道；别人津贴拿得多，又不合理，如果不影响你的利益你又何必去抗议？抗议成功，没人会感谢你，而你却得罪了一个人。

那么，为了自己的利益而挡对方财路总可以吧？与其挡对方财路，不如自己另辟财路，因为挡住别人财路容易引起争夺，可能你什么也得不到。如果没其他财路，那不如共享利益，这是可以用谈判协商方式办到的。

予人退路，予己后路

有的生意人对友谊持一种极其轻率的态度。他们与朋友相处时，动不动就让朋友下不了台，让对方轻则颜面有损，重则怒而绝交。

孙磊是山东人，脾气又直又倔，常常得罪人。最让人接受不了的是他总是不注意给人留余地，非要把事做绝，把话说绝。年轻时，孙磊在山东有个不错的工作，工资优厚，又很清闲，没什么人事纠纷，与孙磊的脾气很合。可是有一次，孙磊为了一件事和同办公室的一个朋友吵了起来，大家都过来打圆场，那个朋友也软了下来，表示愿意道歉。但孙磊却不肯罢休，扬言要把朋友赶出这间办公室，“有他没我，有我没他！”大家都劝孙磊何必把事做得这么绝呢！和和气气地放人一马不好吗？但孙磊却不肯答应。结果三个月以后，那个朋友居然升迁了。这样一来，孙磊只好辞了职，一个人跑到北京来了。不料孙磊是吃亏不长记性，在目前的单位还是维持老脾气，同事们都离他远远的，大家说：“千万可别惹上孙磊，那股不依不饶的劲，不把人逼到绝路上是誓不罢手啊！”就这样，孙磊成了“独行侠”，在单位里工作了七年，竟然没人愿意和他交朋友。

孙磊犯了处世的大忌，他不给朋友留余地，其实就是切断自己的后路。风水可是轮流转的，今天你不给朋友留余地，对方心里会记恨你，别人也会觉得你太绝情。等到朋友得意起来的时候，他就会报复你、打击你，这时别人也不会同情你，反而要说：“活该！”一个不给人留余地的人，是永远无法获得大家喜欢和支持的。

在做生意过程中，凡事不要做得太绝，要给人留条活路。这就是俗话说的“为人不可太绝”的道理。

在这方面，胡雪岩有一套高超的为人技巧，处理的方式令人赞佩。

胡雪岩到苏州办事，临时到“永兴盛”钱庄兑换20个元宝急用，谁知这家钱庄不仅不给他及时兑换，还平白无故地诬陷胡雪岩手持的浙江阜康银票没有信用，使他狠受了一点气。

胡雪岩在这家钱庄无端受气，自然想狠狠整它一把。由于浙江与江苏有公款往来，胡雪岩可以凭自己的影响，将海运局分摊的公款、湖州联防的军需款项、浙江解缴江苏的协饷等几笔款子合起来，换成永兴盛的银票，直接交江苏藩司和粮台，由官府找永兴盛兑现。这样一来，永兴盛不倒也得倒了，而且这一招借刀杀人一点痕迹都不留。

不过，胡雪岩最终还是放了永兴盛一马，没有去实施他的报复计划。他之所以放弃报复，主要有两个考虑：一个考虑是这一手实在太辣太狠，一招既出，永兴盛绝对没有一点生路。另一考虑则是这样的，很可能只是徒然搞垮永兴盛，自己却劳而无功。这种损人不利己的事情，胡雪岩也不愿意做。从这件事情中，我们可以看到胡雪岩作为红顶商人人性里宽仁的一面。

怨恨就像一团麻，要想解开，必须有足够的耐心和善心。心胸狭窄、“英雄气短”的人，只会用极端的办法加剧与对方的矛盾。胡雪岩在此所表现的为人境界是值得称道的。

予人退路，予己后路。做生意过程中，如果想获得别人的支持，想把自己的好运维持得长久，说话或办事就要给别人一个回旋的余地，这也是给自己留了条生意后路。

给人面子，便己生意

有人说：中国人死要面子。人对自己的面子都是十分在意的。做生意与人来往，必须时刻顾及彼此的面子，这样友情才能持久，才能有益于生意发展。

每个人都需要面子，而且也都希望自己有面子，有面子就能被别人看得起，表明他在人群中间有优越感。懂得这个道理，交友就方便许多，只要你能放下自己的面子，给别人一个面子，相信你会在做生意时会获益匪浅。

不过这种面子必须是你给别人的，而非自己争的。争面子于己于友，都没好处，只会伤了和气。

西晋的款爷石崇与王恺斗富，就是典型的面子之争。王恺用麦糖掺米饭擦锅，石崇就用蜡烛煮饭；王恺用紫丝布做步障40里，石崇就做锦布障50里；王恺用赤石脂涂墙，石崇就用花椒和泥来涂。最后，弄得晋武帝也来帮忙，他赐给王恺一支二尺高的珊瑚树，世间罕有。没想到石崇根本没把它放在眼里，拿起他的玉如意就敲过去，珊瑚树应声而碎，他回头吩咐左右回家取出珊瑚树，让王恺任意选取，有三尺高的、四尺高的，弄得王恺怅然若失，垂头丧气。石崇太过固执，不会忍让朋友，一下子让王恺的面子丢尽。他比王恺富有，这是一个事实，他却非比不可，比的结果，自然是他面子十足。无论王恺接受不接受珊瑚树，有一点是肯定的，面子伤了，谈交情就谈不上了。石崇大可不必做得如此绝，假若他若肯处处让别人一分面子，那就是另一种情形。

处世时，首先就是要懂得时刻顾及别人的面子。倘若你自恃自己的面子大，不把别人放在眼里，碰上死要面子的人，就可能不吃你那一套，甚至可能撕下脸皮和你对着干，这样常常会把彼此的关系弄僵，把生意搞砸。

懂面子，你还得去要面子，假若你请朋友吃饭，而朋友不太领情，这时，你便不能割袍断交，你要学会去要面子，你要说看在多年交情的分上，给我一个面子。只要他给了你面子，他吃了饭，那么，他的人情算欠下了，即使饭是朋友给你面子才吃的。送礼也一样，让朋友给个面子收下，这个面子你得去要。

老李帮老朋友在生意上办了件事，老朋友和妻子拿了些礼品登门道谢，老李觉得自己只是举手之劳，就死活不收礼，没想到老朋友一去就再没跟他联系过。老李打电话一问，朋友在电话里说，“提礼物去愣被你推出来了，知道我那天怎么从你家走出来的吗？”老李这才知道怎么回事，道歉之后两人又和好如初。

另外的一点，给面子要给得恰当，不恰当就是不给面子。如果被请之人面子很大，而又未受到应有的待遇，则成了极伤面子的事情。

永远不要说这样的话：“看着吧！你会知道谁是谁非的。”这等于说：“我会使你改变看法，我比你更聪明。”——这实际上是一种挑战，在你还没有开始证明别人的错误之前，他已经准备迎战了。为什么要给自己增加困难呢？

为什么要把自己放在别人的对立面呢？为什么要让彼此都下不了台呢？时刻顾及别人的面子，彼此才能更好地相处，这是生意人要牢记的一条交际准则。

做中国式的“面子”生意

在西方人的观念中很喜欢将“对人的问题”和“对事的问题”分开处理。在商场上，说穿了就是“生意归生意”“朋友归朋友”。而在东方，中国人的观念似乎逐渐倾向于“对事要无情”“对人要有情”的论调。以经验而言，两者之间要求出一个平衡点来，确实很不容易！

中国人到底还是中国人，五千年的传统，不是一下子就能甩得掉的！

在中国人的社会里，“人”与“事”是不容易分开的。中国人的行事准则，其轨道是情、理、法，三者顺序不易更动，如果把它颠倒过来，事情就很难办，即使办通了，也会在无形中得罪人。

在生意场合中，双方议价僵持不下，如果有一方搬出“面子”问题，而阁下居然还不肯给“面子”时，恐怕买卖就很难做下去了。

例如：“老板，东西我很满意，价钱也差不多了，你就给我个‘面子’，少赚一点，把这笔买卖做成算了！”

“做生意就是做生意，价钱和‘面子’是两回事。对不起，少一毛不卖！”

这种回答，保证对方心里会不痛快！心里想：“干吗！才这么一点钱，连这点‘面子’都不给，又不是‘孤行独市’的，我不找你买总行吧！”

中国人一旦搬出“面子”问题，“焦点”会立刻转移，如果处理不当，不但买卖不成，而且仁义不在。但若换个方式说，效果可能就大不相同了！

“既然您这么讲，我就没有什么话说了，钱赚不赚其次，但你这个朋友一定得交。一句话，照您的价钱给您！”

给对方“面子”，他未必下次再找你做买卖；但至少他不会替你做“反宣传”，这就是收获。

对中国人而言，一样买东西，我为什么找你不找他？除非你给我“面子”，而所谓“面子”，包含了折扣、优惠或特别的服务，要不然，我干吗让你赚钱？

话虽这么说，也并不表示中国人对“人”与“事”一定会完全混淆不清，而是有程度上的差异。“合作是交情，成交是生意”，虽因“交情”而合作，生意则仍应保持有利润才行。

欣赏能把敌人变朋友

生意场上，排斥对手对事情没有一点帮助，弄得不好还会两败俱伤。相反，如果抱着欣赏对手的心态，则可能赢得人心。人与人之间肯用真心交流，就会增进了解，消除隔阂。使他人变成你的朋友，拿对手当成动力，不是更有利于你的成功吗？

不肯欣赏别人的人，实在是很不幸的。在正常条件下，欣赏别人能发挥极大效果，它会给你带来友谊，乃至生意上的成功。

在一次盛大的宴会上，有一个平日和卡内基在生意上就存在竞争的钢铁商人大肆抨击卡内基，说了他许多的坏话。

当卡内基到达而且站在人群中听他的高谈阔论的时候，那个人还未察觉，仍旧滔滔不绝地数落卡内基。害得宴会主人非常尴尬，他生怕卡内基会忍耐不住，当面加以指责，使这个欢乐的场面变成了舌战的阵地！

可是卡内基表情平静，等到那抨击他的人发现卡内基站在那里，反而感到非常难堪，满面通红地闭上了嘴，正想从人群中钻出去。卡内基却真诚地走上前去，亲热地跟昔日的对手握手，好像完全没有听到他在说自己坏话似的。钢铁商人脸上顿时一阵红一阵白，进退不得。卡内基给他递上一杯酒，使他有机会掩饰一时的窘态。

第二天，抨击卡内基的钢铁商人亲自来到卡内基的家里，再三向卡内基致谢。从此他变成了卡内基的好朋友，生意上也互相支持。这个人还常常称赞卡内基，认为他是个了不起的大人物。使得卡内基的朋友都知道卡内基多么和蔼、多么慈祥，从而更加亲近他、尊敬他。

卡内基就是卡内基，受到对手的侮辱也不在乎，相反示以友好，拿出诚意，从而双方获得了交流，赢得了友谊，促进了生意。

卡内基和他的竞争对手的交情是一种“不打不相识”的交情，其中有宽恕，有忏悔，有慷慨的义气，有豪爽的侠情。

当你树立了一个敌人的时候，你所得的将不只是十个敌人，你在精神上和生意上所受到的威胁将十倍百倍于他实际上给你的威胁。

而你用高尚的人格感动了一个敌人使他成为你的朋友的时候，你所得到的也将不只是十个朋友，你在精神上和生意上所得到的也将十倍百倍于他实际上所给你的。

气度决定生意格局

宽容，对人对己都可成为一种无须投资便能获得的“精神补品”。学会宽容不仅有益于身心，还对赢得友谊和开展生意都是必要的。因此，对别人要有一颗宽容的爱心。宽容，它往往折射出你待人处事的经验和艺术，体现出你宽广的胸怀和人性魅力，赢得别人的折服和尊重，赢得越来越多的朋友。

20 世纪初，美国有一个年轻商人兼政治活动家叫皮亚，他对一位知名的大企业家汉拿非常不满意，甚至接连两次拒绝与他见面。

那时，汉拿即将成为闻名于世的大人物，要做某政党的政治领袖了。但是在年轻的皮亚看来，汉拿只不过是个“坏蛋”，一个地方上的“党魁”罢了。他每次看见报上对汉拿的称颂，没有一次不摇头痛骂。

后来汉拿的朋友对他说，你最好还是和皮亚会晤一次，消释彼此的意见。

于是，在一个拥挤的旅馆客房里，汉拿被引到一个沉静的穿外套的青年面前，男队坐在椅中并没有主动问候进来的人。待友人介绍："这位就是皮亚先生……"之后，汉拿对来访者说了很多话。

出乎皮亚意料的是，汉拿对于皮亚的事情了如指掌，他谈了许多关于他父亲担任法官的事情、关于他伯父的事情以及关于他自己对于政治纲领的意见。汉拿说："哦，你是从奥马哈来的吗？令尊不是法官吗？……"年轻的皮亚不免吃惊了。汉拿说："哦，有一次你父亲曾帮助我的朋友在煤油生意上挽回了一笔损失呢！……"说到这里，汉拿突然冒出一句感慨："有许多法官知识渊博、思路敏捷，他们的能力远远胜于普通的企业家呢。"接着又说："你有一位伯父在哈斯顿吗？让我想一想……现在能对我说说，你对于那政治纲领还有什么意见？

此时这位年轻政治活动家皮亚已完全改变了对汉拿的看法，像面对一个自己熟悉的朋友一样，与他侃侃而谈，气氛轻松和谐。他谈话结束的时候，他的喉咙不觉已有些干涩。就这样，汉拿以宽广的胸怀和平易近人的态度结交了一个新的忠诚的朋友，从此之后，皮亚最大的兴趣，就是与这个他曾经非常憎恨的汉拿做朋友，并且忠心耿耿地为他服务。

做生意过程中，如果对方攻击或伤害了你，如果你以牙还牙，只能是把关系搞僵。不如本着宽容的心理，心平气和地对待，这样既会平息冲突，也会让对方在体察到你大度的同时有所歉疚收敛。让人三分不为懦，愿意承认对方的长处，将为你赢得一个朋友，赢得一场生意。

和气生财，财生和气

在商海中，如果你不想生意受困，将生意做大做强，那么学会如何与人相处吧！林子大了，什么鸟都有，不要求你喜欢所有的人，但同时世上也没有什么最牛的人。

与人相处难免与人有口舌之争，然而聪明的人以和为贵，尽量避免争论，赢得别人的好感，那么在商海中，我们就不再孤立，做生意就会赢得更多的人帮助。

著名的心理学家卡尔·罗吉斯在他的《如何做人》一书中写道："当我尝试去了解别人的时候，我发现这真是太有价值了。我这样说，你或许会觉得奇怪。我们真的有必要这样做吗？我认为这是必要的。在我们听别人说话的时候，大部分的反应是评估或判断，而不是试着了解这些话，在别人述说某种感觉、态度和信念的时候，我们几乎立刻倾向于判定'说得不错'或'真是好笑''这不正常吗''这不合情理''这不正确''这不太好'。我们很少让自己确实地去了解这些话对其他人具有什么样的意义。"

这就是我们善于以自我为中心的人类过分地相信自我的标准。因而在日常的人际交往中，我们遭遇太多的争论，造成太多心与心的嫌隙。在那些自以为是的争论中，我们竭尽全力地维护那些并不全面、并不成熟的观点。对那些无关紧要的问题不足称道的异己意见，我们给予太隆重的对待。一场狂风暴雨般的唇枪舌剑过后，我们得到的仅是"心乱"，失去的却是"亲密无间"，或许，我们还得到些什么？在过后的日子里，我们发现那是嫌隙与隔膜。感谢上帝，我们因此又多了一个"敌人"。在以后的日子里，我们有更多的机会发挥我们那"锐不可当"的口才。

卡耐基曾说：你赢不了争论。要是输了，当然你就输了；如果赢了，还是输了。在争论中，并不产生胜者，所有不愿对敌的人在争论中都只能充当失败者，无论他（她）愿意与否。因为，十之八九，争论的结果都只会使双方比以前更相信自己绝对正确，或者，即使你感到自己的错误，却也决不会在对手面前俯首认输。在这里，心服与口服没法达到应有的统一，人的固执性，将双方越拉越远，到争论结束，双方的立场已不再是开始时的并列，一场毫无必要的争论造成了双方可怕的对立。所以，天底下只有一种能在争论中获胜的方式，就是避免争论。

俗话说：蚊虫遭扇打，只为嘴伤人。以尖酸刻薄之言讽刺别人，只图自己嘴巴一时痛快，殊不知会引来意想不到的灾祸。生意场上，原本没有那么多的矛盾纠葛，往往只是因为有人逞一时之快，说话不加考虑，只言片语伤害了别人的自尊，让人下不了台，才产生彼此争斗的局面。所以，请牢记“和气生财，财生和气”。在做生意时，应和和气气，有损和气的话则一定不要说，有损和气的事情一定不要做。这样，你才能赢得别人的好感，与人维持持久的关系，生意也才能做得更久远。

Part 6
酒桌上交朋友，酒桌下成生意

有道是：“无酒不成宴，无宴不言商”，对于生意人来说，交际应酬自然少不了饭局和酒场。许多生意在酒桌上的成功率要远远高于酒桌下的场合。

酒桌是联络感情、促进友谊、洽谈生意的桥梁。为了广交朋友，你除了“能吃能喝”外，更重要的是将自己淬炼成在交际应酬中“会吃会喝会交友”的应酬高手。酒桌上交朋友，酒桌下成生意，把酒场变成生意的战场，吃吃喝喝中结交朋友，谈笑风生中传递感情，推杯换盏间搞定生意。

第14章

学会应酬，生意不愁

酒场就是生意场

酒会，是一种经济简便与轻松活泼的招待形式。它起源于欧美，一直被沿用至今，并在社交和商务活动方式中占有重要地位，常为联络和增进感情、促进商务往来和合作而用。

酒会是一个结识、交流、学习、合作，集广交朋友、深交朋友于一体的人脉扩张平台；是一个集关系、市场、资金、项目于一体的创业经济平台和市场开发平台；是一个集口碑宣传、平面宣传、活动宣传于一体的全新立体化宣传平台。参加各种酒会，也往往成为洽谈生意、拓展资本人脉的好场所。酒会上，男士风度翩翩，女士温文尔雅，众人皆彬彬有礼，在欢快愉悦的气氛中结识新朋友，何乐而不为？

对于生意人来说，酒场是把客户变成朋友的重要场所。

俗话说“无酒不成宴”，对于生意人来说，交际应酬自然少不了饭局和酒场，许多人都是在酒桌上交成朋友的。在宴会上，两个人坐在一起，酒杯一碰，一仰脖儿把酒喝下去，陌生人就可能成为好朋友。

好酒的生意人很容易在酒桌上交到朋友。他们碰在一起总是容易惺惺相惜，几杯酒下肚后，便会说相见恨晚，觉得与对方特投缘，朋友就这样产生了。

有道是“无宴不言商”，许多生意在酒桌上的成功率要远远高于在办公室。酒能够给人壮胆，麻痹人的羞怯心理，酒桌上会大大缩短人与人之间的距离。在我们周围也不乏原来滴酒不沾的人，在工作了10多年之后变成了杯中高手。

今天，酒桌上谈生意已经是惯例了，很多生意就是在酒桌上谈成的。事实上，许多生意的成功率在酒桌上远远高于办公室，如果你能把握和利用好这个场合，就能赢得对方的好感，生意也就基本成功了。

请朋友吃饭大有讲究

恰当的邀请可以为交际的顺利和生意的成功提供条件，为此，你在请朋友吃饭时，应该做到以下三个方面：

一是选择合适的对象。

确定邀请对象是邀请首先应该解决的问题。而邀请对象的选择，必须根据交际的目的而定。邀请的对象自然是能给你带来帮助的人，但有时也需要一些其他朋友作陪。如果遇到这种情况，就应当精心安排，选择邀请对象，根据交际的性质、需要及宴会规模的大小等，遵循先主要后次要、先亲近后疏远的原则，来划定邀请范围，依次确定邀请名单。

此外，还要适当考虑邀请对象的学识、年龄、地位、性格的差异和他们相互间的关系等，以防邀非其人，破坏邀请对象间的关系和谐，给你的交际带来不必要的麻烦。

二是采取恰当的方式。

采取何种方式邀请，要具体问题具体分析，根据交际的性质、对象而定。学者、专家、名流等，大多工作忙、时间紧，对他们最好提前相约，以便他们做好工作调整、时间安排；闲暇时间多、工作容易调度的人早点约定自然更好，而即使临事而请，一般也能随请随到；对某团体的要人，公开邀请，甚至借助传播媒介，既能体现公正无私、光明磊落，又利于引起关注，促进宣传，扩大影响；而朋友密谈则应悄悄地进行以便更利于避开旁人的视线，保证交往活动的隐蔽性。

一般的往来、一般的亲友，打个招呼、通个电话、捎个口信儿也就可以了；比较重要的工作联系、业务关系、公关事务等就必须采用相应的公文格式，如发书信、寄请柬等，或者按照一定的规格派专人传达、亲自登门，以示重视、郑重和尊重。总之，邀请的方式要因事而异，因人而异。

三是注意“行”“明”“便”“诚”。

“行”即邀请的可行性。某人办了一家餐馆，开业剪彩，非要请某大型企业董事长亲临，来装门面，做宣传，谁知久请不到，一拖再拖，最终也没请来，白白浪费了时间。所以邀请要量力而行，既不强人所难，也不为所不能为。

“明”就是明确、明白。邀请前一定要明确宴会的时间、地点、活动内容、邀请对象等，以便心中有数，做好邀请。还需将上述事项向邀请对象传达明白，以利其接受邀请，担负相应的角色，准时赴约。

“便”就是尽可能地为邀请对象着想，为其提供来往交通等方面的便利。王老板想请张教授帮他解决一个技术难题。张教授年事已高，行动不便，原本打算拒绝，没想到王老板竟派了专车接送，专人护理，使张教授很感动，改变了主意。这样与人方便，自己方便，利人利己。

“诚”就是真诚相约，不虚情假意，不违约、不失信。有人曾邀请几位朋友到他家去做客，朋友信以为真，谁知他却是虚意敷衍，让朋友吃了闭门羹。他这种失礼行为，使朋友非常气愤。事隔多年，提及此事，朋友仍然耿耿于怀。这么邀请要弄了别人，失去了朋友，岂不害人害己！

席位安排要仔细

无论是国内还是国外，在席位上都十分讲究，以至于开国际会议时，也只有采取圆桌的形式。所以，如果你要请客，那么在席位安排上要仔细。

正式宴会一般均需排席位，也可以只排部分客人的席位，其他人只排桌次或自由入座。

桌数较多时要排桌次，按国际上的习惯，桌次高低以离主桌位置远近而定，右高左低、中心高外围低。

席位高低以离主席的座位远近而定，同时也遵循右高左低的习惯。排席位的主要依据是礼宾次序。因此，在排席位前，要按礼宾次序开列主、客双方的名单。当然，也要考虑特殊因素灵活处理。如遇主宾身份高于主人，为表示对他的尊重，可以把主宾摆在主人的位置上，主人则坐在主宾位置上，第二主人坐在主宾的左侧（当然也可以按常规排列）。

男女宾的安排，按外国习惯是穿插安排。我国习惯按各人职务、身份排列，以便于谈话。如果有夫人出席，通常与宴会女主人排在一起。如：男主宾坐在男主人右上方，其夫人坐在女主人右上方。如果宴会主人的夫人不出席，可请其他身份相当的妇女做第二主人，亦可以把主宾夫妇安排在主人的左右两侧。

席位安排要适当照顾各种实际情况，如身份大体相当、专业相同、语言相同的人可以排在一起，意见分歧、关系紧张者应避免排在一起等等。席位排好后，应该用座位卡在席上标明。桌次可在请柬上注明，或入席前通知。大型宴会最好有人引导，以免混乱。

桌次座位摆放要恰到好处

在宴请中，桌次与座位是一个不可忽视的问题。按习惯，桌次的高低以离主桌位置远近而定，右高左低。桌数较多时，要摆桌次牌。宴会可用圆桌、方桌或长桌。一桌以上的宴会，桌子之间的距离要适中，各个座位之间的距离要相等。团体宴请中，宴桌排列一般以最前面的或居中的桌子为主桌。

餐桌的具体摆放还应与宴会厅的地形条件而定。各类宴会餐桌摆放与座位安排都要整齐统一，椅背达到纵横成行，台布折纹要向着一个方向，给人以整体美感。

礼宾次序是安排座位的主要依据。我国习惯按客人本身的职务排列，以便谈话，如夫人出席，通常把女方排在一起，即主宾坐在男主人右上方，其夫人坐在女主人右上方，两桌以上的宴会，其他各桌第一主人位置一般与主人主桌上的位置相同，也可以面对主桌的位置为主位。

在具体安排座位时，还应考虑其他因素，如双方关系紧张的应尽量避免安排在一起，身份大体相同，或同一专业的可安排在一起。

一般家庭举行宴请，因正房为坐北向南，故方桌北面即向门一面为客人的位置。现在则以迎门一方的左为上，右为下，是为首次两席。两旁仍按左为上，右为下依次安位。主人则背门而坐。

恰当的用餐桌次和座位的安排会显示你的地位，表达你的尊敬，将会为你的赴会和宴请增添礼仪之邦的风采，并取得特定的效果。

怎样在家中宴请朋友和客户

在家里宴请亲朋好友一般来说比较随意，但也应注意一些必要的礼仪。

首先，要注意座位的排法。席位的排法相对要有所讲究，特别是比较重要的家庭宴请。中式宴会的席位安排，因正房为坐北朝南，所以方桌北面（向门一面）为主宾席，以迎门一方的左为上、右为下，是为首席和次席。两旁仍按左为上、右为下依次排位。主人则背门而坐。

我国的习惯是按每人本身的职务排列，以便于交谈。如果夫人也出席，通常把女方排在一起，即主宾坐男主人右上方，其夫人坐女主人右上方。

其次，要注意上菜的顺序。进餐时一般比较郑重的家庭宴会都要讲究上菜的顺序，即在客人呷酒叙谈时，先摆冷盘以佐酒，然后再上热炒、大菜、甜菜、点心和汤。

再次，要注意敬菜的礼仪。当菜端上桌时，主人应该大致介绍一下这道菜的风味或特色，如果客人对某一道菜特别有兴趣时，主人还可以简单介绍此菜的烹饪方法。每一道菜上来时，如果在餐桌上客人有主次长幼之分时，主人应先请主客或长者首先品尝。当客人出现相互谦让、不肯下箸的情况时，主人可站起来用公筷、公匙为客人分菜。注意不论什么情况下都不要用自己的筷子分菜或夹菜。分菜时，一方面要注意分配的顺序，即要先分给在座的长者，然后按照就座的秩序依次分下去；另一方面要注意分菜量适当，不要分得过多，导致客人不喜欢吃，感到为难。部分菜肴可能得借助刀叉，或请在座的客人协助，千万不要用力撕扯，那样是很不雅观的。不要强迫客人或把菜硬推到客人的碗里而不考虑客人的口味及喜好，当客人对某道菜表示婉谢时，应予以谅解。实际上，用餐时候的这种过分热情，实为不礼貌。

中餐宴请客户礼仪细则

举行中餐宴会，应提前向客户发出请柬。其内容包括活动形式、举行的时间及地点、主人的姓名（以单位名义邀请，则用单位名称）。请柬行文不用标点符号，所提到的人名、单位名、节日名称都用全称。请柬格式与行文，中外文本差异较大，注意不能生硬照译。如果宴请外宾，则宴会时间的选定应避开外宾的忌讳，如对信奉基督教的人士不要选 13 日，伊斯兰教在斋月内白天禁食，宴请宜在日落后举行。此外，菜肴的选择应兼顾外宾的饮食习惯和宗教信仰，如宴请印度教徒不能用牛肉；伊斯兰教徒不饮酒，用清真席；佛教徒只食素，不吃海参和动物内脏。

中餐的餐具主要有杯、盘、碗、碟、筷、匙几种。在正式的宴会上，水杯放在菜盘上方，酒杯放在右上方，筷子和汤匙最好放在专用的小架上。酱油、醋、辣油等佐料应一桌数份，并要备好牙签和烟灰缸。有时宴请外国宾客时，除放置筷子外，还应摆上刀叉，一桌数份。

上菜应按照下述顺序，即先上冷盘，后上熟菜，最后上甜食和水果。宴会上桌数再多，各桌也要同时上菜。上菜的方式大体上有以下几种：一是把大盘菜端上，由各人自取；二是由招待员托着菜盘逐一往每个人的食盘中分让；三是用小碟盛放，每人一份。

用餐时要注意文明礼貌。对外宾不要反复劝菜，可向对方介绍中国菜的特点，吃不吃由他，不可强为他人夹菜。

一般在正式宴请时，应先用公筷或汤匙将所需菜肴接夹到自己的盘碟中，然后再用自己的筷子慢慢食用，而不能直接到菜盘中夹菜送入嘴里。正确使用筷子用餐有八忌：

第一，每次一筷夹的菜不宜太多。

第二，夹菜后接夹到自己盘碟途中不能滴水不停。

第三，不能用筷子如“拨草寻蛇”似的在菜盘中胡搅一气。

第四，不能在用餐前将筷子放入汤中“洗涮”。

第五，不能用嘴吮筷子的菜卤。

第六，不能用筷子代替牙签剔齿缝。

第七，不能用筷子敲打盘碗。

第八，不能用筷子指点人。

若同时需要使用汤匙时，应先将筷子放下，右手握筷，左手持匙的做法同样是忌讳的。

假如遇有鱼刺肉骨之类的杂物需要吐出时，也必须用筷子放在嘴唇间将杂物接送到自己的碟盘中，直接吐于桌布上的行为是不礼貌的。

另外还应注意，吃东西要把嘴闭上咀嚼，不要拿筷子和汤匙整个往嘴里塞；喝汤不要发出声音，汤若太烫，可过一会再喝，不要用嘴去吹；不要一边吃东西，一边找人聊天；用牙签剔牙时，应用手或餐巾掩住嘴；不要让餐具发出任何声响。

客人入席后，不要立即动手取食，而应待主人打招呼，再与大家一同开始用餐。不要无故在中途离去。吃饱后，应等众人都放下筷子，并见主人示意散席时，方可离座。

西餐宴请客户礼仪要领

吃饭时穿着得体是欧美人的常识。去高档的餐厅，男士要穿着整洁的上衣和皮鞋；女士要穿套装和有跟的鞋子。如果指定穿正式服装的话，男士必须打领带。再昂贵的休闲服，也不能随意穿着上餐厅。

最得体的入座方式是从椅子的左侧入座。当椅子被拉开后，身体在几乎要碰到桌子的距离站直，领位者会把椅子推进来，腿弯碰到后面的椅子时，就可以坐下来。

用餐时，上臂和背部要靠到椅背，腹部和桌子保持约一个拳头的距离，最好避免两脚交叉的坐姿。

正式的全套餐点上菜顺序是：菜和汤，鱼，水果，肉类，奶酪，甜点和咖啡，水果，还有餐前酒和餐酒。没有必要全部都点，点太多却吃不完反而失礼。稍有水准的餐厅都不欢迎只点前菜的人。前菜、主菜（鱼或肉择其一）加甜点是最恰当的组合。点菜并不是由前菜开始点，而是先选一样最想吃的主菜，再配上适合主菜的汤。

点酒时不要硬装内行。在高级餐厅里，会有精于品酒的调酒师拿酒单来。对酒不大了解的人，最好告诉他自己挑选的菜色、预算、喜爱的酒类口味，请调酒师帮忙挑选。主菜若是肉类应搭配红酒，鱼类则搭配白酒。上菜之前，不妨来杯香槟、雪利酒或吉尔酒等较淡的酒。

餐巾在用餐前就可以打开。点完菜后，在前菜送来前的这段时间把餐巾打开，往内折 1/3，让 2/3 平铺在腿上，盖住膝盖以上的双腿部分，最好不要把餐巾塞入领口。

酒类服务通常由服务员将少量酒倒入酒杯中，让客人鉴别一下品质是否有误。只需把它当成一种形式，喝一小口并回答“Good”。接着，侍者会来倒酒，这时，不要动手去拿酒杯，而应把酒杯放在桌上由侍者去倒。为避免手的温度使酒温增高，应用大拇指、中指、食指握住杯脚，小指放在杯子的底台固定。

喝酒时绝对不能吸着喝，而是倾斜酒杯，像是将酒放在舌头上似的喝。

轻轻摇动酒杯让酒与空气接触以增加酒味的醇香，但不要猛烈摇晃杯子。一饮而尽，边喝边透过酒杯看人，都是失礼的行为。不要用手指擦杯沿上的口红印，用面巾纸擦较好。

喝汤也不能吸着喝。先用汤匙由后往前将汤舀起，汤匙的底部放在下唇的位置将汤送入口中。汤匙与嘴部呈 45° 角较好。身体上的半部略微前倾。碗中的汤剩下不多时，可用手指将碗略微抬高。如果汤用有握环的碗装，可直接拿住握环端起来喝。

吃面包时先用两手撕成小块，再用左手拿来吃。吃硬面包时，用手撕不但费力而且面包屑会掉满地，此时可用刀先切成两半，再用手撕成块来吃。避免像用锯子似割面包，应先把刀刺入另一半。切时可用手将面包固定，避免发出声响。

鱼肉极嫩易碎，因此餐厅常不备餐刀而备专用的汤匙。这种汤匙比一般喝汤用的稍大，不但可切分菜肴，还能将调味汁一起舀起来吃。若要吃其他混合的青菜类食物，还是使用叉子为宜。首先用刀在鱼鳃附近刺一条直线，刀尖不要刺透，刺入一半即可，将鱼的上半身挑开后，从头开始，将刀叉在骨头下方，往鱼尾方向划开，把针骨剔掉并挪到盘子的一角。最后再把鱼尾切掉。由左至右，边切边吃。

怎样陪客户吃午餐

在用餐之前应该征求一下客户的意见，听一听对方喜欢吃些什么东西。要吃什么以客户为主，征求一下对方的意见。如客户点的菜恰好也是自己喜欢吃的，那当然是最理想不过了；但如果对方的胃口与你的不一样，只要不是你特别不喜欢吃，最好暂时委屈一下。

如果客户没有说他喜欢吃什么的话，那就把菜单送到他跟前，请他点菜，尤其是在客户不止一人的情况下。这种办法虽说很简单，但实际上不少人却做不到这一点。

另外，当客户来公司拜访并在本公司附近用餐时，有的人就把对方带到公司经常用来招待客户的餐厅摆上一桌，也不管对方喜欢吃什么或不喜欢吃什么，能吃什么或不能吃什么，反正就自作主张地代客人们决定一切，这也是很不好的。

你应抛弃这种自作主张的招待方法，在准备用餐前，设法多听听对方的意见，弄清对方喜欢吃什么风味的饭菜，以及用餐后有无消遣及喜欢玩什么之类等等。上述情况弄清楚后，再去选择用餐场所。

至于午餐要不要酒或要什么样的酒都应该征求一下对方的意见。如有的客户下午有重要工作，但你却把酒摆到酒桌上或再三向对方敬酒，对方就会很为难。

喝吧，将严重影响下午的工作；不喝吧，你已再三地向他敬酒了，不喝点意思意思又觉得自己太失礼，所以只得冒险勉强地喝。而在这种情况下，他是无论如何也高兴不起来的。因此，其结果只能是你多花了钱而对方却又感到为难而已。

大城市的办公大楼附近，一到进餐时间，餐厅就特别拥挤，一些像样的餐厅都有好几个酒桌排起了长龙，这时要想包桌就很困难了。但如果不包一桌的话，一起来的人就可能分散在好几个酒桌上用餐，没有办法边吃边谈了。因此，要招待一些重要客户用餐时，一定要事先预定好房间，就是慢一点也没有关系，反正有车可以利用。总之，要请客户吃午餐，就要选择一个高雅、安静并讲究气氛的地方。

出差时，因人生地不熟，如果要宴请对方的话，可托人找对方联系，但是在付钱方面可千万不能马虎。虽然你事先跟对方说好了是你请对方，但在用餐完毕准备付钱时，对方也可能会主动站起来做出要去付钱的样子。或许对方是个爱面子的人，也或许他是真心真意想去付钱，无论是哪一种情况，你都要婉言谢绝，要自己亲自去付钱。即使是对方招待，你也不要一副理所当然或对方应该付钱的样子，这是应有礼节，也是交际方面必备的常识。

陪客用餐，彰显风度

生意人基于其职业性质，本应了解各种饭菜的吃法，当然这是最理想的，但实际上能做到这点并不容易。有的菜自己不知道怎么吃，这时该怎么办呢？为了不在顾客面前出洋相，可先问一问对方，也可以看看身边的人怎么个吃法，自己再学着吃。如果必须自己先动手，又不知道该怎么个吃法，该怎么办呢？那就干脆按自己所想像的办法吃！不过要顺便向对方说一声："这玩意儿，我也不知道该怎么个吃法，请不要见怪。"千万不要打肿脸充胖子。为了保险起见，建议你最好还是去买几本相关的书来学习一下。

要让酒桌上的客人不致产生不愉快感是至关重要的。而那些嘴里塞满了饭菜还在那里唠叨个不停的人只会使人食欲不振。一些从小在礼节方面就受到严格教养的人，就最不喜欢那些不拘小节的人，他们认为酒桌上的不文明将使自己感到不愉快。所以，你应谨记这一点，不要让对方产生这种感觉。

当你嘴里含有东西而又需要回答对方的问题时，哪怕稍微停顿一下也没有关系，先把嘴里的东西嚼细咽下去之后再说。如果需要你马上回答而且回答得迟了就会失礼时，那该怎么办呢？其实方法很简单，只要把嘴里的东西先用舌头挪到一边，这样就能正确地发音了。

大家都知道，在喝茶喝汤时发出"咕噜噜"的声音或者使勺子叉子发出"稀里哗啦"的声音都是失礼的，因此，一定要特别注意。

在陪客的时候，挑食绝对是一个不好的习惯。身为生意人，如果在吃的方面过于挑剔的话，在和客户一起进餐时，这个不能吃，那个不合胃口，就会很容易影响对方的情绪，导致很不良的后果。为此，你应加强这一方面的训练，克服挑食的毛病。

第15章
推杯换盏间搞定生意

生意场喝酒有规矩

酒场上有酒场的规矩，懂“规矩”的人才容易让别人接受你。一般来说，生意场酒桌上有以下规矩：

酒桌上虽然“感情深，一口闷；感情浅，舔一舔”，但是喝酒的时候决不能把这句话挂在嘴上。

韬光养晦，厚积薄发，切不可一上酒桌就充大。

领导相互之间喝完才轮到下属敬。

端起酒杯（啤酒杯），右手握杯，左手垫杯底，记着自己的杯子永远低于别人。自己如果是领导，知趣点，不要放太低，不然怎么叫下面的做人？

如果没有特殊人物在场，碰酒最好按时针顺序，不要厚此薄彼。

碰杯、敬酒，要有说词，不然，对方没有理由要喝你的酒。

桌面上不谈生意。喝好了，生意也就差不多了，大家心知肚明，不然人家也不会敞开了跟你喝酒。

说错话，办错事，不要申辩，自觉罚酒才是硬道理。

假如遇到酒不够的情况，酒瓶放在桌子中间，让人自己添，不要去一个一个倒酒，不然后面的人没酒怎么办？

最后一定还有一个闷杯酒，所以，不要让自己的酒杯空着，跑不了的。

注意酒后不要失言，不要说大话，不要失态。不要唾沫横飞，筷子乱甩。不要手指乱指，喝汤噗噗响。不要放屁打嗝，憋不住就去厕所，没人拦你。

不要把“我不会喝酒”挂在嘴上（如果你喝的话），免得别人认为你虚伪，不管你信不信，人能不能喝酒还真能看出来。

花生米对喝酒的人来说，是个好东西。保持清醒的头脑，酒后嘘寒问暖是少不了的，一杯酸奶、一杯热水、一条热毛巾都显得你关怀备至。

酒桌上“吃有吃相”

俗话说：吃有吃相。但吃得漂亮却不是一件很容易的事。例如当同桌的几个人围坐在酒桌旁准备就餐时，其中一个人手拿筷子敲打碗盏或者茶杯；酒宴尚未开始，就有人已经在狼吞虎咽；不等喜欢的菜肴转到自己跟前，就伸长胳膊越过很远的距离甚至屁股离座挑食菜肴；喝汤时“咕噜咕噜”，吃菜时“叭叽叭叽”作响；用餐尚未结束，饱嗝已经连连打出等等，这些现象都可看出一个人不拘小节和缺乏修养。那么，酒桌上怎样的吃相才算得体呢？

在入座之后，一面做好就餐的准备，一面可以和同桌的人随意进行交谈，以创造一个和谐融洽的用餐气氛。不要旁若无人，兀然独坐，也不要眼睛紧盯着酒桌上的冷菜之类，显出一副迫不及待的样子，或者无意识地摆弄餐具。

取菜不宜过多，吃完之后再取。不要对不合自己口味的菜显出为难的表情，而应当礼节性地品尝一点。吃饭时要显得文雅，不要狼吞虎咽，大吃大嚼，这种表现实在不太雅观，一定注意吃的姿态要美观和洁净。要注意吃东西时不要大声咀嚼；喝汤时不要弄出声响；碗筷刀叉不要碰得叮当响，更不要用匙子去刮碰碗底；吃东西时嘴里的残渣不要往桌上、地上乱吐，应把这些东西集中放于一处，也不至于影响周围人的食欲。

夹菜时注意不要碰到邻座的客人，也不要把盘里的菜随意拨到桌子上，更不能打翻盘碗。

在酒桌上，不要嘴里含着食物大声说话，弄得饭菜乱喷，这是很粗俗的行为，是交际场合之大忌。吃饭时，也不要用手中的餐具指指点点，那是不礼貌的举动。

做客吃饭时，不要用自己的筷子在菜盘里挑挑拣拣，拨来拨去，这样的小孩都会让人生厌，更何况是成年人？因此，吃饭也要坚决杜绝这种习惯。

宴席结束后，不要在酒桌上当着客人的面挖鼻孔、剔牙齿，这些小动作有损你的交际形象。在酒宴上碰杯时，主人和主宾先碰，也可以同时举杯示意，不必逐一碰杯。祝酒时，不要交叉碰杯。

当主人或主宾致辞时，其他的人应暂停进餐，专心倾听。特别是当主人和主宾前来敬酒时，被敬者要起立举杯，双眼注视对方并与之碰杯，互祝美意。

酒桌上怎样祝酒饮酒

祝酒是酒席开始前的一个重要礼仪程序。祝酒是指在正式宴会上，由男主人向来宾提议，提出某个事由而饮酒。通常要讲一些祝愿、祝福之类的话，甚至还要发表一篇专门的祝酒词。祝酒词内容越短越好。要是致正式祝酒词，就应在特定的时间进行，并不能因此影响来宾的用餐。祝酒词适合在宾主入座后、用餐前开始，也可以在吃过主菜后、甜品上桌前进行。

祝酒时，主人应与主宾先碰杯，碰杯时应目视对方（眼鼻组成的三角区）以示致意，不目视对方被认为是不礼貌的。人多时可同时举杯示意，不一定碰杯。交叉碰杯是必须避免的。正式宴会中主人皆有祝酒之举，会饮酒的人应当回敬一杯。回酒时，上身挺直，双腿站稳，以双手举起酒杯，待对方饮酒时再跟着饮，态度要热情大方。

祝酒之后就进入饮酒活动了。在正式的宴会上，服务员打开酒瓶后，先要倒上一点递给主人品尝。主人应先饮一小口仔细品评，然后再尝一口，感到所上的完全合乎要求时，再向服务员示意，可以给客人们斟酒了。斟酒的顺序是先主宾，然后才是其他客人。斟酒时，酒杯应放在餐桌上，酒瓶不要碰到杯口。拿酒杯的姿势因不同种酒杯而有所不同。有的要用整个手掌握住，而高脚杯则应以手指捏住杯腿。

会喝酒的人饮酒前，应有礼貌地品一下酒。可以先欣赏一下酒的色彩，闻一闻酒香，继而轻啜一口，慢慢品味。不要为显示自己的海量，举起酒杯看也不看便一饮而尽，使酒顺着嘴角往下流，也不宜一边抽烟，一边饮酒。鉴于酒后易失言、失礼，故宴请活动中饮酒的酒量要控制在自己平日酒量的一半以下。

在宴会上不会喝酒或不打算喝酒的人，可以有礼貌地阻止他人敬酒，但不要什么都一概拒绝，至少要喝上一点汽水、果汁或其他饮料，使举座尽欢。为拒绝他人敬酒通常要主动要一些非酒类的饮料，并说明自己不饮酒的原因。

让对方在自己面前的杯子里少许斟一些酒，然后轻轻用手推开酒瓶。按照礼节，杯子里的酒是可以不喝的。当敬酒者向自己的酒杯里斟酒时，用手轻轻敲击酒杯的边缘，这种做法的含义是“我不喝酒，谢谢”。当主人或朋友们向自己热情地敬酒时东躲西藏，或把酒杯翻过来放，将他人所敬的酒悄悄地倒在地上，都是失礼的。

参加外方宴请，应事先了解对方饮酒习俗和祝酒的讲究。在宾主双方致辞祝酒时，应停止饮酒和交谈。奏国歌时更不能饮酒。在国外正式的宴会上，通常应由男主人首先举杯，并请客人们共同举杯。若是他要为在座的女士们的健康而干杯，就不应忘掉任何一位女士。客人、晚辈、女士一般不宜首先提出为主人、长辈、男士的健康干杯。女士接受他人祝酒时，不一定要举起自己的酒杯，以微笑表示感谢即可，自然稍微喝上一点更好。当为尊贵的人物的健康而干杯时，酒杯中的酒最好一饮而尽；若自己的酒量不行，事先应只斟少许酒。

酒桌上怎样敬酒

敬酒可以随时在饮酒的过程中进行。

在饮酒特别是祝酒、敬酒时进行干杯，需要有人率先提议，可以是主人、主宾，也可以是在场的人。提议干杯时，应起身站立，右手端起酒杯，或者用右手拿起酒杯后，再以左手托扶杯底，面带微笑，目视其他在场来宾，特别是自己的祝酒对象，同时嘴里说着祝福的话。

有人提议干杯后，要手拿酒杯起身站立。即使是滴酒不沾，也要拿起杯子做做样子。将酒杯举到眼睛高度，说完“干杯”后，将酒一饮而尽或喝适量。然后，还要手拿酒杯与提议者对视一下，这个过程就算结束。

在中餐里，干杯前可以象征性地和对方碰一下酒杯；碰杯的时候，应该让自己的酒杯低于对方的酒杯，表示你对对方的尊敬。用酒杯杯底轻碰桌面，也可以表示和对方碰杯。当你离对方比较远时，完全可以采用这种方式代劳。如果主人亲自敬酒干杯后，要求回敬主人，可和他再干一杯。

一般情况下，敬酒应以年龄大小、职位高低、宾主身份为先后顺序，一定要充分考虑好敬酒的顺序，分明主次。即使和不熟悉的人在一起喝酒，也要先打听一下身份或是留意别人对他的称呼，避免出现尴尬或伤感情。即使你有求于席上的某位客人，对他自然要倍加恭敬。但如果在场有更高身份或年长的人，也要先给尊长者敬酒，不然会使大家很难为情。

如果因为生活习惯或健康等原因不适合饮酒，也可以委托亲友、部下、晚辈代喝或者以饮料、茶水代替。作为敬酒人，应充分体谅对方，在对方请人代酒或用饮料代替时，不要非让对方喝酒不可，也不应该好奇地“打破砂锅问到底”。要知道，别人没主动说明原因就表示对方认为这是他的隐私。

在西餐里，祝酒干杯只用香槟酒，并且不能越过身边的人而和其他人祝酒干杯。

敬酒要适可而止，意思到了就行了，不要成心把别人灌醉，更不要偷偷往他人饮料杯中倒上烈性酒。对于穆斯林不允许敬酒，甚至不能上酒，因为穆斯林饮酒是违背教规的。

酒场说话不简单

在酒桌上，如何说话是“酒文化”的重要部分。说得好，容易打破交际障碍；说得不好，反而容易得罪人。在酒桌上会说话，将有助于你有效地与他人沟通。

1. 独乐不如众乐，切忌私语

大多数酒宴宾客都较多，所以应尽量多谈论一些大部分人能够参与的话题，得到多数人的认同。因为个人的兴趣爱好、知识面不同，所以话题尽量不要太偏，避免唯我独尊，天南海北，神侃无边，出现跑题现象，而忽略了众人。

尽量不要与人贴耳小声私语，那样会给别人一种神秘感，往往会产生“就你俩好”的嫉妒心理而影响了喝酒的效果。

2. 瞄准宾主，把握大局

大多数酒宴都有一个主题，也就是喝酒的目的。赴宴时首先应环视一下各位的神态表情，分清主次，不要单纯地为了喝酒而喝酒，从而失去交友的好机会，更不要让某些哗众取宠的酒徒搅乱东道主的意思。

3. 敬酒有序，主次分明

敬酒也是一门学问。一般情况下敬酒应以年龄大小、职位高低、宾主身份为序，敬酒前一定要充分考虑好敬酒的顺序，分明主次。即使与不熟悉的人在一起喝酒，也要先打听一下身份或是留意别人如何称呼，这一点心中要有数，避免出现尴尬以至于伤感情。

敬酒时一定要把握好敬酒的顺序。有求于席上的某位客人，对他自然要倍加恭敬，但是要注意：如果在场有更高身份或年长的人，则不应只对能帮你忙的人毕恭毕敬，也要先给尊者长者敬酒，不然会使大家都很难为情。

4. 语言得当，诙谐幽默

酒桌上可以显示出一个人的才华、学识、修养和交际风度，有时一句诙谐幽默的语言，会给别人留下很深的印象，使人无形中对你产生好感。所以，应该知道什么时候该说什么话，语言得当，诙谐幽默很关键。

5. 劝酒适度，切莫强求

“以酒论英雄”，对酒量大的人还可以，酒量小的可就犯难了，有时过分地劝酒，会将原有的朋友感情完全破坏。

6. 察言观色，了解人心

要想在酒桌上得到大家的赞赏，就必须学会察言观色。因为与人交际，就要了解人心，左右逢源，才能演好酒桌上的角色。

7. 锋芒渐露，稳坐泰山

酒席宴上要看清场合，正确估价自己的实力，不要太冲动，尽量保留一些酒力和说话的分寸，既不让别人小看自己又不要过分地表露自身，选择适当的机会，逐渐露出自己的锋芒，才能稳坐泰山，不致让别人产生“你就这点能力”的看法，使大家不敢低估你的实力。

酒桌上如何选择话题

为了使酒桌上有高兴愉快的气氛，请尽量选择一些轻松愉快的、无害的、简单的话题。

有的人在招待客户用餐时，不管在吃的时候还是在喝的时候，都一直在滔滔不绝地讲生意方面的事情。在对方刚要往嘴里送食物或想把话题岔开时，他马上又把话题转到有关工作方面的事情上来，还自鸣得意，这样，他就是犯了一个战略上的错误。

如果是事先约好的酒桌上边吃边谈，或者是对方主动地提出来谈的话，这当然就另当别论了。但除此之外，最好还是谈一些有关菜的味道或各地风土人情之类的话题。总而言之，酒桌上的话题应以闲谈聊天儿为主。

酒桌上之所以不谈工作，其目的在于交朋友及搞好人际关系，这样慢慢地必然会促成以后交易上的成功。酒桌上从头至尾谈工作通常是没有工作能力的人所表现出来的行为，这样做留给对方的印象不是枯燥无味就是喜欢自吹自擂，几乎很少有人喜欢跟这种人打交道。因此想要能合作，那根本是没指望了。

在酒桌上要多留意些，不要向对方提出一些必须放下手中餐具才能回答的严肃问题，也不要向对方提出一些必须长篇大论或花较长时间才能回答完的问题。此外，一些不卫生的话题或是容易使人产生不当联想的话题都应避免。

拒酒同样有技巧

在酒桌上往往会遇到劝酒的现象，有的人总喜欢把酒场当战场，想方设法让别人多喝几杯，认为不喝到量就是不实在。在这种情况下，你若是偏偏又不能喝，如何拒酒呢？

喝酒有喝酒的方法，拒酒同样有拒酒的艺术，下面几个方法可供参考：

1. 满面笑容拒酒，智在以柔克刚

有不少人发现，相当多的“酒精（久经）考验”的拒酒者，任凭你天花乱坠地劝，他就是笑眯眯地频频举杯而不饮，而且振振有词。张某乔迁之日，特邀亲朋祝贺，小李也在其中。然而小李平素很少饮酒，且酒量“不堪一击”。酒宴上，小王提议和小李单独“意思”一下，小李深知自己酒量的深浅，忙起身，一个劲儿地扮笑脸，一个劲儿地说圆场话：“酒不在多，喝好就行。”“经常见面，不必客气。”“你看我喝得满面红光，全托你的福，实在是……”结果使小王无可奈何。

2. 突出事实拒酒，智在申明情况

事实胜于雄辩，无懈可击。拒酒时，若能突出事实，申明实际情况，再配上得体的语言，能令劝酒者欲言又止，辍杯罢手。A君参加一个生日宴会，B君好久未曾和A君相逢，提出要和A君痛饮三杯。A君说：“你的厚意我领了，遗憾的是我最近一段时间身体不适，正在吃药，好久滴酒不沾，只好请你多关照。好在来日方长，后会有期，日后我一定与你一醉方休，好吗？”此言一出，宾客们都纷纷赞许，B君也只好罢手。

3. 针对后果拒酒，智在前车之鉴

饮酒当然应是喝好而不喝倒，让客人乘兴而来，尽兴而归。那种不顾实际的劝酒术，说到底，也不过是以把人喝倒为目的，充其量只能说是低级趣味的劝酒术，乃劝酒之大忌。作为被动者，当酒已喝到一半量时，应向东道主或劝酒者说明情况。如：“感谢你对我的一片盛情，我原本只有三两酒的量，今天因喝得格外称心，多贪了几杯，再喝就‘不对劲儿’了，还望你能体谅。”如此推托以后，就再也不要喝了。这种实实在在的说明后果和隐患的拒酒术，只要劝酒者明白“乐极生悲”的道理，善解人意，就会见好就收。

4. 反守为攻拒酒，智在后发制人

反守为攻，意即先不动声色，静听其言，等待时机，一旦时机成熟，抓住对方言辞中的突破口，以此切入，反守为攻，使对方无法争辩，从而拒酒。

酒量小陪客的技巧

会喝但喝不多的人有很多，在宴会上这种会喝但又喝不多的人也最难办。因为他不可能像一滴酒都不能喝的人那样，索性只为客人斟酒服务，另一方面他又不能和酒量大的客人干杯痛饮。上述生意人如果遇上一位和自己的酒量差不多的客人那还好对付，如果是很不幸地遇上个酒量大的客户可就有得受了。酒量小的人往往饮酒的方法也不高明，宴会一开始对方为你斟酒时，你就咕噜咕噜地一杯又一杯地喝个不停，当对方真的要和你面对面地干几杯时，你差不多已经醉得天昏地暗了。

此外，酒量小的人也不喜欢别人为自己频频斟酒，自己在为对方斟酒时也会特别小心，但手法往往不佳。譬如饮高度酒客户催促着斟满时，一方面慌慌忙忙地把自己杯里的一饮而尽，一方面又急急忙忙为对方斟酒，因对方的酒杯里还是满满的，所以也喝不进多少，相反地，因为自己的杯子是空的，客人当然要给你倒满，这时对方再和你干杯时，你已经比对方多喝一杯了。如上所述，在喝酒时斟酒是大有学问的，因此，如果你酒量小，应该在多动点脑筋，掌握点饮酒、敬酒、劝酒、拒酒的诀窍。

如果你酒量不怎么样，但又不想因此违背酒场上的规矩，那么给你一些诀窍：

（1）不要主动出击，实行以守为攻的战略。

（2）干杯后，不要马上咽下去，找机会用餐巾抹嘴，把酒吐餐巾里（适用女性）。

（3）入座后先吃一些肥肉类、淀粉类食品垫底，喝酒不容易醉。

（4）掌握节奏，不要一下子喝得太猛。

（5）不要几种酒混着喝，特别容易醉。

（6）喝到六分醉时，把你面前醋碟中的醋喝下，再让服务员添上。

（7）每次干杯时，倒满，然后在喝前假装没有拿稳酒盅，尽量洒出去一些，这样每次可以少喝不少。

另外，酒量小的生意人不仅要设法控制自己的酒量，还要动脑筋琢磨劝酒的方法。敬酒、劝酒、斟酒的方法愈高明，对方也喝得愈高兴。

宴会上如果对方明知你酒量小而有意想把你灌醉的话，你可直率地把酒杯收起来，并且郑重其事地告诉对方：“我的身体实在是受不了，请您谅解！”

那些滴酒不沾的人又如何陪客呢？虽说喝酒也是练出来的，但确实有因为体质或别的原因一滴酒也不能喝的人。这样的人如果遇上位酒鬼可就不行了。虽然饮果汁而向客人杯子里斟酒也不是不可能，但是若遇上再三灌你酒的人时，恐怕就要勉为其难地喝一点了。

值得注意的是一些滴酒不沾的生意人中，有不少人却是宴会上陪客的高手。他们在长期的磨炼中，在热情地为客人斟酒的过程中，学到不少陪伴客人的诀窍，其诀窍就是“因为不会喝，所以我就只有一心一意地为客人斟酒服务”。

有的人在自己的酒杯里倒些茶，也像喝酒似的一点点地喝，这样也会使气氛很热闹，也有的装出喝醉酒的样子，讲一些有趣的话逗大家笑。总而言之，办法很多，只要你能想到就都可以用上。

宴席上不能厚此薄彼

在宴席上需要分清主次，有轻有重，不可能平均。聪明的人在保证“重点”的时候，决不忽略“一般”。比如，迎面来了三个人，好久未见了，其中一位正是自己急于求助办事的，你怎么对待呢？是抓住一人，不计其余；还是逐个关照，热情寒暄一番，然后和其他人说明情况，保证重点？这就是技巧。

人和人的关系，往往不是简单的我和你的关系，常常是我和他，三角四角，甚至五六角的关系。

当客人怀着欢欣的心情坐到你的宴席上的时候，他们倒不是为了吃点喝点什么，而是为了通过这种交际形式互诉衷肠、互诉友情。只要主人能以平等的态度对待每一个客人，那么，宴桌上的“皆大欢喜”是不难做到的。而如果“热”此“冷”彼，“冷”者当然不高兴，而“热”者心中也不会好受，因为实际上那少数的“热”者，有意无意地被人推向了“冷”者的对立面，心里也会“为之不欢”。据说，圆桌的发明，正是为了使入席者既无南面之尊，又无北面之卑，其中本身就隐含着“平等”二字。坐在象征平等的圆桌上进餐，而偏要人为地制造出种种不平等的举动来，岂不可笑？

那么，要处理好多角关系，做到不偏不倚、一视同仁，应该注意哪些方面呢？

1. 勿以尊卑定冷热

无论职务高低，那些大人物与一般平民在人格上都是平等的，在日常生活的交往中也是平等的。在一般的宴席桌上，只要不是什么特殊需要，尽可以随意一点，那样有好处，甚至可以调节“官”“民”关系。而如果把“官”和“民”的关系延伸到宴会桌上来，那不仅不会使上司提高威信，让上司脸上有光，结果只会适得其反。

2. 勿以亲疏定冷热

在宴席上，来的客人之中，会有与主人关系比较亲密的，也有与主人关系一般的人，在这种场合，特别要注意不能亲亲疏疏、冷冷热热。

在与人交往时，要既不谄媚讨好位尊者，也不歧视冷落位卑者，端庄而不过于矜持，谦逊而不矫饰造作，充分显示出你的诚挚。

我们常常会听到周围有这样的评价：某某人做事真周到。这样的话，肯定就是对那些在日常应酬中做得圆满者的赞赏，同时也说明了被赞赏者是日常应酬的成功者。

在酒场上，如果有三个人，那么其中一个人可能会是本次应酬的“次要者”。如果在应酬过程中，这位“次要者”遭到了冷落，在心里产生不被重视的感觉，那他将会是非常尴尬的，而且以后他便会找出各种各样的理由，拒绝出现在这样的场合。这样，你就有可能因此而失去一个可以在某个方面向你提供帮助的伙伴。

让每一个人都感到你重视他的存在，你的事业便成功了一半。让“次要者”感到他的存在，可以有以下四种形式：

（1）常常向“次要者”微笑。

（2）不时地向“次要者”询问一些平常的问题。

（3）常常示意“次要者”喝茶或吃点心。

（4）让“次要者”参与到你们的谈话之中。

适当地让“次要者”参与到你们的谈话中，不仅可以打消“次要者”的尴尬，同时还可以为你赢得朋友的心。

Part 7
交际有门道，生意有门路

做人要堂堂正正，做生意要光明正大。生意人做生意讲究诚信，不靠欺骗谋取财富，但也绝不会让自己吃亏。成功的生意人不但是智慧的生意人，更应该是有点心机的聪明人。

交际有门道，生意有门路。生意场上与人打交道，要讲究点手段和策略，看碟下菜，量体裁衣，见什么人说什么话，到什么山砍什么柴，进什么庙拜什么神，该出手时就出手，该后退时就后退，如此才能将生意做得顺风顺水，得心应手。

第 16 章

进庙拜对神，做生意找对人

找对人才能做对生意

求人如拜神，求什么神，你要进什么庙，想拜吕祖别进佛堂，想拜上帝，别进道观。诸神各有各的职责，各有各的庙。你如果不管三七二十一，不问青红皂白，随便见个门就撞，随便见个神就求。见了佛祖，来声“无量天尊”，见了上帝念声“南无阿弥陀佛”，恐怕你事不能办成，还让神灵责怪。

同样地，如果我们去佛堂进香，你就要说“我佛慈悲”“佛法无边”之类的诵佛话。佛当然要听了，须知神佛也有人情味，也有小缺点。听上三句奉承话，猴子也敢在山中称霸王，又何况神佛。

生意中求人办事也是这个道理，那么，我们怎样才能办事找对人呢?

1. 三亲六戚易开口

因血缘的关系，我们便与许多人形成了三亲六戚。与这些亲戚交往也是交际生活中的重要内容。这种特定关系也确定了彼此间的联系的亲密性。

当我们生意上有困难时，大概先想到的就是找亲戚帮忙。作为你的亲戚，对方也都会很热情地向你伸出援助的双手。由于彼此是亲戚，存在着千丝万缕的关系，你有事相求时，如何说话也是一门技巧。你不能因为彼此之间存在着亲情，说话太随便，毫不懂得运用技巧。这是求亲戚帮忙口才上的一大误区。大谈亲情，这是你和他谈话的要诀。找到亲情这个共同点，巧做文章，巧说话，是你成功的基础。

2. 领导也是指路人

以前在在公司里，关于工作上的事，你免不了去求你的顶头上司、领导。现在你自己创业当老板做生意，仍然可以去求这些人为你解决生意中的难题。因为一方面领导学识、经验丰富，可以为你指点生意上的迷津；另一方面他们也有自己独特的人脉资源，可以为你的生意带来意想不到的机遇。求领导办事时，你要掌握说恭维话的技巧。话要说得好听，说得到位，尤其是在公开场合，一句恭维的话给领导上司做够了面子，他事后会主动找你，为你解决生意上的困难。

3. 同僚是个宝，办事少不了

富兰克林说，你如果想和一个人交朋友，你可以先请他帮一个小忙。请以前的同事帮一个生意上的小忙，既方便了自己，又赢得了友谊，何乐不为？请同事帮忙，要把握好恰当的时机，对方时间富裕、心情舒畅时，我们出言相求，得到他答应的可能性非常大。相反，对方在为某事心烦，情绪不佳时，你即使是婉言相求，也常常吃个闭门羹。

4. 同窗情谊最深厚

同学关系是非常纯洁的，有可能发展为长久、牢固的友谊。因为在学生时代，人们年轻单纯、热情奔放，对人生、对未来充满浪漫的理想，而这种理想往往是同学们追求的目标。曾几何时，彼此在一起热烈地争论和探讨，每个人的内心世界都袒露在别人面前。加之同学之间朝夕相处，彼此间对对方的性格、脾气、爱好、兴趣等等能够深入了解。同窗之情，犹如手足，在某种程度上犹胜于手足之情。办事儿最实在、最得力的要属同学关系，当生意上遇到困难时，千万不要忘记去找你的同学。

5. 一声乡音分外亲

“他乡遇故知”，被列为人生的四大喜事之一。一句“老乡见老乡，两眼泪汪汪”，更说明老乡间亲情是多深厚。“亲不亲，故乡人”，由于大家彼此是同乡，能顺利地交成朋友，完成所托。利用“乡情”的凝聚力，可使我们在求人办事时顺利许多。

记住，生意有困难要求老乡帮忙时，一句浓浓的“乡音”会勾起对方一种亲密的感觉。乡音这件法宝，是你求老乡办事的一大绝招。

总之，办什么事，求什么人。求对了人，说准了话，令你办起事、做起生意来，成功的概率增大。如果你让和尚帮你杀鸡，而令道士为你念《金刚经》，这种事儿，你甭想成功。“物有所值，人情不同”，你要善于利用不同的人来完成你不同的要求，请不同的人来帮忙。

到什么庙烧什么香

世界上没有两个完全一样的人，而人与人之间的差异有时甚至可能是惊人的。独特的个性、爱好，独特的知识结构、心理态势，使某个人只能是“这样”而不能是“那样”。因此，与不同的人交往做生意，就要采取不同的方式。

俗话说，“看碟下菜，量体裁衣”，见什么人说什么话，看什么场面做什么事。生意场上也人来往，要学会对人的性格做具体分析，然后再决定哪些话能说，哪些话不能说，采用什么样的方式与其交往最适当。

1. 面对过分拘谨的人

这类人的特征是，就算你很客气地和他打招呼、寒暄，很热情地与他交谈，他有时也会表现得很冷漠，不在乎你，不理会你。在交谈时，他通常不会注意你在说什么，有时甚至根本没听你在说。碰到这种人只要你花些时间，去仔细研究观察一下他的一举一动，兴趣爱好，注意从他的言行中寻找出他真正关心的事情来，你就会得心应手。开始时，你可以随便和他闲聊，只要能够使他做出简单的回答或细微的反应，接下来就好办多了。你可以在他感兴趣的问题上，引导他充分地表达自己的意见，使他逐渐投入到与你的交谈中，他便会打开话匣子，你的负担便会大大减轻，至于以后的事情那就不用多说了。你必须始终注意把握的一点是，每个人都有他感兴趣或予以关心的事情，只要你稍加留意，然后有意触及，他便会“滔滔不绝”地和你说话。因此你要好好掌握并利用这类人的性格心理，成功地与这类人交往。

2. 面对爱好表现的人

有这样一些人，不管遇到什么事都喜欢表现自己，发表一些自己的看法，也不管自己行还是不行，对还是错。如果他露了脸，他便会到处张扬，要是砸了锅，也不要紧，还有成千上万条理由可以拿来搪塞。总之，他忘不了表现自己。对待这种人，最好的办法是站在一旁静静地观看，因为有时你明知他会出纰漏，好心提醒他，他不但不领情，反而会认为你嫉妒他，甚至记恨你，等他真的出了问题更会怪罪你，说是你使了坏。这类人很少冷静，他们总是热血沸腾、跃跃欲试，做事不假思索、草率决断，甚至为了表现自己的“果断”而招致意料不到的损失。所以，当你遇到这种人时，一定记住不要阻止他的自我表现，偶尔做一次配角似乎并不算什么。但为了避免由于这类人的草率和“果断”而造成的麻烦，你最好在适当的时候牵制一下对方，或在必要的时候提醒一下他冷静从事。

3. 面对城府较深的人

这些人不肯轻易让别人了解其心思和想法，世故圆滑，不愿被他人操纵或总想使人不知不觉中落入其精心编织的圈套。他最大的特征是说话不着边际，一旦涉及正题便“环顾左右而言他”，使你产生摸不着头脑和不知如何应对的感觉。事实上，在他的不着边际和“环顾左右而言他”之间，他能迅速了解和掌握你的想法和动机，然后争取主动，使你处于被动和服从的地位，被他牵着鼻子走。也有些人纯粹就是为了逃避矛盾，保全自己，使自己永远立于旁观者的地位，这样你只会感到无从下手。对待这种人不妨以其人之道，还治其人之身，彼此之间保持一种平等而互不干涉的局面。而当你必须要与这类人合作时，你就有必要先花一番心思去探察对方的真实想法，然后运用诱导的方式使其露出“庐山真面目”，或者你干脆坦率直言，直截了当地说出自己的想法，并请其也实话实说。如此也可减去由揣测、诱导手段带来的信息不准确等麻烦。

4. 面对傲慢无礼的人

有这样一类人，他们自视甚高，目中无人，总以一种傲视一切、举止无礼的面目出现在人们面前。如果你身边有了这种人，一定经常有不愉快的事情发生，而且周围的人都对这类人持排斥的心态，很显然这样的人是典型的最不受欢迎的人。但既然现在我们必须面对这种人，也让我们一起来想想办法对付他们。不卑不亢，是对待这种人的第一个办法。不论这种人怎样盛气凌人，我们绝不自认卑微，或同样地虚张声势。这样的话，你就会白白地费神费力，甚至会两败俱伤。第二个办法就是少跟他啰嗦！在这种人面前，你说话应干净利落，少跟他啰嗦，免得给他增添气势，无形中为他增加无礼的机会，如此他就不得不有所收敛。

生意场上，也人打交道办事应注意因人而异、视人而变，切不可不分场合，不顾人物性格，没有分寸地为所欲为；也不可在任何情况下总以同一方式“以不变应万变”。用固定招式对待每一个人，这样吃亏的是你，失败的是你，不得人心的还是你。

正所谓：到什么庙里烧什么香。不同的庙里有不同的神，不同的神有不同的爱好，就像不同的人有不同的性情一样，真正懂得“敬神”的人，就会各个准备，投其所好，对不同的神烧不同的香，这样才能令“神”心大悦。生意交际亦是如此，在面对不同的人时，唯有针对其个性采取不同的交际方式，才能“百用百灵”，把话说到其心坎里，使自己的意见更容易被接受，从而将生意做得天衣无缝。

背靠“大树”好乘凉

生意之旅充满了艰辛的风风雨雨，光靠一个人的努力有时未免显得有点孤单，因此，如果能够为自己找到一棵可以遮风避雨的大树，生意成功便易如反掌。

烈日当头，为自己找到一棵乘凉之树，可以避免很多不必要的挫折与烦恼。当然，如果你本身天资过人，勤奋有加，那你可以说，我不必依靠他人，我要靠自己的努力来获得成功，这当然是最好的了。倘若你自认本领不强，同时也想减少挫折，那不妨找棵树靠靠，靠久了自然能够出头。很多成功生意人都是如此走向成功之路的。

晚清商人胡雪岩可以说是富可敌国，他之所以取得惊人的财富，归根结底就在于他找了两棵坚实的“大树”。

一个是王有龄，在他创业之初给了他很大的关照和帮助。在地方上，胡雪岩依靠王有龄的权势，获得了大量的订单和机会，生意越做越大。

另一个则是左宗棠，左宗棠出自世家，以战功谋略闻名，权高位重。胡雪岩为了结交左宗棠，靠上这棵“大树”，费尽心思。他主要采用了两个手段：

第一，对左宗棠进行充分的调查、了解。胡雪岩知道左宗棠的脾气，倔犟固执，难以接近；同时因其战功彪炳，颇为自得，喜欢听褒扬之词。并且他对左宗棠与曾国藩以及李鸿章等人之间的矛盾了如指掌，因而胡雪岩说话的言辞能正中左氏之心怀。

第二，善急人之所急。光说不做是不行的，胡雪岩打动左宗棠还体现在行动上，他为左宗棠解了燃眉之急，了却了左宗棠的心病，自然也就换取了左宗棠的感谢和信任。

不过，要像胡雪岩要找到一棵可以依靠的大树，并不是轻易就能够做到的，而是需要一段时间，因为虽然你看上了某个靠山，可对方却不一定愿意提拔你、照顾你。你必须在和他往来之间，让他了解你的能力、上进心、人格、家世和忠诚，也就是说，要他能够信赖你！这就需要一个过程，而这一过程可能需要半年、一年，也有可能更漫长，而你不仅要好好表现，还要在难熬的岁月中等待机会，应付“大树”对你的考验！

寻找生意中的贵人

阿基米德说：“给我一个支点，我可以撬起整个地球。”对于一个渴望成功的生意人来说，贵人就是生意的支点，是迈向成功殿堂的伯乐，贵人给予我们的一次扶助、一次机会、一句话甚至一个眼神，都不是我们用聪明、努力或金钱可以换来的。在生意的征途上，如果没有贵人相助，我们将走得很艰辛。而有了贵人的扶助和提携，做生意就会少走很多弯路，快速到达巅峰。

老江创业多年，然而命运似乎总是在跟他开玩笑，辛苦奔波却收获甚微。一次，他所在的城市要进行基础设施建设改造，他感到这是个机会，可是同一个城市里符合要求的公司多达十几家，怎样才能获得这个机会呢？他绞尽脑汁，针对专门管理此工程的负责人，想出了一个好点子。

该负责人有个习惯，每逢周末都要到郊区的鱼塘钓鱼。于是老江探明地点，也带上渔具，跑到该鱼塘。他先在旁边看着负责人垂钓，每当负责人钓上鱼的时候，老江都表现得很羡慕。负责人自然就觉得很得意，看见老江带着渔具却没钓鱼，便好奇地询问，老江装作不会钓鱼，借机请教。负责人一下觉得遇到知音，便告诉老江一些钓鱼的窍门。两人越聊越投机，不知不觉就谈到了各自的职业，老江一副很委屈的样子，说着自己的行业竞争的激烈，向负责人大吐苦水。等到负责人表露身份的时候，老江也就顺理成章的提出了要求。

老江的公司顺利地拿到了工程招标，从此以后老江的生意上了一个新台阶，人生也进入了一个新的平台！

在一些关键的问题上，寻找贵人的帮助是多么重要。那么如何找到贵人呢？就现代社会而言，以下四项建议具体可行：

1. 找寻大人物

大人物往往是指在层级组织中职位比你高且能帮助你晋升的人。有时你得煞费苦心地去分辨谁具有这种能力。只要深入观察，你将会找到能帮助你的大人物。

2. 争取多位重要人士的提拔

多位重要人士的共同帮助，可产生乘数的提拔效果（指大人物人数乘以个别提拔效果）。乘数效果的产生，是由于这些大人物在他们的谈话里，不断地互相强化你的优点，因而使他们愿意帮助你。假使你只有一个大人物可以依靠，你便得不到这种强化的效果。

所以，拥有多位大人物的帮助，做生意就会如坐电梯，这也是借“大树”相助做生意的一大智慧。

你经过辛苦的努力，多年之后你成功了。那么，你想不想成功来得更轻松一点，成功来得更快一点？如果想，请马上找至少一位贵人来相助。

搭乘头等舱，贵人助你过江东

有人在国内做过一次调查，调查的对象是各个行业的中高层主管，调查的内容是在他们成为中高层主管的过程中，是否得到过他人的栽培和提拔。

调查结果表明：凡是做到中、高级以上的主管，有 90% 都受到过栽培，至于做到 CEO 的，有 80% 遇到过贵人，自当老板创业的，竟然 100% 的人都曾被人提拔过。就是说，很大一部分生意人的成功，都有“贵人”相助。

贵人是你事业中的开路先锋，是你生意上的导师。找一个贵人相助，比你做的任何决定都来得重要。因为，借由他们的成功经验、成功模式，能使你在非常短的时间内，产生非常大的效应。他们也会把他们失败时所做错的事情让你知道，哪些是你不该做、不能犯的错误。他会让你省下非常多的时间，走对方向，少走弯路。

通常来说，贵人就是那些人们称之为“坐头等舱的乘客”，他们大都是身份显赫、在社会上有较大影响力的政界人物、企业总裁、社会名流等。在他们身上可能会存在许多潜在商机。也许你乘坐一次头等舱，就可改变你的人生命运。

为何强调要搭乘头等舱呢？是为了更舒适？享受更多的服务？还是为了比其他乘客早 20 秒起飞，早 20 秒着地呢？或是为了更安全起见？都不是，是为了搭建自己更高层次、更高品质、更高价值的人脉网。

这样的例子并不少见，有的生意人在短短几个小时的飞行中就做成几笔生意。这样的事情，在经济舱内的旅行团体中是很难碰到的。

说搭乘头等舱，不是指趋炎附势。搭乘头等舱，你可以与同座或同舱内的商业、政府、文化等各业名流大佬们攀谈交往，进而结下友谊，为你日后生意的起飞打下基础。

人生的品质、生意的层次，决定于你所处的环境以及你所交往的人群。说搭乘头等舱，与优秀的人为伍，这样做的好处有：

第一，使你有一个见贤思齐的想法，你就会给自己加压，努力学习、成长。

第二，可以找到学习的对象，可以向比你优秀的人士学习，使你少走弯路。

第三，可以在你的生意上给你提供很多帮助。

第17章

逢场善作秀，生意如演戏

比明星更擅长自我包装

一个人想要出名，首先要做到的是家喻户晓。只有被大家接受了、熟悉了才能叫作真正的明星，别人叫不出名字的演艺人员不是真正的明星。同样，在如今竞争激烈的社会，再也不是过去那种酒香不怕巷子深的年代了，想要使自己、自己的商品被顾客接受，必须要先树立产品的品牌形象，作为一个生意人、尤其是一个成功的生意人，一定要比明星更善于包装自己，更善于包装自己的产品。

某些时候，顾客选择产品往往就选择你自己，选择你的包装。

一名书商手头积压了一批书卖不出去，眼看就要大亏本了。情急之下，另一个书商帮忙想出了一个点子：给总统送去一本，并频频联系征求意见。忙得不可开交的总统随便回了一句："这书不错。"出版商立刻大做宣传："现有总统喜爱的书出售。"积压的书很快脱销。同样是一本书，为什么在有的人手里就积压难卖，而在别人手里却脱销了呢？可以说书是100%的相同，人是99%的相同，造成两种大相径庭的结果就在于人的那1%：是否懂得自我包装？是否懂得产品包装？在商品社会中，只有懂得包装的人才能成为成功的生意人，才能赢得最大的利润。

包装自我、包装产品，是经营到一定阶段生意人必须要做的事情。很多成功的商人、成功的企业，都是因为善于包装，成为声望卓著的企业家、为世界所关注的中国品牌。会做生意的人是不会局限在只有产品，没有名气的阶段，而是力争名气和产品都硬起来，所以，包装对生意人来说，是至关重要的工具。

成功与失败就只有一线之隔，会做生意的人懂得利用自己的资源，对自己、对产品进行包装，这就是他们成功的秘诀之一，会做生意的人往往靠这1%的与众不同创造奇迹。想要做生意的人们，先补上这1%吧！要知道，会做生意的人要比明星更善于包装。

包装自己，让人一眼看中你

要做生意，就要面临竞争，包括客户数量的竞争，产品质量的竞争，市场份额的竞争。市场经济是一种竞争性经济，别人有了需求，就需要有人供给，而要想在诸多供给者中脱颖而出，你就必须要向别人推销自己，证明你是最好的。

推销自己，就要用自己最擅长的东西，最突出的特色去打动人，使自己成为一望便知、众所瞩目的亮点。相应地，就要努力掩盖和淡化自己的弱点和不足。这就是所谓的“包装”。包装并非是造假，也不是不诚实，它是符合人的本性和习惯的一种手段，只不过它带有非常明显的利益动机而已。

有的生意人不懂得包装的重要意义，更不会想办法去包装自己。他们不仅在思想意识上缺少包装自己这根弦，而且往往由于缺乏技巧而不能发挥包装自己这种优势。

由于有的人把技巧和方法没有当作工具而是当作具有道德属性的东西，因此他们排斥技巧并且拙于技巧，这样，就很难把自己的优点最完善地通过包装凸现出来，很难把自己的成绩最得体地呈现出来。更多的情况是，没有什么实际效果，甚至还适得其反。

由此也可推知，许多生意人并非不想包装自我，只是不善于包装自我，由于方法失当、手段贫乏而致使效果不佳，或得非所愿。

运用包装手段，可以使你更快地得到别人的注意，也能更好地展现自己，让更多的客户认识你关注你，从而会使你交到更多的朋友，获得更多的生意机遇。

只有在你看起来非常醒目突出的情况下，你才能在各种交际场面能吸引他人的眼球，赢得更多的客户资源，让自己更具有竞争力。

懂得并擅长包装自己，是做生意的一种手段，也是生意人必备的推销技能。

自抬身价，生意水涨船高

对于生意人来说，你除了推销自己，适当的时候，还可以有意抬高自己的身价。一般情况下，“自抬身价”是对人的一种批评，一些人为了达到某种目的而故意自夸自大，增加自己的分量，因而让人反感。但在人人都想出人头地的现代社会，“自抬身价”不妨成为人们借鉴的一种生存手段。因为其他人也许没有时间来评价你、掂量你，或者对你估量不足，在这种情况下，你只好自我推销，甚至有时适度抬高一下自己。

“自抬身价”的行为随处可见。例如，有些影星提高片酬，主持人提高主持费，演讲者提高出场费，乃至于公司的同事要求老板加薪等，这些都是“自抬身价”的行为。当然，其中有些人确实名副其实，与他们所称的身价相当，但有些人则夸大其词，根本没有那么高的价值。可是，只要他们敢自抬身价，多半能够如己所愿。

能不能够立刻如其所愿这并不重要，重要的是，经过为自己抬高身价，你可以为自己定下一个基准，好比为商品标价一般，这有“昭示众人”的味道，以便下回顾客上门时，能按新的价格“成交”。

在现代市场经济中，人也成为了一种商品，每个人的身价都不同，有的人年薪五万，有的人可能年薪数十万甚至上百万。在一定条件下，商人们也会根据市场情况适当调整商品的价格。有些顾客就是那么奇怪，商品低价时他们偏偏不买，等价格提高了，非得抢着买，并且称赞质量好，其实东西完全一样。

人也是如此，身价太低，别人看不起，把身价提高了，反而觉得你真了不起，是个大人才！所以在有些情况下，作为生意人，可以适当自抬一下身价，这样会让客户看起来你值得交往，与你生意进行合作会有好处可得。

“自抬身价”有两种情形，一种是自己本身确有价值，而别人评价不足。这种情形下，你更应该自抬不可，否则别人会认为你根本没有价值，从而内心不愿意与你交往。第二种情形是，你本来只有六分的价值，却抬出了十二分的身价，这你需要把握一个度，不要抬得过高，抬身价抬得离了谱。否则一旦客户知道你的底细，你的信誉就会受到影响，影响以后的交际，给生意带来不便。

生意场上，适度地自抬身价会提升你交际的资本，增加你竞争的筹码。只要“抬”成功你就会提升你的人气，你的生意也会因此获益。

王婆卖瓜，自卖自夸

人们都愿意与身份较高、能力较强的人交往，不愿意结识整天垂头丧气、愁眉不展的人。从我们自己的角度看也是一样，如果我们常与得意的人、能干的人接触交往，就会充满信心，也认为自己有能力了。

这样看来，当你向一个还不熟悉、还不了解的人介绍自己的时候，不要把自己刻意说得很低，也不要过于谦虚。你可以适当地夸张一下，夸大你目前所干的事情，夸大自己的能力和成就，夸大自己的良好感觉，这样对方认识你才会感到荣幸，愿意与你交往。

如果把自己讲得一无是处，讲遇到的困难，讲目前还存在的问题，对方听了会感到失望，对你也就没有太大兴趣了。

当然，生活中有酸甜苦辣，再春风得意的人，能力再强、地位再高的人也有不如意的时候，所以交谈时很容易说起不顺心的事。但对初次认识的人来说，往往爱对自己的交际对象抱一种幻想，潜意识中常盼望对方是个能干的人，希望成为私交。如果你令对方失望，他会认为没有必要与你交往了。

当然，夸张要有一定限度，不能夸张得无边无际。因为人们都有一个固定的衡量标准，虽然不了解你，但你应该有多大能力，别人大致上是心中有数的。说低了，他会不以为然，瞧不起你；说太高了也不好，弄不好露马脚反而弄巧成拙。因此，这就要求你在说话时要把握好分寸。

在说明自己的能力时，不但要把现在做的事情告诉对方，如果必要的话，还可以把下一步准备做的事情告诉对方。下一步的事虽然没做，但有做的打算和做的条件，也有做的可能性。你讲给对方听时，对方一般是会相信的，而且你已明确告诉对方，这是下一步的打算，自然他不会认为你是在骗他。在讲下一步打算时，你要充满自信，要把具体事实摆出来。这就是一种能力的夸张，也是一种合理的夸张。你若把再下一步的打算也告诉对方，那就成了吹牛，对方就不会轻易相信。像一个小学生谈大学毕业后找工作一样，让人觉得有点荒唐。所以只能把打算提前一步说出来，不能提前好几步都说出来。

这种技巧关键在于，不要超过对方的心理承受能力。在社会上形形色色的雄辩家中，政治家往往是出类拔萃的。在他们看来，世界上根本不存在分辨不清的是非，甚至不可能有模棱两可的现象。他们能把死人说成活人，把活人说成死人。其话语非常明确，充满自信。

俗话说：王婆卖瓜，自卖自夸，意思是要想将东西卖出去，就要大力夸赞自己的东西。因此，在商务交际中要适当地夸张“抬高”自己，可以使对方更为信服，提高生意的成功率。

自己也可以点石成金

当你的事业刚起步的时候，很明显，你会为你的身份不满，因为这个身份给你带来了很多的限制，这些限制相信每个穷人都曾有过体会。那么，如何做才能改变这个身份呢？那就是把你自己“点石成金”，让别人知道你不是一个无用的穷人。有许多穷人就是这样改变了自己的身份。

有一个人叫尤伯罗斯，他就是通过举办洛杉矶奥运会而一举成名的。其实，在此之前，他也是一个穷人。

现在有一点举世公认：主办奥运会，不仅能提高主办城市在世界上的知名度，提高主办国的地位和声望，而且还是一个难得的商机。然而，翻开奥运会的历史，很长一段时期，主办奥运会都是亏本的。举办奥运会曾是一项出力不讨好的事情，以至于许多国家在接到举办奥运会的通知时，不是全力去筹办，而是想方设法不出钱或少出钱，以最大限度地减少自身的开支。

想当年，国际奥委会决定1984年奥运会在美国洛杉矶举办的消息一经传开，洛杉矶的市民马上集体游行，反对在这里举办奥运会。洛杉矶市民游行的消息，通过电视报纸传遍了美国。同时美国政府宣布，对奥运会不予以经济援助。洛杉矶所在的加利福尼亚州宣布：不准用事先发行彩票的办法为奥运会集资。洛杉矶市政府明确表示不出一分钱，并向国际奥委会发出“警告”：如果要洛杉矶政府承担奥运会经费，那么将取消奥运会在洛杉矶的举行。

洛杉矶奥运会面临夭折。

1978年8月，国际奥委会召开紧急会议，被迫答应奥运会经费可以不由主办城市承担。

举办奥运会，需要庞大的经费，国际奥委会又没有钱，美国政府和洛杉矶市民不出钱，又不让发彩票，庞大的经费从哪里来?

洛杉矶奥运会筹备小组一筹莫展，最后只好向一家企业管理咨询公司求援，希望推荐一位能人来担任奥运会主办人。该公司提出的名单是：彼得·尤伯罗斯。

奥运会筹备小组马上和尤伯罗斯取得联系。尤伯罗斯在美国是“无名小卒”，尽管他生意做得也不坏，但那不过是个小本生意，如果一直做下去，也发不了什么大财。

当时摆在他面前的事实是，没有一分钱的援助和支持，这让尤伯罗斯感到自己是一个彻头彻尾的穷人，两手空空。在筹办奥运会上，他的确是一个穷人。因为奥运会需要的经费不是以“万”为单位计算的，而是以“百万”“千万”甚至以“亿”为单位计算的，尽管早期的奥运会由于规模小，经费也不需要太多。

然而他最终答应了下来。他答应出山，并毅然卖掉了他的小公司。

一幕大戏开始了！

美国人看着他，奥运会看着他，整个世界都在看着他。

1979 年，尤伯罗斯正式就任美国奥运会组委会主席。他语出惊人，称：“奥运会不但不会亏本，还会有可观的利润。”

报纸登了他的照片和“施政演说”，不少读者看得忍不住笑出声来：历届奥运会主办者都想赚钱，可结果都是负债累累。这个狂妄的家伙，这回可是自找苦吃！

尤伯罗斯也不管人们说什么，就去上班了。他钻出汽车，走进办公室，左右环视，发觉空荡荡的没有一个职员，这“空荡荡”还意味着，没有一分钱。

他摇了摇头，从口袋里拿出 100 美元，跑到银行为奥运会组委会开了一个户头。就这样，100 美元拉开了洛杉矶奥运会的帷幕。

“我有什么办法，能在短时间内迅速大量地集聚一大笔金钱？”尤伯罗斯喝着咖啡，低头沉思，“我有什么法宝？唔，只有‘奥运会’这块牌子，一块空的举世瞩目的牌子，还有世界上 30 亿观众——这是我最大的财产。”

他考虑了几天，充满信心地笑了，笑得还颇有几分得意。

尤伯罗斯抛出的第一个高招是：把奥运会的实况转播权作为专利拍卖，底价为 2.35 亿美元。这在奥运会历史上是第一次。

他亲自跑到美国最大的两家广播公司游说，历数夺得转播权的种种好处。两家大公司被说得心动了，竞相出价竞争。美国广播公司请来几十位高参仔细计算得失，最终发现尤伯罗斯说得有道理，确实有利可图，于是，赶在美国全国广播公司前买下电视实况转播权。尤伯罗斯高兴得哈哈大笑，又把海外实况转播权卖给外国公司。就这一项，他筹集到 2.8 亿美元。报纸头版头条纷纷报道，美国轰动了！

尤伯罗斯又推出第二招，他宣布：“本届奥运会正式赞助单位只有 30 家，每个行业选择一家。赞助者可以得到本届奥运会某项商品独家供应权。条件是，每家至少应赞助 400 万美元。”

本来不想出钱的企业心动了，赞助奥运会既能扩大企业知名度、领先于同行竞争对手，又能通过垄断奥运会商品供应赚钱，退出赞助就是把商机白白送人啊！这个尤伯罗斯好厉害！

尤伯罗斯找到美国柯达公司，希望他们能给奥运会提供 500 万美元以上的赞助，把奥运会同行业唯一的赞助权夺走。不料，柯达自恃是行业老大，只同意赞助 100 万美元和一大批胶卷，和尤伯罗斯进行讨价还价。尤伯罗斯耐心地等了半年，最终还是没有达成协议。正在此时，日本富士公司寻上门来，尤伯罗斯巧妙地与其周旋谈判，最后，富士愿意出 700 万美元的高价，尤伯罗斯当然喜出望外。就这样，日本富士公司获得了第 23 届奥运会的独家赞助权。奥运会期间，赛场内外都是富士广告，所有记者用的都是富士胶卷。富士公司通过奥运会冲进美国，分掉柯达许多市场份额，柯达公司总裁盛怒之下撤掉了广告部主任，这当然是后话。

各个行业的企业为了争得独家企业赞助权，你争我夺龙争虎斗，杀得战火纷飞，硝烟弥漫。就此一项，尤伯罗斯集资到 3.85 亿美元。

最后，通过种种办法，尤伯罗斯筹集到举办奥运会绰绰有余的资金。

五环旗在洛杉矶迎风飘扬，奥运会如期举行。

第 23 届奥运会不但没有亏本，还盈余了 1.5 亿美元。尤伯罗斯本人则获得了 47.5 万美元的红利。他创造了奇迹！

闭幕那天，尤伯罗斯应邀登上主席台，顿时，近 10 万观众热烈鼓掌，雷鸣般的掌声响彻云霄。第二年，美国《时代》杂志刊登了尤伯罗斯的照片，尤伯罗斯一时身价倍增。

尤伯罗斯为奥运会的经济运作，树立了一个辉煌典范，也为穷人如何办大事开了一个好头，让众多的穷人看到了没钱也能办成大事情的希望。同时，他也精确地演示了作为一个穷人，如何在没钱的情况下去办一件大事，从而成为广大穷人学习的楷模。

利用传媒，炒作自己

聪明的生意人，会利用身边一切能够用上的销售渠道，而其中的大众传媒更是轻易不能“放过”的。

很多成功的生意人都是先用市场、后用产品开始他们的建设和经营。一个企业产品的有形部分是企业的主要责任，而产品的另外一方面无形的部分则不是企业能直接提供的。这种无形资产的创造主要是通过主流媒体来创造的，无形资产是靠社会、媒体来打造的。而这种媒体、社会舆论等等则糅合成了规模宏大的大众传媒，善于利用传媒对于一个生意人来说，是必不可少的。

众所周知，温州人是国内最会做生意的人，对于利用传媒宣传品牌，有一位温州商人这样说：“我们温州人既会干事，也会作秀！豆子要不断翻炒才能熟，经商办企业就应该炒，炒才能成就大业。”

温商中还出现了雇克林顿打工的人。2000 年 7 月中旬，国内几家著名网站的首页上摆了这么一条新闻：中国温州某企业向白宫发电子邮件，出价 200 万美金邀请克林顿总统在卸任后担任该公司的“形象大使”。这里提及的“某企业”是刚刚组建的以西服为主导产品的温州法派服饰有限公司。

对“法派服饰”的举动，媒体和业界断定为“纯属利用传媒”，是一个“国际玩笑”，而法派服饰的有关负责人则郑重其事地解释道：为什么不呢？克林顿缺钱，为了莱温斯基的官司，他共欠下1100万美元的律师费，到现在还有500万没买单。当年，“伟哥”正式上市时，克林顿曾开玩笑说自己要给伟哥做广告。法派是没有辉瑞（伟哥生产商）钱多，但西装总比“蓝色小药丸”多点品位吧？2001年3月，在人们逐渐淡忘这个“玩笑”的时候，法派公司意外地接到了希拉里的回信，表示期待与公司方面就此事进一步洽谈面议。先不论结果如何，至少，法派西服的“新闻大餐”吃得津津有味。

这就是利用传媒的学问。传媒利用得恰如其分，可以使你的生意迅速成功。

菲利普·科特勒曾经说过，“伟大的品牌是公司维持超额利润的唯一途径，伟大的品牌实现了感性收益，而不是理性收益。”

利用传媒、炒作品牌是经营到一定阶段，生意人必须要做的事情。而国内很多成功的民营企业家已经开始注意到这一点了，像李宁、美的、格力等，都是已经被世界所关注的中国品牌。

伟大的商人是不会局限在没有牌子只有票子的阶段，而是力争牌子和票子都硬起来。所以，利用传媒对于商人来说，是至关重要的工具。

21世纪被人形象地称为“眼球经济”，其实，眼球经济也就是注意力经济，通过引起受众的注意来创造经济效益。庄吉集团从2000年开始聘请台湾著名歌星周华健担任形象代言人，庄吉服装凭借周华健特有的亲和力，以“好男人”的形象，很好地诠释了庄吉品牌的内涵，赢得了广大消费者和品牌代理商的欢迎。北京的一位记者说：“我穿庄吉，就是冲着周华健的一句‘一身庄重，一生吉祥’来的。”这种品牌效应极大地提升了庄吉品牌的价值，获得了社会各界人士的喜爱和好评。

明星的“名人效应”极大地抓住了消费者的注意力，如今，庄吉已发展成为总资产 2.9 亿元，生产的产品涉及西服、衬衫、时装、领带、皮件、皮鞋等系列服饰产品。

聪明的商人们，会本着“海阔天空地想，脚踏实地地做”的理念，敢为天下先，敢争天下强，同时。他们不安分的性格又使自己的生意炒得越来越火。

善于利用传媒，“炒作自己”是生意人赢得那 1% 的必胜绝技。

第 18 章

用心做交际，用脑做生意

念好“粘”字生意经功诀

一位拉关系的高手，用一个“粘”字概括了自己的经验：“要说拉关系，咱们是大行家了。有用得着的人，想什么办法也能把他粘上。

1946 年 4 月，土光敏夫被推举为石心岛芝浦透平公司总经理。当时，日本大战新财，百姓生计窘迫，企业的发展更是困难重重，其中最大的困难就是筹措资金。即令是那些著名的大企业，资金也相当紧，更何况艺浦透平这种没有什么背景的小公司，就更没有哪家银行肯痛快地借钱给它了。土光担任总经理不久，生产资金的来源就搁浅了。为了筹措资金，土光不得不每天去走访银行。

一天，土光端着盒饭来到第一银行总行，与营业部部长长谷种重川郎（后升为行长）商议贷款事项。土光一上来就摆出了不达目的誓不罢休的气势，长谷川则装出爱莫能助无奈之态。双方你来我往，谈了半天也没谈出结果来。

时间过得飞快，一看到疲倦的长谷心有点像要溜走的样子，土光便慢条斯理地拿出了带来的饭盒，说：“让我们边吃边谈吧，谈到天亮也行。”硬是不让长谷心与营业员走开。长谷川只好服输，最终借给了他所希望的款项。

土光的行为具备了主要的泡蘑菇战术要领：

（1）脸皮要厚，不至于一见到“钉子”就缩回头。

（2）明显地表达了不达目的不罢休的决心。

（3）表面上是软磨硬泡的无理性，实际上是以真诚感动了对方。换句话说就是要设法软化被泡对象，讲究“泡法”的礼貌性、合情理。要不温不火，而不能让对方真的生气而反脸相向。

常言道：“人情卖给熟面孔。”给不给面子往往是熟人之间的事。因此，与陌生人拉关系、套近乎，光是厚脸皮不行，死磨硬泡更谈不上，必须讲究方法，讲究步骤。俗话说，一回生，两回熟，只要能打开突破口，与对方拉上关系，就要毫不放松，接二连三地贴上去，日久天长，双方的关系就有点儿扯不清了。

一般而言，整夜在一起喝酒的朋友，和有长时间交往的朋友相比，乍看之下好像前者的人际关系较稳固，但实际上，这种关系如不加以持续，那么两者之间的交情就会愈来愈谈，这一点是显而易见的。譬如有人问你：“你和某人的关系如何？”而你回答：“我见过一次”和“偶尔会见面”，那么给人的印象就不同了，而和“常见”这个回答又更不同了。道理显而易见，见面的次数和两人之间的亲近度是成正比的。

好事多磨，“磨”出生意

俗话说，“好事多磨”“欲速则不达”。找人办事，没有耐心不行。那些要把事办成的人，总有一颗不达目的不罢休的耐心。他求人时，会耐心地去磨去拖，这里被求者虽神通广大，却因事务繁忙，拖不起，他烦得不行时，自然会速战速决地帮你办事，以求度过“满眼全是你”的苦日子。不管怎么样，你这时是成功者了。

做生意的过程中，很多事情需要你有“磨”的功夫。很多情况下，只有多磨才能打动人心，才能将生意做成。

不过，“磨”也要讲究技巧。

第一，要发挥“笑脸”的威力，要彬彬有礼，摆事实讲道理，要笑容满面，要经常出现在能让对方看到的场合。例如，他的办公室、家里等等。而且每次都要准时无误，让对方感到好像是在上班一样，一到点就赶来了。这样对方总能看到你，也就总能想到你的事情了。

这种方法看来有点不可思议，但是只有这样才能办成事，因为有时候，对方因种种原因不同意办理此事，而此事又是合情合理的，这种情况下只能“磨”了。

第二，要有策略，要运用煽情的手法，引起对方的注意，能感动人，要积极主动地向对方解释，与对方沟通，不间断地软化对方的意志。因此，必须是全身心投入，必须有百折不挠的精神。

第三，“磨”不是要无赖，而是一种静静的礼貌的等待，等待对方尽快给予答复。不要让对方感到你是故意找麻烦，故意影响他们工作和休息，要尽量通情达理，尽量减少对对方的干扰，这样，才能磨成功。磨可以不露锋芒，不提要办的事，只是不间断地接近对方，使双方关系渐近，让对方更多地了解你、同情你，从而产生帮助你的意愿。也就是说，你想办法与对方接近或与对方家人接近，并通过各种办法与他们搞好关系，从感情上贴近。这种感情上的磨，对方是难以拒绝的。

世上无难事，只怕有心人。这个“心”，就是耐心。有耐心，再艰难的事也能办成功。没有耐心，再容易的事也难办成功。拿出耐心，出示诚意，主动出击，还有什么生意不能办成！

摸清底牌，反客为主

美国有一位著名的谈判专家，他的邻居是一位医生，这名医生的房屋由于遭到了台风的袭击而受到了一些破坏。房子是在保险公司投过保的，医生准备向保险公司索赔，请这名专家来帮忙。医生给保险公司打电话，保险公司的理赔调查员很快来到了他的家里。理赔员主动先向谈判专家打招呼：“你好，先生，很荣幸在这里见到你。”谈判专家听了这样的问候，

激将有法，生意有门

做生意求人办事，有时别人并不应允，如果采用直截了当的请人办法，他们也会一再拒绝。在这种情况下，巧用激将法则会起到意想不到的作用。

人们常说：“树怕剥皮，人怕激气。”其中的“激”就是指激动，心有所感而表露于外者，不管是言语的挑拨或事情的刺激。孟子说过：“一怒而天下定。”这怒因刺激而起，勇气也从胆中生。

许多事业的成功就靠一怒而成，也有无数坏事起于一怒之差，可见这“激”的功用。所谓“激将”，是指对人而说，即激发人的勇气，替自己办好事情。

有一个橡胶厂进口了一整套价值200万元的现代化胶鞋生产设备，由于原料与技术力量不够，搁置了4年也无法使用。

后来，新任的李厂长决定将这套生产设备转卖给另一家橡胶厂王厂长。

正式谈判前，李厂长了解到王厂长两个重要情况：

一是该厂经济实力雄厚，但基本上都投入了再生产，要马上腾挪200万元添置设备，困难很大。

二是该厂厂长年轻好胜，几乎在任何情况下都不甘示弱，甚至经常以拿破仑自诩。

李厂长对对方的情况有所了解后，决定亲自与王厂长谈判。

李厂长：“昨天在贵厂转了一整天，详细了解了贵厂的生产情况。你们的管理水平确实令人信服。你年轻有为，能力非凡，真让我钦佩。”

王厂长：“哪里哪里，老兄过奖了！我年轻无知，恳切希望得到老兄的指教！”

李厂长：“我向来不会奉承人，实事求是嘛。贵厂今天办得好，我就说好；明天办得不好，我就会说不好。”

王厂长：“老兄对我厂的设备印象如何？不是说打算把你们进口的那套现代化胶鞋生产设备卖给我们吗？”

李厂长：“贵厂现有生产设备，在国内看是可以的，至少三五年内不会有什么大的问题。关于转卖设备之事，只是有两个疑问：第一不知贵厂是否有经济实力购买这样的设备；第二，即使有能力购买，贵厂也未必有能力招聘到管理、操作这套设备的技术力量。”

王厂长听到这些后，不免有些不快，觉得对方在轻视自己的实力。于是，他用炫耀的口气向李厂长介绍了本厂的经济实力和技术力量，表明本厂有能力购进并操作管理这套价值200万元的设备。经过一番周旋，李厂长巧妙地将闲置了4年的设备转卖给了王厂长。

李厂长就是利用王厂长自尊心的积极的一面，从相反的角度激起其“不服气”的情绪。使其产生一种奋发进取的“内驱力”，将自己的潜能充分发挥出来，从而巧妙地达到了自己的目的。

在生活当中，有些人往往非常自负，这个时候你用正常的方法，他会懒得理你，这时不妨采用一下激将法。人们都有一种不服气，不甘服输的心理，这也就成为一种沟通的筹码。

施用激将法时，要注意观察对方的性格。一般说来，一个人的性格特点往往通过自身的言谈举止、表情等流露出来，快言快语、举止简捷、眼神锋利、情绪易冲动的人，往往是性格急躁的人；直率热情，活泼好动、反应迅速、喜欢交往的人，往往是性格开朗的人；表情细腻，眼神稳定，说话慢条斯理，举止注意分寸的人，往往是性格稳重的人；安静、抑郁、不苟言笑，喜欢独处，不善交往的人，往往是性格孤僻的人；口出大言，自吹自擂，好为人师的人，往往是骄傲自负的人；懂礼貌、讲信义，实事求是、心平气和，尊重别人的人，往往是谦虚谨慎的人。对于这些不同性格的对话对象，一定要具体分析，区别对待。

对于那种傲气十足的人，如果他面子看得很重而讲究分寸，你不妨从正面恭维入手，让他飘飘然，因为虚荣而顺从你的意图。这种类型的人只要你说他长很高，他便会跳起脚给你看。

对于那种性情急躁、老奸巨猾的人，最好是不要用，就算用了也不一定会有效。像曹操这类人千万勿以此计去激他。善疑的人，绝无可相信之人，可能会弄巧反拙。

俗话说：“请将不如激将。”在做生意的过程中，巧言激将，能够把客户的自尊心、自信心激发起来，从而促成生意的成功。

做生意不能太老实

虽然说做老实人说老实话，然而，这句话不一定任何时候任何场合都适用。比如你身上没钱或者说不愿意花钱办事时，就不应该到处宣扬“我是穷人”，很多穷人也很忌讳这一点，这时，就需要巧妙地对自己的窘境进行掩饰。

交际中，很多时候，“直炮筒子”并不一定受欢迎，因为有些时候，说实话必然会破坏良好的气氛，那就不得不说一些善意的谎言。

同样的道理，生意也是如此，有时实话实说反而不能达到效果，这时就要适当运用善意的谎言。在违背商业道德的前提下，只要能抱着好的目的，谁又能去计较你说的话是真是假呢?

善意的谎言也要有一定的艺术，否则刚一说出，别人就不信，那还有什么意思？一般说来，有以下几种说法：

1. 用轻松幽默的玩笑话说实事

轻松幽默的话题，往往能引起感情上的愉悦。庄重严肃的话题会使人紧张慎重。只要可能，最好能把庄重严肃的话题用轻松幽默的形式说出来，这样对方可能会更容易接受。

2. 绕个弯子套对方的话

有时，一些话自己说出来会显得尴尬，这时，诱导对方先开口无疑是上上之策。

王某准备借助于好友赵某的路子做笔生意，在他将一大笔巨款交给赵某的第二天，赵某却突然暴病身亡。王某立刻陷入了两难境地：若开口追款，太刺激赵某的妻子；若不提此事，自己的局面又难以支撑。

帮忙料理完后事，王某是这样对赵夫人说的：“真没想到赵哥走得这么早，我们的合作才刚开始。这样吧嫂子，赵哥的那些关系户你也认识，你就出面把这笔生意继续做下去吧！需要我跑腿的时候尽管说，吃苦花力气的事情我不怕。”

看他丝毫没有追款的意思，还豪气冲天、义气感人，其实他明知赵妻没有能力也没有心思干下去。话中又加上了巧妙的提醒：我只能跑腿花力气，却不熟悉那些门路；困难不小还时不我待。

结果呢？赵妻反过来安慰他道：“这次出事让你生意上受损失了，我也没法干下去了，你还是把钱拿回去再找机会吧。”

身怀心计，笑傲生意江湖

成功的生意人不但是智慧的生意人，更应该是有点心机的聪明人。知识是重要的，但是知识是用来沉淀智慧的。也就是说有了知识，还不一定拥有智慧，而智慧的人必然是掌握知识的人。

智慧是财富的源头，所以只要给智慧之人一个机会，他们便能创造巨大的财富。

商人普洛奇是美国食品大王。在他 15 岁时，家中无力供其读书，他只得去给别人打工。有一天，他的老板让他去完成一个任务，把 20 篓受损的香蕉推销出去。香蕉完全没有问题，仍然可口，只是外面的皮太熟了，颜色不好看。老板说只要卖出去，价钱可以随意。

当时，香蕉市价是每 4 磅 30 美分，老板让他每 4 磅卖 20 美分，如果销不出去可以再降低价格。但是普洛奇没有照老板的话去做，他把香蕉成山似的摆在门口，然后大声叫卖：“阿根廷香蕉！”

其实根本没有什么阿根廷香蕉，但是这个名字蛮奇特，听起来非常新鲜，一大群人马上围过来瞧着这堆长得比较“困难”的香蕉。

普洛奇对“听众”解释说：这些样子古怪的香蕉，是一种新品种，产地在阿根廷，美国是第一次销售。他说为了优惠大家，打算以低价出售，每磅10美分。其实，这个价钱比一般没有受损的非“阿根廷香蕉”还贵！

追求新奇的美国人，听到普洛奇的叫卖一哄而上，不到一个上午就把所有的香蕉抢购一空。

就是这样，生意人做生意讲究诚信，不靠欺骗谋取财富，但他们也绝不会让自己吃亏。

在生意中他们是十分精明的。他们认为商人不可缺少精明，做生意不懂得精明就是不会做生意。精明也让他们在商界占尽了便宜。因为他们深信，只有精明和诚信结合才会让自己立于不败之地。

虽然有些商人认为精明的人很小气，而且也很不好对付，因此他们常对精明的人怀有敌意。但真正成功的生意人却并不以为然，他们从不掩饰自己的精明，他们理直气壮地说：精明不触犯法律，也不会妨碍自己的道德，精明是堂堂正正的，没有什么错误，在生意中精明是理所当然的。

Part 8

胜在博弈，赢在生意

商场如战场，一旦相互竞争，即便是朋友，关系也不会如同往日。在这个波谲云诡的战场，朋友之间的相处如同博弈，面对各种可能面临的境况，必须事先想好对策，才能做到有备无患、从容自如。

眼观六路，耳听八方，知己知彼，商海难败。借钱生钱，以财生财，巧借东风，顺势而为。在竞争中合作，在合作中竞争，领略博弈之道，方能在生意场上纵横捭阖，呼风唤雨，无往而不胜。

第 19 章

洞察人心，知己知彼商海难败

做生意要懂读心术

在我们生活的这个世界上，无论哪行哪业，只要存在着人与人之间的交往，就离不开对人的心理的体察。政治家往往是揣摩心理的高手，而商人为了得到顾客的欢心则更是绞尽脑汁。即使是我们普通人，大到为了成就一番事业，小到为了防止吃亏上当，也都要对人类心理的基本规律有一个基本的掌握。

然而，人类的心理是一个非常精细微妙而又复杂多变的东西。说它精细微妙，是指它深藏于人的内心之中、潜伏于各种假象之下，变化细微而令人难以察觉。而且，在许多时候，某种心理感受不仅外人难以把握得住，就连这个人本人可能也不很明白。比如说第一印象这种现象，其实它完全是凭借一个人的主观感觉，没有人能说得清为什么在对对方的情况缺乏任何了解的情况下就会产生某种好感或恶感。但是，第一印象在人际交往中却往往具有至关重要的作用，有时甚至能决定人的命运。此外，人的心理又是复杂多变的，即它始终是处于一种瞬息万变的状态，并且，其变化的原因及作用机制很难被我们清楚地掌握。

有的生意人之所以吃亏上当，很多时候是因为对人心理理解是比较单一的。他们看不到人在不同的环境之下可能会有不同的心理表现，产生不同的心理感受。他们往往把复杂的、多样化的心理活动简单化、单一化，用同一种方式去应对不同的情况和不同的人，不懂得根据对方的心理变化来调整自己的语言和行动。由于他们不懂得顺应对方的心理、争取对方的好感，因此就不能够利用对方的心理获得对方的支持。这种以不变应万变的心态，就好像是要用一把钥匙打开所有的锁。这一点事实上就连对门锁有着精深了解的神偷也做不到。

熟悉和掌握他人的心理变化，不仅可以因势利导，更可以化害为利。如果你不能学会了解人、体察人心，那么就不可能改变自己不尽如人意的交际现状，从而打开你的生意局面。

一眼看穿别人的企图

喜欢下象棋的人都有这样的经验，若你想赢得这盘棋，除了要清楚棋盘上的棋子外，还必须要看透对方下这步棋的用意，并进而判断出其后的布局，方能最后赢棋。“正所谓高手前后看三步”，讲的就是这个道理。

人与人之间的交往有很多时候是抱有某种目的的。与人相处，从某种意义上说就如同下象棋，知道对方的企图才能更好行事。

人心藏于胸腹中，即便是朋友，也未必就能轻易地了解对方。但是，人的心思却可由显现于外的表情、动作、言谈等流露出来。下面几种方法可以帮你看穿对方的心理：

1. 反问对方以确认其意图

狡黠的政治家，惯常使用模棱两可的回答。如果你遇上说话语意不明者，而他又避免做明确的结论，乍听似乎有理，实际并不然时，为了确认他是否为意志踌躇的人，可利用他自发的双面理论来加以辨明。在他提出强调单方结论后，应立即反问他对于另一方的理论有何看法。

2. 请坚持讲完你的话

如果与人见面时，对方表现出闻一知十的态度，你在心里须先设戒心。

因为他对你的个性、情绪毫无所知，却表现出闻一知十的样子，其意义大多表示不想倾听你谈话的拒绝姿态，只是碍于礼仪或情面，不好直接表明。但是，如果话才说出，对方即频频点头表示了解，你不可缄默其口，而要坚持说完你的话，让他更加了解。

3. 内心不安的表面特征

通常，见面双方都持着该有的礼仪待人，若是对方态度异常地冷淡无礼，正说明了他的内心隐藏着不安，为了掩饰其弱点，便采用这种扰乱战术。你可不要被他的假面具所吓退，此时要以冷静的态度应付，才是上上之策。

4. “面无表情”的表情

面无表情的表情，正是对方内心无言的表达。当人类强烈的欲望无法得到满足，或心底充满敌意与不欲为人知的情感，不敢直接表露而努力压抑时，就会变得面无表情。所以，无表情，并非内心毫无所感，而是波涛暗涌，畏于表现出来。在他们没有表情的面孔下，实则深藏着不为人知的想法。

5. 对方突然多话时

人变得多话，并非只是在他想表达自我的时候，相反地，想打断或想结束某话题时，也是如此。所以当对方突然高谈阔论起来时，仔细想想是否提到他们不愿触及的问题呢？话多并不表示能言善道，只不过是掩藏自己的烟幕弹罢了。

6. 对方特别亲切时

面对对方亲切无比的应付态度，若是认为自己交际成功而沾沾自喜，那真是大错特错。过度亲切是不是因为为了掩饰内心的不安才如此？此时，你应该若无其事地转变话题，以探知他的真意。

7. 递上一支烟

香烟盒乃是人们用来不露痕迹地表示己方的意思的一种信号。因此，若是推拒了对方所递过来的香烟，而取出自己的香烟来抽的话，会被认为是不接受的一种拒绝态度。

8. 如果对方将手插入裤袋中

手插入裤袋中，多半是在紧张之余，无意识地把手放入裤袋中的。不论何人，为了要解除内心的紧张，大都会做出解除肉体紧张的动作。他将手插入裤袋中，也只不过是要借着触摸自己身体中易于接触的位置，来提高与自己的亲密性，进而消除紧张。初次会面的对象，即使他做出违反礼仪的动作，因此责难他也并非上策。接受对方的那些信号，并使其紧张得以缓和，这才是引出他真心话的一个前提。

9. 故意与对方的意见相左

在以了解人品及思想为目的的面谈中，为了能在有限的时间内尽可能地抓住正确的形象，就有各种深层的方法被使用，其中有一种被称为压迫面谈的方法。这是一种向面谈者提出令他不快的问题，或是将其置于孤立状态而迫使他做二者择一的决断的方法，将其赶入危机的状况中而视他的反应。

10. 持续提出用“是”“不是”不能回答完全的问题

对于人际交往，特别是要探知对方的真意时，不论有关任何一方面，都有必要让他说出更多的话。因此，这一方法应是一个有效的助力。

11. 对方若把话题岔开

对方将话题岔开，大致上有三种情形。其一是因为完全不留神而岔开了，其二因突然产生出乎意料的联想而岔开，另一种则是故意将话题引到别处的情形。这些情形，都表示说话者目前的兴趣和精力，已转向别的话题上。因此，不要在中途截断他的谈话，让他继续一段时间。如果是第一种情形的话，不久他就会对于究竟何者才是正题也感到非常诧异。第二种情形中，因为本人并没有忘记本题，所以能自然地了解到其联想与本题的关系。而如果隔一段时间之后仍然不能回到本题的话，就可以判断为第三种情形。依此种方法，可以了解到，乍看之下是很浪费时间精力的“离题谈话”，也可以成为读出对方心理的一个绝好机会。

12. 不妨闲话家常

在不了解对方的性格、感情特点等的情况下而与之做初次见面的谈话，就像拳击比赛，需要猛击，完全脱离目的的闲谈，就如同看似没有目标的进攻，提供了看清他本意的线索。如果他加入了闲谈中，则可视为接受已方态度的表现。假设他并不参与闲谈，那么对于己方所引出的闲谈，他应该表示出一些反应。视其反应，己方就可以决定是进是退，或是再进一步试试看等，以改变自己的战术。

当你被夸奖时，夸奖的言辞、恭维话，并不都是单纯可喜的。一被别人称赞就立刻上当的，会被认为是太简单、太幼稚。然而，若是露骨地表示出猜疑心并冷冷地应对，这也会破坏交际的气氛。因此，最顺当的方法是，先谦虚一番，然后继续保持着探索对方真意何在的姿态。由此就能够找出他隐藏于赞赏言辞后面的观察之心，并且判断出他是否对你怀有敌意或某种企图。

生意场上，你要能够一眼看穿别人的企图，彻底解读对方复杂的内心活动，就无异拥有一把锋利无比的锐器，在商海中“知己知彼，百战不殆”。

探测眼神中的内心世界

要想探测别人的内心世界，就得从对方的眼睛中读出真意来。眼睛是人类心灵沟通的重要工具，经由眼神，可以达到交换彼此意见的目的。它能真实的反映人类内心的所思、所虑。无论一个人心里在打什么主意，他的眼神都会立刻忠实的反映出来。不管对方说的如何动听，其眼神也会出卖他自己。

下面来看一下，在交谈时怎样从别人的眼神和视线里探出对方的真正意图。

你见他眼神沉静，便可明白他对于你所认为着急的问题虑之已熟，早已成竹在胸，应付之后，定操胜算。只要向他求教办法，表示焦虑即可，如果他不肯明白说，这是因为事关机密，也不必要多问，只静待他的下文便是。

如果你见他眼神散乱，便可明白对于你所认为着急的问题，他也是毫无办法，内心焦虑之余，反弄得六神无主。你徒然着急是无用的，向他求教，也是无用的。你得平心静气，另想应付办法，不必再多问，这只会增加他六神无主的程度，这时是你显示本领的机会，快快自己去想办法吧。

如果你见他眼神横射，仿佛有刺，便可明白他对于你是异常冷淡的，如有请求，暂且不必向他陈说，陈说反而显得你不知趣、不识相，应该从速借机退出，即使多逗留一会儿也是不适的，退而研究他对你冷淡的原因，再谋求恢复感情的途径。

你见他眼神阴沉，应该明白这是凶狠的信号，你与他交涉，须得小心一点。他那一只毒辣的手，正放在他的背后伺机而出。如果你不是早有准备想和他见个高低，那么最好从速鸣金收兵，且防追奔逐北。

你一旦见他眼神流动异于平时，便可明白他是胸怀诡计，想给你苦头尝尝。这时应步步为营，不要轻近，前后左右，都可能是他安排的陷阱，一失足便跌翻在他的手里。他是个诡而不正的人，不要过分相信他的甜言蜜语，这是钩上的饵，是毒物外的糖衣，要格外小心。

你见他眼神呆滞，唇皮泛白，便可明白他对于当前的问题惶恐万分，尽管口中说不要紧、有办法，其实他虽未绝望，也的确还在想办法，但却一点也想不出所以然来。你不必再多问，应该退去考虑应付办法，作为互相切磋的资料，如果你已有办法，应该向他提出，并表示有几成把握。

你见他眼神似在发火，便可明白他此刻是怒火中烧、意气极盛，如果不打算与他决裂，应该表示可以妥协，速谋转机。否则，再逼紧一步，势必引起正面的剧烈冲突了。

你见他眼神恬静，面有笑意，便可明白他对于某事非常满意。你要讨他的欢喜，不妨多说几句恭维话，你要有所求，这也是个良好机会，相信一定比平时更容易满足你的希望。

你见他眼神四射，神不守舍，便可明白他对于你的话已经感到厌倦，再说下去必无效果。你不如赶紧告一段落，或者乘机告退，或者寻找新话题，谈谈他所愿听的事。

你见他的眼神凝定，便可明白他对于你说的话，认为有一听的必要，应该照你预定的计划，婉转陈说，只要你的见解不差，你的办法可行，他必然是乐于接受的。

要是你见他眼神下垂，连头都向下倾了，便可明白他是心有重忧，万分苦痛。你不要向他说得意的事，你的得意事反而会加重他的苦痛；你也不要向他说苦痛的事，因为同病相怜越发难忍；你最好说些安慰的话，并且从速告退，多说也是无趣的。

对方在和你谈话时并不看你，即使你在对他说些什么，他的眼光也是遥视远处。在说话进入正题的时候，对方时而移开眼光看向远处的话，不是他根本不关心你说些什么，就是正在算计着某些事情。特别是你决定和对方缔约合作，正谈到相关事宜时，对方若时常把眼光移向远处，东张西望的话，就可以判断，其内心正在进行着各种打算。

当你们见面的时候，看到对方灰暗的眼光，就应该想到对方有不顺心的事或发生了什么意外的事情。而当你和对方交谈时，对方的眼睛突然明亮起来，则表示你的话正触着了他的心灵和兴趣。

在交际过程中，只要我们细心观察，你就会发现眼睛确实会传达出内心的想法。下面，是从对方视线中识破对方心理的一些其他方法。

虽然想着对方，但总是装出左顾右盼的样子，这不但表示对方具有强烈的关怀，而且他也不想让对方知道自己的意思；将视线集中于对方身上，又很快地收回自己的视线的人，大多属于内向性格者；将视线落下来看对方，表示有意对对方保持自己的威严；尽量开阔视野，或者视野的方向变化得很厉害的人，这种人大体上怀有某种不安和警戒之心；有些人一旦被别人注视，会忽然将视线躲开，这些人大体上都怀有自卑感，或有相形见绌的感受。

撩开衣着背后的真面目

平时与别人的交往中，你是否因为无法了解对方的内心而困扰？这时，你不妨从对方的衣着上来判断。衣服本是人类用来遮体御寒的，但是人们却很难想到，为了要穿上自己喜爱的衣服，反而会把自己毫无掩饰地暴露出来。因为每个人所选购的衣服，包括颜色、质地等都无一例外地把自己的心理状态袒露无遗。

1. 衣着华丽者

在茫茫人海中，你可以发现某些人总是穿着引人注目的华美服饰，这种人大体上有强烈的自我表现欲，爱出风头。此外，这种人多数对于金钱的欲望特别迫切。所以，当你与这类身着华服的人做生意时，你就能洞察到他们的这种心理，多夸奖他们的服饰，满足其膨胀的表现欲是一个好办法，这种人不仅不会与你为敌，反而会轻易地答应你所提出的条件。

2. 衣着朴素者

有一种人穿着非常朴素，不爱穿华美的衣服，这种人大多缺乏主体性格，对自己缺乏信心，希望对别人施加威严，以弥补自己的自卑心理。和这种人谈生意时，千万注意别与他们争执不休，因为越是自卑的人，越想掩饰自己的自卑，越会与人喋喋不休地争吵，以期保存残存的一点点面子，争吵绝对不利于和他保持良好的生意关系。这时候，你可以大大方方承认他的观点，他反而会感到你的宽容大度，在对方心平气顺的时候，你可能会取得意想不到的效果。

3. 喜欢时髦服装者

有一种人，完全不理会自己的嗜好和别人的看法，甚至不知道自己真正喜欢什么，他们只以流行为嗜好，向流行看齐。实际上，这种人在内心深处常有一种孤独感，情绪也经常会波动不安。与此类人打交道，可以采取“以迂为直”的策略，你不妨也来点“时髦”，并尽量从时下最流行的事和物谈起，从而引起对方对你这个人感兴趣，然后再逐步切入生意的正题。

4. 不理时尚者

有一种人对于流行的状况丝毫不为所动，这种人的个性可以说是十分强硬，但也有一些人是不敢面对外面的花花世界，而一味地把自己关在小屋子里。这种人认为，如果事事跟别人趋同，岂不是等于失去了自我？这种人常常以自我为中心，经常弄得大家索然无味。和这种人谈生意，要采取“顺毛摸”的办法哄着、顺着，在其兴高采烈之中，不知不觉拍板成交。

5. 常突然改变服装嗜好者

也许你某一天发现经常打交道的客户突然改变了习惯的穿戴，你千万不要惊慌，这种常会突然改变自己服装嗜好的人，大多是想改变生活方式，也有逃避现实的成分。你若想与他保持良好的关系，应当显得不当一回事；或者说些赞美他穿什么都很不错之类的话，相信他的心灵大门一定会向你敞开。你承认对方的态度比质疑的态度要强，你就会赢得别人的回报——合作。

6. 冷静对待时尚者

有一类人对流行既不狂热，也不会置之不理，改变穿衣也是渐渐实行。这一类人处世中庸，情绪稳定，一般不会做什么出格的事。他们多有理性，不过于顺从欲望，也不盲从大众时尚。此种人比较可靠，值得结交。与他们做生意应以诚为本，因为他们既是你可以信赖的客户，也可能成为你今后的长期合作客户。

握手握出内心的秘密

握手是一种简单的交际行为，其中所表达的丰富含义可以让人获得很多的信息。

握手是从原始的双手举起的姿势（表示没有携带武器）演变而来，后来采用罗马式手碰胸的姿势表示问候之意。在罗马帝国时代，人们并不握手，而是抓着彼此的前臂。在现代，握手是表示欢迎，手心张开表示公开，而接触表示合二为一。

握手这一“见面礼”形式虽然简单，但每个人握手的方式都不尽相同，一个人与人握手时所采用的方式，很能反映出他的个性。

这是比较容易理解的常识：使劲握手的人，通常表示他的主动性很强，而且充满了信心。反之，不大用劲儿握手的人，当然表示其有气无力，或性格脆弱。在舞会或公共场合里，不断地前去和陌生人握手，表示这个人富有社交经验和较强的自我表现欲。

具体地说，利用握手的方式，到底要怎样才能了解对方那种微妙的心理活动呢？最具代表性的一种现象，就是透过手的温度状况来判断。

在人类的身体中，当发生恐怖或惊吓的感情变化时，跟自己无关的自律神经意识会突然活跃起来，并引起呼吸的紧张、血压与脉搏的变化，或是汗腺的兴奋等状况。你如果跟对方握手，发现对方的手掌出汗时，这就表示对方的情绪高涨，也可以说是失去心理平衡的表现。有些女性表面上看来冷若冰霜，但若握住她的手却发现她的掌心有汗，这是因为男性的容貌、身体，或者语言、气氛等，引起了她某种兴奋的表现。

由此可见，我们可从握手的用劲与否以及手掌感触，来窥视对方内心的秘密。

下面，来看一看不同的握手方式及其所透露的心曲：

1. 摧筋裂骨式

握手时，紧抓对方手掌，大力挤握，令对方痛楚难忍。此类人精力充沛，自信心强，为人则偏于专断专行，但组织力及领导才能都很突出。

2. 沉稳专注型

握手时力度适可，动作稳实，双目注视对方。此类人个性坚毅坦率，有责任感而且可靠，思想缜密，善于推理，经常能为人提供建设性的意见。每当困难出现时，总是能迅速地提出可行的应付方法，很得他人的信赖。

3. 漫不经心型

握手时只轻柔地触握。此类人随和豁达，绝不偏执，颇有游戏人间的洒脱，谦和从众。

4. 双手并用型

握手时习惯双手握住对方的手。此类人热诚温厚，心地良善，对朋友最能推心置腹，喜怒形于色而且爱憎分明。

5. 长握不舍型

握手时握持对方久久不放。此类人情感丰富，性喜结交朋友，一旦建立友谊，则忠诚不渝。

6. 用手指抓握型

握手时只用手指抓握住对方而掌心不与对方接触。此类人们平和而敏感，情绪易激动。不过，心地善良而富有同情心。

7. 上下摇摆型

握手时紧抓对方，不断上下摇动。此类人极度乐观，对人生充满希望。他们以积极热诚而成为受人爱戴倾慕的对象。

8. 规避握手型

有些人从不愿意与人握手。他们个性内向羞怯，保守但真挚。

通过举止辨别真伪

社会很复杂，什么样的人都有，很难保证别人对你说的话都是真的。为了利益而撒谎的人大有人在。也许当时当地你并不知道他在说谎，除非谎言当场被揭穿。然而这种情况很不多见，大多数人是在事后才知道，那是因为谎言已付诸行动显现出来了。

你是否察觉到，人在说谎的时候总是不自觉地做出一些小动作来掩饰自己内心的不安。

下面是一些说谎者常有的小动作，从这些小动作中，你可轻易一眼判断出对方是否在说谎。

1. 掩嘴

这是一种明显的孩子气的动作，用拇指触在面颊上，将手遮住嘴的部位称作掩嘴。也许说谎者大脑潜意识中使他想忍住那些欺诈的语言，而导致了掩嘴这一动作。也有人假装咳嗽来掩饰其掩嘴的动作。如果一个同你谈话的人常伴有掩嘴的手势，说明他也许正在说谎话。可当你讲话时，听者掩着嘴，说明也许听者觉察到你在说谎。

2. 揉眼睛

说谎者为了防止别人看出其虚假的表情，常用这种手势掩饰自己。说谎时，男人一般用力揉眼睛。如果说了大谎，他讲话时经常会向别处看，通常会向地板上看，女人说谎时通常轻揉眼睛稍下的部位。

3. 挠脖子

说谎者讲话时常用写字的那只手的食指挠耳垂下方部位。有趣的是这种手势通常要挠上 5 次左右。

4. 摸鼻子

这种手势是老练、乔装的形式。摸鼻子手势包括在鼻子下方轻揉几下，或者很快地揉一下，甚至摸鼻子也摸得特别快，几乎不容易察觉到。有一种关于摸鼻子手势产生的解释是：当相反的想法进入脑子时，潜意识就会指令手去掩嘴，然而在掩嘴的最后时刻，为了使动作不明显表现出来，手又不知不觉地离开面部，快速摸鼻子就这样形成了。

5. 搓耳朵

这种手势常暗示着听者没有听出谎言。搓耳朵的变化形式还包括拉耳朵，这种手势是小孩子双手掩耳动作在成人动作中的一种重现。搓耳朵的说谎者还会用手拉耳垂或将整个耳朵朝前弯曲在耳孔上，后一种手势也是听者厌烦了的标志。

在错综复杂的商场上，这几种小动作虽不是判定谎言的直接依据，但也能给你作为一种参考和一点提示，让你对谎言留一份心。

对言外之意要仔细斟酌

朋友之间虽然好说话，但涉及实际利益的时候，难免双方就顾虑重重。尤其是对于生意人来说，很多时候，听不出朋友的言外之意，看不清他虚伪的表演，就容易被朋友利用和陷害。所以，对朋友的话要一分为二地考虑，仔细听出他的言外之意。

有一位饱经风霜的生意人，一生结交了许多朋友，而没有一个朋友能够对他隐瞒什么。他的做法非常简单：从谈话中推测未道出的真情。每当与朋友交谈以后，他总是把当时的谈话重温一遍，把对方谈话中的停顿、声音的变化、词语的选择等进行分析，然后他就能猜出对方在谈话中根本未提及的事。这位生意人的成功，就在于他善于揣摩对方说话的意思，能听懂、听透，品出话语中的言外之意。

他其实也不能钻进朋友的脑袋，能做出这些结论完全是运用了“内容分析法”——通过对谈话内容的系统分析，从微不足道的细节中发现朋友对你的态度，和他自己要做些什么，这对你与朋友的交往及开展生意很有帮助。

俗话说：“说话听声，锣鼓听音”，这个“声”指的就是言外之意。比如，你在路上遇到一个朋友，你问朋友：“你上哪呀？”朋友答：“到那边。”如果你又问：“干什么去？”朋友答：“办点事。”

朋友的话根本没涉及正题，只是含糊应答，如果你会听的话，就要意识到朋友不愿讲出来，就不要再追问。听不出朋友的言外之意，打破砂锅问到底会令朋友生气的。

通常除说话以外，一个眼神、一个表情、一个动作都可能在特定的语境中表达出明确的意思，就是同一句话也可以听出其弦外之言、言外之意。如果不能掌握和摸透这一点，就有可能遭受他人的伤害或伤害他人。

在朋友的交谈中，我们需要留意他的意外之意。

朋友在谈话中常常提及“我”“我的”这几个字眼，证明他是一个极端自私和不关心你的人。一个心理学家说：“如果一个人的汽车出了故障，他就会常常提到它。同样，一个人有了心病，那他也会经常提起的。”只有他的话中“我们”的次数增加，你才可能与他发展友谊。

如果一个朋友经常提到那些不择手段的成功者，并且眼中露出羡慕之色，尤其津津乐道其手段的果断和残忍，他可能也是一个阴谋家，必要时，他不会顾及你们的友谊，会一脚把你踩在脚下。

你去请求朋友帮忙办事，而他始终不正面回答你，躲躲闪闪，“顾左右而言他”，那就已经说明他不准备帮助你，你就不要在他那里耽误时间了。

你和朋友商谈一件重要的事，他不公开称赞你的想法，而是说：“完全可以，但是……”这说明他不支持你的想法，甚至反对，只是碍于你的情面，不好意思直说出来。

李强想卖掉公司去从事投资，而他的朋友却说了一大堆“投资的风险很大”的话，他听出朋友不喜欢他这么做，而主要原因是他们的公司之间是合作关系，自己卖掉公司，朋友就缺少了强有力的支持，朋友现在又没有资金买下他的公司，所以他采取了反对的意见。

所以，你要善于留神朋友话语中的言外之意，这是“知”的一个重要环节。这样既可以改变你与朋友的关系，办事方便，还可以帮你了解朋友的内心，避免伤害朋友。

心中有数，攻守有度

善做生意者，时时心中有数，绝不在没有算计的情况下随意出手，否则就叫乱出手。当然，一个人善于洞察人心，抓住时机，见机而进，固然是英雄本色，但见机行事，急流勇退，能见好就收，适可而止，也是智者之举。这一切都取决于心中之数。适可而止，就是在生意竞争中，时刻注意和自身利益相统一的数量界线，绝不超过度，绝不使事情发展到反面。把握好度，做到“胸中有数”，方可在生意场上可攻可守，攻守自如。

就心力高低的区别而言，不在能不能做什么事，而在能否做应该做的事。不该做的事，你做了，即使很巧妙，也只能证明你心力低下；不该做的事，坚决不做，即使显得无所作为，也是心力高超。唯有在纷繁复杂的事变面前，清楚地知道应该做的事和不应该做的事，并相应调整自己的行为，方为智者。

攻守转换之计体现在一个“度”字上，不可过急过缓，要掌握既求渐进，又求激进的奥妙。处理好“攻”与“守”的关系，需要高明的攻守转换的手段。

在做生意与人交际的过程中，如何才能左右逢源、如鱼得水呢？其绝招何在？不同的人有不同的答案，但有一点是可以肯定的，就是必须要有看穿人心的眼光和驾驭人心的能力，把攻守转换发挥到淋漓尽致的程度，如此才能在生意场上进退自如，呼风唤雨。

第 20 章

巧借东风，空手套狼借势生财

他山之石，可以攻玉

“他山之石，可以攻玉。”真正高明的人，一定能够借助别人的力量和智慧走向成功。一个优秀的将军，一定是一个能够合理利用资源的人，上至元帅，下到统驭的士兵，包括身边的百姓，他一定会人尽其用，这样的军队才能达到最优化的配置，才能打胜仗。商场如战场，也是同样的道理。

“他山之石，可以攻玉”一说由来已久。《诗经》云：“他山之石，可以为错。”毛传：“错，石也，可以琢玉。举贤用滞，则可以治国。”郑玄笺：“他山喻异国。”又：“他山之石，可以攻玉。”毛传：“攻，错也。”本来是说别国的贤才也可用为本国的辅佐，正如别的山上的石头也可为砺石，用来琢磨玉器。后因以“他山之石”喻指能帮助自己改正错误缺点或提供借鉴的外力。

对于一个生意人来说，不可能拥有做生意所要求的各方面的资源和才能，完全依靠自己去克服生意上的难题是很难的，尤其是在生意起步阶段。因此，要善于借别人的资源、金钱、才能、声势等为己所用，达到四两拨千斤的效果。

“借”是获得成功的一种重要手段。成功者并不是生来就与众不同，关键在于他善于借助外力。借力而行，借势而为，是一个人为人处世成大事的最高境界，是一个人完成自己使命的有效途径。

当今社会，竞争日益激烈，想要在社会上干出一番成就，在复杂的社会中（更多地体现在商战中）永远立于不败之地，就应该学会“借力”。“会借别人的手帮自己干活，就等于自己在干活。”无论是自己的下属，还是顾客，或者是你根本不认识的人……只要你会“借”，能够使他们心甘情愿地帮你做事，做到“毕其智为己所用”，就一定能够心想事成、借力生财。

古语说，好风凭借力，送我上青云，就是说成功者的成功在于借助外力。先秦学者荀况也有一个观点，圣人和凡人的不同之处就在于，圣人“善假于物”。这就说明借助他人力量，对一个人的成功有多么重要。

聪明的人都善于借助他人的力量为自己做事！凡成就大事者，都是“借力”的高手，没有人敢拍着胸脯说，他的成功不需要“借力”，他的成功中没有“借力”，都是凭借自己的力量取得的。他们之所以取得成功，就是因为他们敢借、能借、会借、善借。

历史上，凡成大事者懂得“他山之石，可以攻玉”的道理，借助别人的力量成就自己的事业。对于生意人来说，“借力”不仅是发财的高招，也是必须具备的一种能力。学会“借力”，才会更易获得成功，生意将会无往而不胜。

借别人的金钱，以钱生钱

自己的口袋里的钱永远不可能多，要办成什么大事，只能依靠别人口袋里的钱，利用别人口袋里的钱将事情办成才是真成功。这是世界报业大王默多克的一条成功技巧。

默多克工作起来就像发疯，写文章、定标题、设计版面，样样都亲自插手。他不管董事会其他成员或有关编辑的反对，坚持以自己的方式干下去。几年之内，他将《星期日邮报》同最大的竞争对手《广告报》合并，并且使《新闻报》获得极大成功。一日，默多克听说珀斯市的《星期日时报》经营不善，濒临倒闭，便决定兼并它。结果，默多克筹措了40万美元兼并了这家报纸。默多克的一位朋友感慨地说："他总是能够利用别人口袋里的钱把事办成。"

靠一分钱一分钱积攒，不仅时间漫长，而且也很容易错过机遇，所以，在进行艰苦的原始资本积累的同时，还应当善于借用别人的钱来为自己赚钱。现代有许多赤手空拳闯天下而成功的大老板，日本角荣建设公司董事长角荣便是其中之一。

在发迹之前，角荣长期专心思考"没有资金赚大钱"的生意，费了好长一段时间才想出一套"预约销售"的方法。这个办法是譬如有人要卖某处山坡的地上物时，他就前去找买主，一找到，他就跟买主接洽。他说："那座山上的木料价值有100万元以上，主人现在有意以80万脱手，请你把它买下来，两个月内保证赚一成。超出一成利润时，超出部分由我所得，如果赚不到一成时，我可以赔你一成的利润。"角荣又让有钱的朋友给他做连带保证。如果买方把它买下来，买好之后，角荣就代买主销售，如此他往往以买价2倍左右的价格脱手。对买主来说，2个月就有一成的利润，而一成利润比一年的银行利息要多得多，而且有保证，安全可靠，因此找买主并不困难。

这项预约促销的方法，虽然需要有一点社会信用才能办得到，但如果你有信用，有人替你保证，你只要有诚意和勤于跑腿，这项事业就可以日益壮大。在百业都需要大本钱经营的今天，角荣做这项不要资本的生意确有一套，并且颇有所获。他本来一无所有，经过10年的努力，就是靠着这种高超的"借术"，赚取了10亿日元。

借别人的才干，以才生财

一个生意即使能力、才干再出众，也不可包揽一切，样样都能来，事事都能做。毕竟，个人的才能还是有限的，要想做好做大生意，就要善于发现人才，用别人的才干弥补自己的不足，用有才能的人为自己办事。

洛杉矶郊外的油田的高成本和浪费令师出哈佛的保罗·盖帝十分头痛，他想找一位具有优秀管理才能的人才管理这些油田。经过探寻和观察，他找到了乔治·米勒。米勒对石油业很内行，而且勤奋诚实，更重要的是他具有卓越的领导才能和务实的管理作风，这使得他能够领导别人。

保罗·盖帝找到米勒，说："我想把洛杉矶郊外的一些油田交给你去管理。这些油田原本有非常高的利润，但由于长期管理不善而导致了高成本和严重的浪费，使得利润不断地下降。我想你具有改善这些油田的糟糕现状的能力。你的主要任务是扭转利润下滑的趋势，降低成本和减少浪费。油田愈有效率，利润愈高，你所得到的报酬也就愈多。你看怎么样？"米勒欣然接受，第二天就走马上任，成了洛杉矶郊外油田的新总裁。

米勒来到后立刻深入到油田现场，和工人谈话了解情况，很快就找到了高成本和浪费的根源。接下来，米勒进行了一系列大刀阔斧的改革。在米勒的领导下这些改革很快就取得了良好的效果，工人的工作热情提高了，偷懒和消极抵抗减少了，工作效率也提高了，而且浪费成了所有员工的"敌人"，如果哪一个工人造成了浪费就会受到其他人的敌视。几个月后，当保罗·盖帝再次来到这里时，眼前紧张忙碌的工作场景令他非常吃惊。他在油田现场找到了米勒，高兴地说："这种繁荣的景象已经好多年没有回到这里了。"

发掘人才，善用人才，用别人的才干为自己创造财富，生意人具有这样的眼光和见识，就一定能有所成就。

借别人的名气，赚取财气

"名人效应"是一种常见的社会现象，也是令人梦寐以求的无形资产。只要找到了"借"的创意，就获得了打开"宝库"的金钥匙。

1964年，尼克松在大选中败给了肯尼迪，百事可乐公司认准尼克松的外交能力，以年薪10万美元的高薪聘请尼克松为百事可乐公司的顾问和律师。尼克松接受了，利用他当副总统的旧关系，周游列国，积极兜售百事可乐，使百事可乐在世界上的销售额直线上长，尤其是他还帮助百事可乐占领了中国的台湾市场。

美国一出版商有一批滞销书久久不能脱手，他忽然想出了一个主意：给总统送去一本书，并三番五次地征求意见。忙于政务的总统不愿与他多纠缠，便回了一句："这本书不错。"出版商便借总统之名大做广告，"现有总统喜爱的书出售"，于是，这些书一抢而空。不久，这个出版商又有书卖不出去，又送一本给总统。总统上过一回当，想奚落他，就说："这书糟透了。"出版商闻之，脑子一转，又做广告："现有总统讨厌的书出售了"，不少人出于好奇争相抢购，书又售尽。第三次，出版商将书送给总统，总统接受了前两次的教训，便不做任何答复，出版商却也大做广告："现有令总统难以下结论的书，欲购从速。"居然又被一抢而空。总统哭笑不得，商人却借总统之名大发其财。

"借名"是办事最佳的选择，借名中借总统之名又是最大的成功。上述例子中的出版商正是利用了不同的美国总统的名声，为自己扬名为自己谋利。结果，投入不多，影响巨大，花钱很少，收益甚丰。

借别人的权威，粉饰门面

我们都知道"狐假虎威"的故事，狐狸是很聪明的动物，由于没有力气，个子矮小，在森林中，得不到尊敬，没人真正把他放在眼里。因此，狐狸只有说服老虎与他做朋友，通过与力大无比、令人畏敬的老虎密切交往，才可以伴随老虎左右在丛林中四处行走，享受到与老虎同样的尊敬。从谋略学的角度看，狐狸借助外力增长自己的势力威风，达到欺压战胜对手的目的。

做生意有时要善于"狐假虎威""拉起大旗做虎皮"，依靠更加有威势的第三者的压力或名头唬唬人，从而实现自己的生意目的。

当代社会科学技术迅速发展，科学知识极大分化，个人已不可能独立地通晓一切知识领域，而人们的求知欲又十分强烈。这就必然形成对各领域专家、权威的崇拜心理。这些权威人物的发言自然比一般人有力得多，更容易使人信服。

一个服装商人，在市中心经营一家历史悠久的西服店。他的经营很有特色，一些有名望的人，如电影明星或运动员，都到他那里去订做西服。当然，他做的西装价钱都非常昂贵，但是，来光顾的客户并不在意价钱的多少。有趣的是，这个经营者为了销售，自己所穿的西装是从大百货公司服装拍卖会上购买的。一些不认识他的人第一次与他见面时，认为他的穿着是最好的，对他夸奖道："真不愧是生意人，你穿的衣服的确和大家不同。"他在被夸奖时，会任由客人夸奖，然后再回答："我经营的服装都是国际 ×××× 服饰公司的品牌，货真价实。"那些恭维他的人听了他这番话，感觉他十分可信。

这个故事说明了平常人的心理，也就是说平常人经常附和比自己优秀的人，或是权威者的意见和判断，特别是在不太认识的人或不懂的事物前，自己无法判断并下评语时，这种倾向尤其明显，这就是心理学上所说的"权威效应"。

如果要让一个完全没有主张，也没有判断力的人来附和你的意见，可以巧妙地运用"权威效应"法。也就是说，当一个人的心理像一张白纸时，向他提及"伟大人物的意见来判断"，原本白纸状态的他就会倒向你这边了。

利用权威效应，应努力提高自己的权威性，这就需要在专业性和可信性上下功夫。既要提高知识水平，又要诚恳待人，这样才能树立威信，产生"权威效应"，让客户信服你，为你的生意带来便利。

借别人的声望，推波助澜

在做生意的过程中，利用一些有一定社会地位的人的声望，借以抬高、壮大自己，可以借势发力，为自己的生意创造有利条件，对你的生意起到事半功倍的作用。

陈先生创业之初是一家劳保用品小公司的老板。他打听到有几家大型生产企业正好要采购一大批劳保用品，于是想通过这次机会把产品打入大型企业，派业务员去接洽了几回都无功而返。后来分析原因，是由于自己的公司小，没门路没靠山，人家看不上眼。陈先生思来想去，终于想到一计。

他告诉业务员们，公司将在某日搞一次大型公益的产品赠送发布会，届时省市里的有关主要领导和一些企业负责人将到会，并且将有众多媒体参与。他让业务员分别去接洽这些企业的主要负责人，邀请他们赴会领取免费的产品。交代完工作，陈先生开始了他的行动。

首先，他预定了一家五星级酒店的会议厅作为发布会的现场，以此来充场面。接下来，他分别找了两家报社的名记，进行了一点“疏通”，于是报纸上就有了他们为了工人着想而要进行公益赠送活动的软新闻。然后，他通过一些朋友联系上了一些省市里的领导，分别对那些领导说：我们的产品赠送是一次大型的公益活动，会有一些大型企业和一些省市领导及主流媒体参与，你是我们尊重的领导，想邀请您赴会。听到“尊重”两字，那些领导怎会不去。之后，他又通过报纸把这些消息综合的展现出来，并且有目的的让电视台了解到，于是电视台也介入了进来。

最后，他又分别亲自去见了那些大企业的领导，把这些综合信息以交流的姿态传达给他们，还不忘吹嘘一番：我公司是有省市领导支持的，产品有很多大企业青睐。

其实，这些只不过是他打的一些小幌子而已。经过一系列的准备，他的产品公益赠送活动在一片赞扬声中召开，省市领导出席，大企业、小企业的主脑们济济一堂，媒体煞有介事地推波助澜。最后的结果就是风光无限，订单多多。

在这里，陈先生就是利用那些省市和大企业的领导的声望，借势发力达到销售产品的目的，并且收获了无价的后续潜力资源。

借助别人的声望，无非就是想“沾光”！“沾光”之后就可以借势发力为自己的目的创造有利条件。当你生意处于起步阶段、势力弱小时，借别人的声望壮大自己，这样会促成你的生意迅速发展起来。

借别人的声望办事，效用显著，在做生意过程中，不妨使用这招来实现生意目的。

第 21 章
共生双赢，在合作中做大做强生意

单打独斗做不大生意

有的生意人自以为实力强盛，便以为凭借个人的能力，完全可以做好做大生意。殊不知这种心态是最不可取的，这根本就是不自量力，因为做生意不是单打独斗，在一个强手如林的生意时代，你不可能仅仅靠自己就能取胜。

社会化大分工的时代，本来就蕴含了合作才能共赢的本意。人是社会的动物，唯有融入社会，依靠社会的力量才能做得成事情。作为商人也必须依靠众多的朋友才能做得成生意，从而盈利，成为富翁。

千万不要轻信"单打独斗"的力量，这种心态只会害人害己。一个人之于商场只如滴水之于大海，实在微不足道。一个人终其一生，顶多在一两个领域颇有建树，大多数领域对他来说，都是未知，都是零，要想做成更多的事，做成更大的事，只有依靠群体，依靠众多人的合力才能实现。

那些成功的人从来不认为自己的成功是"单打独斗"出来的，比尔·盖茨曾说：我之所以成功是因为有更多的成功人士在为我工作。一个人越成功，其背后一定有一个团队在支持他，关注娱乐圈的人都知道，每一个当红明星其背后往往都有一个实力雄厚的大公司支持。电影明星离不开制作群，也离不开摄影组和众多演员的合作。歌星也不是张张嘴就声名鹊起了，他得有作词、作曲的人，得有人为他出唱片，有人为他炒作为他宣传，这样他才会成为社会关注的焦点。

当下是一个商业合作的时代，没有合作，想做大生意，就无从谈起。

张瑞敏领导下的海尔一向是国人的骄傲，可是，伟岸如海尔也是凭借团结的力量才走到今天的。海尔的每一单生意，没有合作都无法进行。比如有一次，某德国的经销商要求海尔务必在两天之内将货物送到，否则他们就取消订单。海尔人当然知道这两天意味着什么。这意味着在德国经销商打来电话的当天，他们就必须将货物装船。这简直是无法实现的。

然而，此刻海尔迸发出了强大的力量，他们分工合作、齐头并进，联系船期的联系船期、调货的调货、报关的报关，全部都投入到这场“战斗”中。当天下午五点半，当德国经销商收到了海尔发货的消息后。非常震惊，继而由衷地表示感激。

正是这种合作的强大力量，最大限度地调动起员工的积极性。海尔在奉献出最好的产品和服务的同时，也赢得最大的荣誉和效益。

今天，人与人之间的互相依赖越来越重要。不论在哪一个专业领域，单独一个人想独立地达到事业的顶峰，是不可能的事情。合作双赢，只有合作，才能借助他人的力量弥补自己的不足，从而提高自己的竞争力。谁不善于与他人进行有效的合作，谁就会被经济大潮的巨浪所打翻。故智者的合作方式，使他能永立潮头，做时代的弄潮儿，而愚者的单打独斗的方式，只能使他做潮水中的虾兵蟹将，永远也不能成为翻江蛟龙。

告别单打独斗，积极培养与人合作的能力，努力创造双赢的机会，生意才能永远立于不败之地。

不在太阳底下吃独食

商人必须绕过的一个障碍是“独”障：与竞争对手争利，与合作者争利，总想自己拿大头、别人拿小头，吃独食，吃来吃去注定导致无食可吃。

“人”字是一撇一捺组成，相互支撑，表明人要互相依靠。构建和谐社会是当代中国的主旋律。“和”是由“禾”与“口”组成，意思是每个人都有饭吃；“谐”是由“讠”与“皆”组成，意思是每个人都有发言权。“和谐”的本质就是人人都有经济、政治待遇。

浙江人深入地领会了中国传统文化的精髓并巧妙贯穿于经商实践。他们有钱大家赚，抱团打天下，从不吃独食。在外经商只要站住脚，就一人带一家，一家带一姓，一姓带一村，一村带一镇，一镇带一县，进而形成规模大、协作好、分工细、效率高、竞争力强的网络经济。散居在全国各地的浙商，哪怕只有三个人在一起，也能团结互助，共同赚钱。他们认为“团结就是力量”的法则同样适用于商场，抱团打天下相对于单打独斗的优势在于凝聚力更强，可以把市场经营的风险降低到最少限度。他们以亲情、血缘、老乡等为纽带，连接成相互信任、相互支持的团体。

在浙江梅园路附近的小店铺，一些小吃店都在“拼”做生意。一条街上有 10 来家店，其中有 3 家“拼店”。他们早上卖早点，晚上卖夜宵；有的则是一家店中一半卖早餐，包括油条、豆浆米粉、馒头等，一半卖的是西式面包、奶茶等。

位于荔城大道附近的一家豆浆店的老板的经营方法则来源于“不吃独食”的原则。他的店主要经营早点，为了节省开支，他便在店门口开辟出一小块地方，租给一家奶茶店。受人工、原材料成本上涨的影响，虽然今年的总营业额与去年同期相比要高出一点，但由于柴米油盐都在涨价，故利润不升反降。他说，拼店可以带来一笔可观的收益，可以减少部分负担，算下来，一个月能增加 1000 多元的收入，这叫“堤内损失堤外补”。

另一家早餐店则将晚上的时间“打包”租出去。该老板本来只做早餐生意，每天到了上午 10 时许就开始打烊，通常这段时间是关门的，闲着也是闲着，与其闲置，不如出租。后来他便把这段空闲时间以月租金 1000 多元租给一家小吃店，他还不无风趣地说，这叫打时间差，赚空间钱。

根据约定，承租者可以在中午 11 点到晚上 11 点的时间内使用店内包括桌子、餐具、空调、水电等。承租人郑先生表示，要是自己独自租店面，一个月租金起码得5000元，而且场地不大，位置也没有这么理想，同时还要花钱装修、添置桌椅等。为此，作为承租者，郑先生对这种“拼店”做生意的风潮赞赏有加，认为这是互利双赢的一着妙棋。

而且，部分小吃店还把店面一分为二，一半自己经营，一半租给他人。这样一份租金两人承租，不但彼此可以减少支出，而且因经营的品种不同可吸引更多的消费者。

老子说：“事业成功了而不能居功。”也就是说对待取得的功劳不能独享，要知道分一些给别人，要“让功”。尤其是在人际关系复杂的环境下，该分享果实的时候一定不要小气、不要太计较与贪婪，否则，今后的果实就会更难采摘到。

有钱大家赚，双赢做生意

双赢就是让双方都获利。朋友间更要达到双赢，这样的友谊才让人觉得值得而且才能长久的维持下去。

只有双赢，双方才愿意再继续合作，赢取更大的利益。只考虑自己一方的利益，对方就会因为你的自私，怀疑你的人品与信誉，并有可能受到经济上的损失，即使合作得很好，也可能是一锤子买卖，下次赶快更换合作伙伴。

双赢的重要性在现代社会越来越明显。这就如：树上挂了一块肉，一个人太矮够不到，另一个人来了，两个人合作，一个人站到另一个人的肩膀上，很容易取到了肉。两个人都很需要这块肉，既然都付出了劳动，不可能让一个人独吞。公平的分法是双方各半块，但甲较大度，说：“我只要三分之一。”你对别人大度，别人也会对你大度，虽然自私的人可能求之不得，欣然接受，但正好暴露了他卑劣的人品，这次得到的多一些，下次可能什么也得不到了。乙说：“还是我要三分之一，你比我更需要。”甲说：“时间还早，咱们再找找，看看其他的树上是否还挂了肉。”在两人的努力下，他们又找到三块肉，每个人分两块，欢天喜地地回家了。

激烈的竞争，需要真诚的合作，长久的合作需要“双赢”为保证，协作的任何一方，不赢反亏，就失去了继续合作的基础，那必然会陷入“你死我活”的游戏恶圈中。

有这么一则寓言故事：

一只狮子和一只狼同时发现一只小鹿，于是商量好共同追捕那只小鹿。它们合作良好，当野狼把小鹿扑倒，狮子便上前一口把小鹿咬死。但这时狮子起了贪心，不想和野狼平分这只小鹿，于是想把野狼也咬死，可是野狼拼命抵抗，后来狼虽然被狮子咬死，但狮子也深受重伤，无法享受美味了。试想一下，如果狮子不如此贪心，而与野狼共享那只小鹿，岂不就皆大欢喜了吗？

在商业利益上，讲求“有钱大家赚”，这次你赚，下次他赚，这回他多赚，下回你多赚。总而言之，“双赢”是一种良性的竞争，更适合于现代社会的相互合作。

帮别人发财，帮自己发财

做生意不能只顾自己赚钱，要适当地帮助别人，特别是帮助那些遇到困境的生意人。你的不经意的一个帮助，会换来日后一个意想不到的回报。要知道，帮别人的忙，就是帮自己的忙，帮别人发财，就是帮自己发财。

一个晴朗的夏日，一个脏乱的火车候车室内，坐着一位衣着随便、满脸疲态的老人。

火车进站，老人起身向检票口走去。

忽然，候车室外走来一个胖太太，她提着一只很大的箱子，显然也要赶这班列车，可箱子太重，累得她直喘粗气。

她看到了那个老人，冲她大喊：“喂，老头，快给我提箱子，我待会儿给你小费！”

老人拎过箱子就朝检票口走，虽然看起来他是那么不堪重负。

火车慢慢启动了。胖太太抹了一把汗，庆幸地说："要不是你，我非误车不可。"说着，掏出一美元递给老人。

老人并不推辞，微笑着伸手接过。

这时，列车长走了过来，对老人说："您好，尊敬的洛克菲勒先生，欢迎您乘坐本次列车，如果有需要帮助的地方，我很乐意为您效劳。"

"谢谢，不用了，我只是刚刚做了一个为期三天的徒步旅行，现在我要回纽约总部。"

老人客气地回答。

"什么？洛克菲勒？"胖太太惊叫起来，"上帝，我竟让石油大王洛克菲勒先生给我提箱子，居然还给了他一美元小费，我这是在干什么啊？"

她忙向洛克菲勒道歉，并诚惶诚恐地请洛克菲勒把那一美元小费退给她。

"太太，你不必道歉，你根本没有做错什么。"洛克菲勒微笑着说道，"这一美元，是我挣的，所以我收下了。"说着，洛克菲勒把那一美元郑重地放在了口袋里。

和洛克菲勒一样，大生意人最爱做的交易就是——既能帮助他人，又能使自己受益。现在，有越来越多的人也认为——只有从这种思路出发的生意，才是最有发展前途的生意。

擦亮眼睛，选人"搭帮"

做生意需要与人合作，除了供货商、分销商、顾客，还要和房东、政府以及社会上三教九流的人合作，这些都是外部合作人。除了这些，更关键的还有内部合作人，这就是员工和生意合伙人。找到合适的合伙人则是一切的起步，也是一个生意成败的根本，是所有生意合作人中最最关键的一步。

选择生意合伙人至关重要，好的合伙人能够相互帮助，促进生意发展，而差的合伙人则给会给你带来危害，导致生意失败。选择生意合伙人，要注意以下几点：

（1）合伙人的才能一定要考查，但是对他的人品也一定要注意。人品差的人能力越大对自己的危害也越大，但是无能的人要么是个累赘，要么一旦起了嫉妒心背地使坏。

（2）最好找有钱人合伙。合伙不要把自己的全部身家压上去，毕竟只要是合伙我们都不可能百分之百掌握全部主动权。

（3）如果对方也不是很成功那就不要合伙。合伙要尊重合伙人，但是关键时刻如果确定自己是对的，要敢于负责，敢于独断专行。合伙生意要选出核心领袖，可以是自己也可以是他人。

（4）如果自己没有经验能力，那么最好找有经验能力的人合伙。

（5）如果自己很强可以找失败的人合伙，如果自己不是很强最好找成功者合伙。强强联合可以成就更大的成绩，也有可能导致更大的纷争，合作得好就是珠联璧合，合作得不好就是“一山不容二虎”。

（6）要相信合伙人，但是不要放手不管。成功的时候都是自己牢固掌握情况的时候，反之如果自己不管，就是对方本来无心害你也会慢慢地见财起意。

（7）要实行公司化运作，让制度监督人，让法律约束人。虽然是合伙小店也要像大公司一样引入第三方运营，所有承诺书面化、合同化。万一合伙失败就要勇于面对事实，找一万个理由不如找到一个方法。不要因噎废食，遇到点问题就再不与人合伙。

志同道合打江山

一个人要实现自己的理想必须找到志同道合的朋友一起来完成。只有和志同道合的朋友共同完成工作，才能不断地实现自己的理想。

在比尔·盖茨的创业团队中，最不应该忽视的就是他的好朋友保罗·

艾伦。这个志同道合的伙伴，与盖茨有着进军软件业的共同目标，两个一起度过了创业初期的日子。

艾伦是盖茨在湖滨中学的同学，其父亲当过 20 多年的助理管理员，因此从小博览群书。1968 年，与盖茨在湖滨中学相遇时，比盖茨年长两岁的艾伦以其丰富的知识折服了盖茨，而盖茨的计算机天分，又使艾伦倾慕不已。两人成了好朋友，一同迈进了计算机王国，掀起一场软件革命。

在谈到他们之间的友谊时，盖茨回忆说："他读了 4 倍于我的科幻小说，另外，他还有许多解释自然奥秘的书。所以，我就问他有关'枪炮工作原理'和'原子反应堆'之类的问题，保罗把这些都讲解得头头是道。后来，我们经常在一起做数学和物理作业，这就是我们何以会成朋友的原因。"

艾伦的特点是说起话来柔声柔气，为人很谦虚。这一点在最初的公司业务开展中起了很大的作用。在与罗伯茨合作改进 BASIC 程序的过程中，罗伯茨虽然敬重盖茨的技术能力，但非常不喜欢他的对抗方式。罗伯茨说："盖茨是一个被宠坏了的孩子，这就是问题的所在。艾伦比盖茨更富于创造性，盖茨和我争来争去，但是一个好办法也拿不出来，可是艾伦能。他对我们公司还是有一些帮助，而盖茨只能是添乱。"有了艾伦从中斡旋，最初的合作才不至于破裂。

艾伦是一个喜欢技术的人，所以他专注于微软新技术和新理念。盖茨则以商业为主，销售员、技术负责人、律师、商务谈判员及总裁一人全揽了，共同的理想使得两位创始人配合默契。艾伦在研发 BASIC 语言和操作系统方面显示了充分的远见。正是对于技术上的敏感，艾伦才不断地向盖茨提出创办公司的要求，并一再鼓动盖茨退学创业。

因为艾伦的谦让性格使然，微软公司开办之初，盖茨在合作协定中获得了微软公司大部分的权益。在公司股份中，盖茨占 60%，艾伦占 40%。因为盖茨可以证明他在 BASIC 语言的最初开发中做了更多，而艾伦也认可这一点。不久以后，这种比例又进一步调整为 64 比 36。但是，从股份的多少不能划分的是盖茨和艾伦这个精干的创业团队，缺一不可，两个人朝着软件业的顶峰共同迈进。

艾伦为盖茨制订了“先赢得客户，再提供技术”的公司发展战略。1981年，IBM的个人PC问世，急需一个配套操作系统。又是艾伦从西雅图计算机公司搞到了SCP - DOS程序的使用权，两人对该软件程序做了扩展改编，重新命名为MS - DOS，再反销给IBM。MS - DOS是微软开始走向世界软件业第一品牌的发家宝。

可以说艾伦是盖茨创业道路上最大的推动力。正是他拿着登有微型计算机研制成功的消息的杂志，去找盖茨，成功地说服了盖茨少打一些牌，而干点正经事。也正是艾伦对技术的痴迷使得全新的BASIC语言最终得以出现，使微软最终成为软件领域的巨人。也正是艾伦和盖茨研发的操作系统逼迫IBM后来不得不加入到个人电脑的战团中来。

“艾伦不是一个好的管理者，因为他优先考虑的不是业务，而是对技术本身的痴迷。”美国著名传记作家劳拉·里奇在这一点上也承认艾伦的重要作用，“微软之所以能够被载入商业史册就是因为其操作系统的成功。”

1982年，艾伦在一次商业旅行中突然病倒，诊断结果表明有癌变的迹象，应立即进行化疗和放射性治疗。在患病期间，艾伦意识到自己无法给予盖茨所要求的时间与精力。1983年，时任微软副总裁的艾伦终于离开了蒸蒸日上的微软。三年后，当微软公开上市时，艾伦拥有的近40%的股票让他成为全球顶级富豪之一。

人并不一定要找最优秀的同伴，但一定要找志同道合的朋友做同伴，只有志同道合的朋友才能够鼓励和激励自己在理想的路上走得更远。志同道合的朋友是值得交往的朋友，更是你在生意上不可缺少的助手。

患难与共，同谋大业

友谊，不仅仅是在欢歌笑语中和睦相处，更是要在困难挫折中互相提携；事业，不仅仅是在蓬勃发展时携手共进，更是要在危机降临时共同抵御。

对商人来说，能同富贵，不能共患难的只算是酒肉朋友；能共患难，不能同富贵的只能算普通朋友；能共患难，又能同富贵的才能算好朋友，真正的知己朋友。与这样的朋友一起合作共事，才能彼此同舟扬帆于商海之上，直达成功的彼岸。

有的人在无忧无虑的日常生活中，还能够和朋友嘻嘻哈哈地相处，可是一旦朋友遇到了困难，遭到了不幸，他们就冷落疏远了朋友，“友谊”也就烟消云散了。与这种只能共欢乐不能同患难的朋友共事，事业顺利时还好说，一旦有所波折，他必然最先离你而去。

晋代有一个人叫荀巨伯，有一次去探望朋友，正逢朋友卧病在床，这时恰好敌军攻破城池，烧杀掳掠，百姓纷纷携妻挈子，四散逃难。朋友劝荀巨伯：“我病得很重，走不动，活不了几天了，你自己赶快逃命去吧！”

荀巨伯却不肯走，他说：“你把我看成什么人了，我远道赶来，就是为了来看你。现在，敌军进城，你又病着，我怎么能扔下你不管呢？”说完便转身给朋友熬药去了。

朋友百般苦求，叫他快走，荀巨伯却端药倒水安慰他说：“你就安心养病吧，不要管我，天塌下来我替你顶着！”

这时“砰”的一声，门被踢开了，几个凶神恶煞般的士兵冲进来，冲着他喝道：“你是什么人？如此大胆，全城人都跑光了，你为什么不跑？”

荀巨伯指着躺在床上的朋友说：“我的朋友病得很重，我不能丢下他独自逃命。”并正气凛然地说，“请你们别惊吓着我的朋友，有事找我好了。即使要我替朋友而死，我也绝不皱眉头！”

敌军一听愣了，听着荀巨伯的慷慨言语，看看荀巨伯的无畏态度，很是感动，说：“想不到这里的人如此高尚，怎么好意思侵害他们呢？走吧！”说着，敌军撤走了。

患难时体现出的正义能产生如此巨大的威力，说来不能不令人惊叹。

相对于同患难来说，能够共富贵的朋友更是难寻。富贵时，朋友间更容易在利益上发生矛盾。生活是复杂的，什么事情都可能发生。例如，一起开创事业的朋友，成功后在企业的发展方向、利润的分配、人员的使用上都会存在分歧，这些分歧就成为矛盾爆发点。

田峰与好朋友张东一起开办了一家公司，田峰主管业务，张东负责财务，两人说好了利润五五分成。公司开办的前两年效益一般，两人的收入都很少，田峰也就没在意。到了第三年，公司连做了好几笔大生意，效益可观。年底分红时，田峰惊讶地发现自己的收入比朋友相差几十万。最后才发现，虽然两人之间对利润五五分成，但张东拿走的是纯利润，而他的那一部分则包括公司的日常开支。张东利用自己对财务的专长和朋友的信任，狠狠摆了田峰一道。

在挑选事业上的合作伙伴时，你一定要谨慎，不是什么样的朋友都可以共事的。如果你发现身边有一个能同富贵共患难的好朋友，千万别错过他。

与朋友并肩作战

商海中，独自一人拼搏是辛苦的。那意味着你要自己扛下一切风险，要自己面对一切难关。即便成功后，也缺乏分享的人，只有留下"寂寞英雄"的苦叹。

如果你能和志同道合的朋友一起来成就大事，那前进的阻力无疑会小得多。

美国安利公司创始人之一——迪威尔克向世人提出自己的忠告："在你攀登成功顶峰的过程中，其中一个最重要的因素就是与肯一起去做的朋友为伍。"

安利是一家知名的消费品制造、销售商，拥有一个超过360万名独立分销商的全球直销网络。它所销售的产品超过4300种，其中包括安利自己以及其他品牌的商品，完全通过上门推销和邮购的方式销售，年营业额达数十亿美元。安利的标语就是"我们送出的商品是最好的！"

这个由迪威尔克和他从小结识并成为终身事业伙伴的安洛共同开创的事业王国行销网遍布北美、亚洲和欧洲，全球的员工人数超过万人。这么一个庞大的跨国公司的成功可不是偶然的，安利的成功，很大程度上依赖于他的创始人迪威尔克与安洛共同的努力。

迪威尔克很小的时候就知道结交朋友的重要性。迪威尔克的父母是非常虔诚的教徒，因此他进入一所教会学校就读，在那里也感受到一种“上帝爱我，而我是一个有用之人”的氛围。学校里充满了信心和努力学习的气氛。迪威尔克回忆当年时说道：“我的同学都有相同的学习态度，同时奉行工作伦理。不幸的是，由于我的成绩并不突出，因此我的父母便对是否还要继续支付如此高昂的学费产生怀疑。”所以，第二年他就转学到一所公立学校去，而那里的学习环境截然不同。因此过了一年，迪威尔克又转回到了教会学校。那是他有生以来，自己做下的第一个清楚自觉的决定，同时这对他的一生有着极大的影响。

但迪威尔克的父母提出了问题：“学费由谁来支付？”迪威尔克表示他会负责自己的学费，但他的父母还是代他付了。尽管如此，迪威尔克还是出去打工，他在加油站为人加油，也卖报纸，每天下课后都要工作好几个钟头。

迪威尔克声称：“重要的是，回到教会学校是我对我人生方向所做的第一个承诺，而我愿意为它付出代价。我使得自己再度回到充满积极思想，相信自己同伴的环境中，这对我未来的人生有很大的影响。”

高中时，在教会学校里迪威尔克遇到了他后来的搭档安洛，他是一个与迪威尔克有着相同梦想、希望和目标的青年。他们一起计划创造自己的事业。

最初迪威尔克和安洛开设了一间小型的飞行学校，同时提供一些飞行服务。但他们两个没有一个懂得飞行，而他们的竞争对手却都是领有执照的飞行员。由于可以掌控的因素能决定正确的行动，遵行这个原则，他们很聪明地将飞行业务交由他人去做。

迪威尔克和他的伙伴后来退出了飞行学校的经营，开始另一项新挑战。20世纪50年代末期，他们在车库里开始了一项新事业，它后来即演变成现在的安利。这项事业是倒卖清洁液，而它也就是后来千百种家庭及个人产品的先驱。他们为安利所设计的行销策略，是建立一个复式的经销网，在这个网络下经销商会发现，他们无论是将商品卖给其他经销商，还是直接推销给安利的客户，都可以有相当丰厚的利润。而今天，迪威尔克已经是亿万富翁了。

迪威尔克相信，和朋友的共同努力能够造就事业上的奇迹。太多的人一生中都与输家为伍，他们缺乏一起共事的朋友给自己鼓励和帮助，以致于他们也认为自己是个输家。

迪威尔克用安利的成功给我们证明：想要达到你所选择领域的高峰，就要跟喜欢挑战、思想积极、自动自发以及努力工作的朋友一起奋斗。

合作条款来不得半点马虎

有一个商人和雇工订了契约，规定雇工为商人工作，每一周发一次工资，但工资不是现金，而是雇工从附近的一家商店里领取与工资等价的物品，然后由商店老板和商人结账。

过了一周，雇工气呼呼地跑到商人跟前说："商店老板说，不给现款就不能拿东西，所以，还是请你付给我们现款吧。"

过了一会，商店老板又跑来结账了，说："你的雇工已经取走了这些东西，请付钱吧。"

商人一听糊涂了。经过反复调查，确认是雇工从中做了手脚。但是这位商人还是付了商店老板的钱。因为唯有他同时向双方做了许诺，而商店老板和该雇工并没有雇佣关系。既然有了约定，就要遵守。虽然吃了亏，也只能怪自己的契约有漏洞，怪自己当时疏忽轻信了雇工。

正因为这位生意人在契约面前，纵使吃大亏也要绝对遵守。所以他应在签订合同的时候尤为慎重，尽力避免出现丝毫漏洞，给别人可乘之机。的确，商场如战场，来不得半点马虎，尤其是合同，在签订前，我们一定要仔细斟酌上面的每一句话。

麦当劳原本是麦氏兄弟所创的，但是却是在克罗克的努力下发扬光大的。克罗克为此付出了许多努力与艰辛。1954年，身为营销员的成功生意人克罗克第一次走进了圣伯丁诺的麦当劳，他立刻被麦当劳所吸引，从此就与麦当劳结下了不解之缘。克罗克与麦氏兄弟协商后，签订了合约，开始对麦当劳进行经营管理。

随着克罗克在速食业中的发展，麦当劳兄弟的阻碍作用也变得越来越明显了。由于麦氏兄弟目光短浅，克罗克的连锁原则得不到充分的发展。麦氏兄弟却贪婪地把克罗克仅有的1.9%服务费中的0.5%做为权利金，这就严重阻碍了麦当劳的扩展。自1961年年初开始，麦当劳兄弟和克罗克就为麦当劳出让问题进行磋商。最后，麦氏兄弟开价了："我们一定要270万美元。一定要现金，而且一分钱也不能少！"克罗克差点被气晕了，他没有想到他们竟会这样狠心。面对他们无理的要求，克罗克却一筹莫展。

根据合约的要求：在未获得书面许可以前，任何麦当劳兄弟设定的快速服务系统，都不得转变、修改或者做任何变动。任何事物都是发展变化着的，为了适应这发展变化的情况，就必须不断地更改旧的、过时的东西。克罗克在从事速食业的7年时间中，在麦氏兄弟的默许下，对麦当劳的诸多制度进行了修改，但麦氏兄弟从未出示过相关的证明。

严格来讲，克罗克无时无刻都在违反合约。克罗克卖出去的连锁越多，违反合约的地方就越多，这就形成了恶性循环。这对克罗克来说，简直糟透了。因为当时克罗克与麦氏兄弟俩签订合约的时候，并没有发现那里面简直让人无法接受的苛刻限制。他当时过于急躁和匆忙，以至于没能全面均衡，从而为以后的发展埋下了很深的隐患。

不安时时困扰着克罗克，克罗克随时都面临着严重的惩罚。麦氏兄弟虽然并没有威胁说要控诉克罗克违反合约，但是他只要稍有不慎，就会惹恼麦氏兄弟，后果就会不堪设想。

到续约时间还有4年时，备受折磨的克罗克就开始与麦氏兄弟就续约一事磋商。虽然克罗克有权再续10年，但由于技术违约太多，只要麦氏兄弟不高兴，续约也就会泡汤了。于是，克罗克想续约90年，并希望以此得到自己可以开店的权利。麦氏兄弟就派法律代理人卡特与克罗克直接磋商。卡特坚持不肯改动原合约中的条款，但麦氏兄弟表示愿意有弹性地接受要求。

1961 年 2 月，双方正式签订续约。克罗克得到了 99 年的续约，并且可以在麦当劳系统公司下直接开设连锁店；在不改变“店面设计、大小、外观”的情况下，可以改变新店的蓝图。然而事情并没有这么容易结束，麦氏兄弟与克罗克之间隔阂日益加深。克罗克一边设法筹款，一边委托律师伯纳草拟连锁权转让合约。几经周折，克罗克终于如愿以偿，自己也终于获得了解脱。

由于当初对待合同太草率，克罗克在营造麦当劳宏伟蓝图的过程中，饱受煎熬。从克罗克的经历可以看出，我们对待合同一定要谨慎，不能有丝毫的漏洞，否则悔之晚矣。

很多成功生意人经商成功靠的是信誉和承诺，因为他们明白总有些商人想打“鬼主意”，去钻空子、走歪道，从而给对方造成一些难题，以便占便宜。为此成功生意人主张经商时要把该防范的问题都写在纸上，坚决堵住不能出现的漏洞，这也正是你需要铭记在心的道理。

用契约代替朋友义气

生意要想做大，不能单打独斗，要有可靠的合伙人。一个不懂得联手经营的生意人，永远只能是个“小虾米”，终有一天会被大鱼吃掉。但是，“一年合伙、两年红火、三年散伙”这一民营企业走不出的怪圈，却又让许多创业者谈起合伙就变色。

“真没想到，都是很好的哥儿们，他居然这样做，而且我们之间什么协议都没有签，对他个人也没有什么法律约束。”杜晓峰懊恼地对律师说。杜是一家民营企业的董事长兼总经理，公司的另一个发起人陈旭是专利技术持有人，不想在合作了四年，公司步入正轨、业绩也开始提升时，陈旭却提出要带着技术另立门户。杜晓峰当然十分气愤，但也无可奈何，在没有任何法律和协议保证的情况下，公司的运转濒临瘫痪。而陈旭却也有自己的道理，公司运营了四年，资产已经有了很大提升，可是既没分过红，也没有股权上的说法，现在有了更大的公司请他带着技术去合作，条件更优厚，他当然选择离开。

创业者中类似这样合合分分的事情似乎天天都在上演。一项调查显示，中关村每天新诞生 20 家公司，但同时又有至少两家公司歇业或散伙。亲朋好友合攒一家公司，创业时能志同道合，但稍有起色便闹分家，甚至对簿公堂。相对于大企业来说，中小企业的合伙人“分手”事件更多，对企业的影响也更大。

据国外一家研究机构对 100 家成长最快的小公司所做的调查，发现其中有一半的创业团队无法在公司头 5 年中顺利存活，而在另一家机构所研究的 12 个创业团队的个案中发现，只有两家在创立的 5 年后创业团队还保持创立初期的完整。

合伙是一种契约，契约也就是合同，它规定了订立契约或合同的人相互之间的义务和权利。比如，彼此之间出资的比例、利润的分配方法、不同的合伙人应该承担的债务份额、各自在公司中的地位等。这样，根据契约人的结成关系，合伙人也可以分成好几种形式：普通合伙人，名义合伙人，有限合伙人，秘密合伙人，匿名合伙人，不参加管理的合伙人等。所以合伙不是别的，就是几个人或几个组织和公司联合起来做生意，不管他们采取什么样的形式，也不管他们把自己的公司登记成什么样的法律名称。

“义”与“利”有尺度

如果你想开创一份事业，而你身边的好朋友正好也有相同的想法，这时，你们是否会一拍即合呢？

好朋友的诱惑在于朋友之间的那种心心相通，在于“有福同享，有难同当”，在于“两肋插刀”的气魄。有这么多诱人的因素摆在面前，仿佛只要有了好朋友，一切问题就解决了。好朋友可能是同学、战友、打小一起和泥长大的玩伴。互相之间没有利害冲突，可以随心所欲地说东道西，聊天喝酒。更难得的是好朋友彼此知根知底，没有面对陌生人的种种不便。

正因为如此，一般人在开创或拓展自己的事业时，总是想找好朋友一起做。

按理说，当你和好朋友走到了一起，为了共同的事业一起努力，大家一起赚钱，这是一桩好事。但这里面有一个谁领导谁的问题。兄弟之间还可以有一个大哥，但好朋友之间就难分彼此了，平时觉得意气相投，直来直去惯了，可工作就不能这样了。总得有个人说话更有分量一些，但一个人一个想法，一个人一套思路，憋在心里，日久天长就会产生摩擦，产生隔阂，最后好说好散还好，就怕弄得钱没赚到，反倒丢了朋友。

让朋友们甘于平庸，千万不能指望有什么奇迹发生。但是，假如你非要与朋友共事，并且坚信不会造成任何有损于友谊的不良后果，那也可以，但你必须有足够的心理准备去承受失败。说一个最简单的例子，比如桃园三结义的刘、关、张，友谊可谓轰轰烈烈、千古流芳，但他们共事的结果是什么呢？一事无成而已。这里面更可怕的潜台词是刘备太倚重两个兄弟，结果诸葛亮对关、张二位就纵容了，关羽在华容道放了曹操，按军纪关羽该斩，但看在刘备的面子上，这事连提也不能提了，耽误了多大的事啊。

一个人有好朋友多半是为了更好地生存，更好地成就一番事业，但也不能什么都不指望朋友，什么都托付给朋友。同样是三国，曹操一代奸雄，秉性多疑，没有一个朋友，但偏偏是他打下基业，别人只能望其项背、自叹弗如。结论是：好朋友并不意味好伙伴。做生意当中，与朋友合伙，利益要分明，朋友归朋友，生意归生意，“义”与“利”有尺度“义”与“利”要分清，“义”“利”不清，最后受害的是自己，生意也将走向失败。

合作伙伴要相互尊重

国内知名企业家孙大午日前在北京因一只小小的塑料鞋套和生意合作伙伴反目，起因仅仅是他在生意伙伴家中做客时，认为主人为他提供塑料鞋套对其人格造成极大侮辱。

古语有云：道不同不相为谋。由于对一小事存有理解上的分歧，竟也能导致生意合作伙伴反目，损失的数目恐怕不是一双塑料鞋套所能对比的。

主人肯定是尊重客人的，要不也不会热情邀请客人来家做客。主人认为客人进家换塑料鞋套全北京城都是这样，甚至不仅北京，各地都是这样。这是一种习惯，对谁都一样，这次自然也不例外。而客人的理解是，让自己换鞋套就是表示自己不卫生，就是对自己人格的侮辱，于是矛盾就出现了。

其实，每个人有每个人的生活习惯，每个人对生活的理解也不尽相同。要想和谐相处，关键是互相了解，相互尊重。其实，作为主人，不能将自己的习惯强加于客人的身上，既然邀请了客人，就应该了解客人的情况（包括客人的经历、生活习惯以及敏感内容等）；既然邀请了客人，就应做好麻烦的打算（包括客人弄脏房间，离开后要打扫等）；发现了客人对自己的要求不悦，就应及时做些调整，而不应一意孤行。作为客人，应入乡随俗，国家尚如此，何况个人？尊重主人家的生活习惯，是作为客人对主人邀请的一种尊重。

分歧的背后实质是利己意识的高升，是方便他人思想的严重削弱。说穿了，两人都为自己的利益考虑得多，没有为他人方便和脸面着想！双方作为朋友，竟然为了一件小事而导致反目，且影响了合作，看起来似乎是件可笑的事。但透过现象，我们还是看到了宽容因子的缺失，看到相互尊重实践的艰难跋涉。不管是谁，只要他（她）不将“尊重”根植于心中，终将生出诸多不必要的事端。

相互尊重是合作的前提，现代市场经济就是相互尊重伦理的经济。在现代社会中，自我利益追求的是自主主体之间的相互人格尊重，是社会生活得以进行的基本伦理前提。在市场经济活动中，大量的日常性交易活动，如果没有人格互尊的伦理，就不能进行。商品的交易是在追求自我利益的人之间进行的等价交换活动。相互尊重的伦理体现的是对对方主体人的承认与尊重。在这个意义上，现代市场是一个讲究相互尊重的经济。相互尊重才是真正的生活之道，也是经济交易之道，任何人都不能置之度外。

朋友间竞争是进还是退

生意场上变化莫测，今天的朋友，明天就可能是你的竞争对手。既然与朋友的竞争难以避免，那就更要求我们要处理好其中的利益关系。

与朋友竞争，要有正确的心态。面对强于自己的，不要惊慌失措；面对弱于自己的，也不要张狂自负。如果与朋友在意见上有分歧，则完全可以讨论，但不要争吵，应该学会用无可辩驳的事实及从容镇定的声音表白自己的观点。比如：当你挖空心思想出一个好主意，使你的生意得到很大发展时，却有朋友一声招呼也不打，照搬照抄你的方法，并抢走了很多原本属于你的客户。面对这种情况，你该怎么办？总不能整天气急败坏吧。下面几种方法或许对你有所帮助：

1. 用短信澄清事实

当然，写的信不能有任何坏的影响，短信内容一定不能让对方产生不快。写信的主要目的是要委婉地提醒一下对方，自己当初的想法，是怎样演变到今天这个令人欣喜的样子。在信中适当的地方，你可以写上有关的日期、标题，可以引用任何现存书面证据。

在短信的最后要建议进行一次面对面的讨论，这是很重要的，这能让你有机会再次含蓄地强调一下你的真正意思：这主意是你想出来的。

如果真的有人把你的功劳忘记了，想把功劳归属于自己，那么这个方法倒能为你争回功劳起一定作用。

2. 夸赞抢你功劳的人，然后重申主意是自己的

说这番话的时候，要再一次对朋友的独一无二的才能和见解大加赞赏，这种方法对女性商人来说特别重要。很多研究者发现，女性商人喜欢从“我们”的角度——而不是“我”的角度来做事，所以她们的想法和首创就常常会被男性朋友所挪用。如果着眼于事情的积极一面——你的朋友也是想方设法要做好生意，而且他（她）对生意也有独到的看法，也许会有助于你解决这个可能很棘手的问题。

当你觉得这个方法比较适合你应用时，你就应早点行动，如果等你的朋友把你的想法散布开时再行动，困难就大得多了。

3. 退出争夺战

初看起来，这似乎不是一种方法，或者不能算是一种很好的方法。但对某些人来讲，这或许是最好的。你应该问一问你自己：哪个更重要，是把自己的想法付诸实施？还是独自拥有想出这个点子的名誉？

这是一个复杂的问题，这意味着你要做出一些牺牲。在做出决定时，应该考虑一下，要打这场“官司”得花费多少精力。在某些情况下，比如你正要接手一笔大生意，要付出大量的时间和精力；或者除了“原则问题”之外其他并无妨碍，而要证明所有权只能使你疲惫不堪。在这些情况下退出争夺战显然是明智之举，是上上之策。

与朋友竞争对你来说是一件无奈的事，你选择全力对抗就有可能失去朋友，你选择顾全友谊就会失去发展机会。所以，在利益与情感的选择上要慎重，要权衡利弊，处理好利益得失和双方关系。

与对方结成生意同盟

交友办事，如果让对方觉得他与你有相同的利益，对方办事就会更主动，就会收到更好的效果。这就好比战场上同一个战壕的战友一样，战友之间有着相同的利益，共生死同存亡，每一个人都要勇敢地去战斗，才能取得共同的胜利。

做生意也是如此，合作双方在沟通与合作上，只要让对方感觉到你与他有相同的利益关系，往往可以迅速地拉近彼此间的距离，使对方努力去做。这一技巧如果应用得好，往往会获得意想不到的好效果。

有一家工厂效益不是太好，工人们的工资很低，当工人们要求增加工资时，老板就对他们说：“各位，你们希望公司倒闭吗？”当然没人希望自己的工厂倒闭，如果倒闭了，就会失业，连眼前的低工资都拿不到了。

老板继续说：“如果工厂倒闭了，大家一分钱工资也拿不到了，我也